Mit Gott unterwegs

Im Hinblick auf die Schreibweise der Eigennnamen
haben wir uns an das Ökumenische Verzeichnis
nach den Loccumer Richtlinien gehalten.

Theologische Beratung:
Prof. Dr. Martin Klopfenstein, Universität Bern
Prof. Dr. Alfred Schindler, Universität Zürich

3. Auflage 2000
© 1996 by bohem press, Zürich
Alle Rechte vorbehalten
Kein Teil dieses Buches darf in irgendeiner
Form ohne schriftliche Genehmigung
des Verlages reproduziert werden.
Dies gilt auch für einzelne Bilder oder Textteile.
Fotolitho: Ermanno Beverari, Verona
Druck: Se.Graf., Saonara
Bindung: Editoriale Zanardi, Padova

ISBN 3-85581-274-8

Regine Schindler

Mit Gott unterwegs

Die Bibel für Kinder und Erwachsene neu erzählt

Bilder von Štěpán Zavřel

bohem press

ALTES TESTAMENT

DIE GESCHICHTEN VOM ANFANG

Das Paradies

*Gott ist älter als die Welt.
Gott war vor allem anderen da.
Er ist der Schöpfer des Himmels und der Erde.
Er hat alles gemacht.
Die Menschen erzählten es sich immer
wieder neu.
Sie schrieben es auf.
Was sie aufschrieben, steht bis heute
in der Bibel.*

*Aber die Menschen redeten auch mit
Gott selbst.
Sie beteten zu ihm, sie machten Lieder für ihn.
Solche Lieder nennt man Psalmen.
Sie sangen Lieder von der Schöpfung.
Sie sangen:*

Du, mein Gott, du bist so groß.
Du bist im Licht versteckt.
Das Licht ist dein Kleid.
Wie ein Zeltdach spanntest du den
Himmel über der Erde.
Auf der Erde gab es nur Wasser –
eine große Flut.
Doch du kamst im Sturm und im Wind.
Und das Wasser floh,
es wich zur Seite, scheu.
Das Wasser sammelte sich da, wo du
es wolltest.
Und Berge erhoben sich,
dazwischen lagen Täler.
Es gab Erde.
Und auf der Erde lebten Tiere:
Esel, Vögel, Steinböcke.
Auf der Erde wuchsen Pflanzen:
Gras und Bäume.
Und du machtest die Sonne, Gott.
Und den Mond.
Du machtest den Tag und die Nacht.
In dieser Welt
läßt du Menschen leben –
immer wieder neue,
auch mich.

Wir Menschen sind mitten drin
in deiner Welt.
Wir sind froh.
Wir loben dich, Gott!
Amen.

nach Psalm 104

Die Menschen sangen solche Lieder. Sie erzählten sich auch, wie Gott die Welt geschaffen hat. Und sie schrieben zwei Geschichten auf über die allererste Zeit unserer Erde. Diese Geschichten stehen am Anfang der Bibel.

Die Geschichte von den sieben ersten Tagen

Am Anfang machte Gott den Himmel und die Erde. Die Erde aber war dunkel, und alles war von Wasser bedeckt.

Da sagte Gott: Licht, komm! Und das Licht war da. Und Gott sah: Das Licht ist gut, es ist schön. Er trennte das Licht von der Dunkelheit. Er nannte das Licht Tag und das Dunkle Nacht. Und da wurde es Abend, dann wieder Morgen: Das war der allererste Tag und die allererste Nacht in der Welt.

Und Gott sagte: Himmel, komm! Der Himmel spannte sich in großem Bogen über alles andere. Oben war der Himmelsbogen, darunter die großen Wasserfluten. So war es am zweiten Tag von Gottes Welt.

Und Gott sagte: Das Wasser soll nicht alles andere bedecken. Es soll zusammenfließen und sich sammeln. Da wurde das trockene Land sichtbar: Die Erde. Und das Wasser war im Meer, in den Seen und Flüssen. Auf dem Land aber wuchs Gras. Es wuchsen auch Bäume und Blumen. Und Gott sah, daß es gut war und schön. Es war der dritte Tag von Gottes Welt.

Und Gott sagte: Kommt, ihr Lichter, und leuchtet am Himmel, daß man euch sieht von der Erde. Komm, du großes Licht für den Tag: Sonne! Komm, du kleines Licht für die Nacht: Mond! Kommt auch ihr, Sterne! Ihr Lichter sollt anzeigen, wenn der Tag kommt, wenn es Abend und Nacht wird. Und Gott sah die Lichter: Sie waren schön und gut. Es war der vierte Tag von Gottes Welt.

Und Gott sagte: Tiere, schwimmt im Wasser und fliegt in der Luft über die Erde! Kommt ihr Fische mit den glänzenden Schuppen und ihr Seeigel mit den Stacheln, kommt ihr Vögel mit euren bunten Federn. Gott machte alle ganz verschieden und sagte: Ihr sollt Junge bekommen und das Meer und die Luft füllen. Sie waren gut und schön, die Tiere Gottes. Es war der fünfte Tag von Gottes Welt.

Und Gott sagte: Kommt, ihr glitschigen Würmer, kommt, ihr Käfer mit eurem Panzer, kommt, schnelle Hasen und ihr Katzen mit dem weichen Fell. Gott machte die Tiere alle ganz verschieden. Er sah: Sie waren gut und schön.

Und Gott sagte: Ich will Menschen machen. Sie sollen fast wie ich sein. Sie gehören ganz nahe zu mir. Und ich will bei ihnen sein. Ich gebe ihnen die Tiere, aber sie sollen sorgen für die Fische, die Vögel in der Luft, die Tiere auf dem Land. Die Menschen sollen mir helfen in meiner Welt.

Gott schuf den Mann und die Frau. Sie waren gut und schön. Und Gott sagte: Ich habe euch als Mann und Frau geschaffen, als Mutter und Vater. Ihr sollt euch liebhaben. Ihr sollt Kinder bekommen, so daß es immer mehr Menschen gibt. Ich habe euch genug zu Essen gegeben: Schaut, was alles wächst rund um euch. Das könnt ihr brauchen: Körner, Nüsse und saftige grüne Blätter.

Und Gott schaute auf alles, was er gemacht hatte. Und er sagte: Alles ist sehr schön und sehr gut. Es war der sechste Tag von Gottes Welt.

Am nächsten Tag aber, als die Sonne aufging, sagte Gott: Ich habe die ganze Welt gemacht. Alles ist nun geschaffen. Heute will ich ausruhen. Heute ist ein besonderer Tag, ein Ruhetag. Auch diesen Tag habe ich gemacht. Er ist gut und schön. Das war der siebte Tag von Gottes Welt.

Das ist die erste Geschichte vom Himmel und von der Erde, die Geschichte von den ersten sieben Tagen. Es ist die erste Geschichte der Bibel.

Genesis / 1. Mose 1

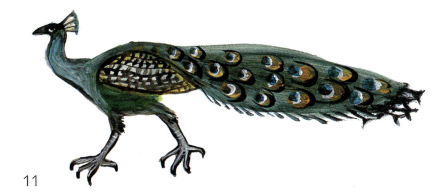

Der Paradiesgarten - eine andere Geschichte vom Anfang der Welt

Es gab noch keine Bäume und Sträucher auf der Erde. Alles war kahl. Da nahm Gott Erde, weiche Erde auf dem Feld. Sie war wie Lehm. Und aus der Erde formte Gott einen Menschen. Er machte ihn so, daß er ihm gefiel. Und Gott blies durch die Nase Leben in diesen Menschen. Da atmete er. Er begann zu leben. Und er ging aufrecht auf zwei Beinen.

Und Gott pflanzte einen Garten für den Menschen: das Paradies. Einen Garten mit verschiedenen Bäumen, mit schönen Blüten, auch mit Früchten, die gut schmeckten. Gott ließ Flüsse und Bäche strömen durch den Garten - so war genug Wasser da. Alles wuchs und war schön. Gott sagte zum Menschen: «Er ist für dich, dieser Garten. Sorge für ihn.»

Nur von einem einzigen Baum im Paradies durfte der Mensch nicht essen. Gott sagte: «Dieser Baum gehört nur mir. Wer von dem Baum ißt, weiß alles. Wenn du, Mensch, von diesem Baum ißt, mußt du sterben.»

Der Mensch war ganz alleine im Paradiesgarten. Gott sagte: «Der Mensch soll nicht allein sein. Ich will dem Menschen etwas geben, das zu ihm paßt, ein Lebewesen, das ihm hilft.» Aus Erde machte Gott Tiere: Vögel, auch Kühe, Pferde, Hunde und Katzen, Hasen und Rehe. Und der Mensch durfte jedem Tier einen Namen geben. Aber keines dieser Tiere paßte ganz zum Menschen. Keines konnte mit dem Menschen sprechen.

Da ließ Gott den Menschen sehr tief schlafen, so tief, daß er nicht spürte, was mit ihm geschah. Und Gott nahm eine Rippe aus dem Körper des Menschen. Aus dieser Rippe machte Gott einen anderen, neuen Menschen. Er sah dem ersten Menschen sehr ähnlich. Es war eine Frau. Und als der Mann wieder wach war, freute er sich: «Sie paßt zu mir - besser als alle Tiere. Sie ist gemacht wie ich.» Der Mann merkte, daß er mit der Frau sprechen konnte. Er war froh.

Zusammen lebten sie im Paradiesgarten. Sie waren nackt. Aber sie schämten sich nicht.

Mitten im Garten stand der Baum Gottes. Die beiden Menschen wußten: Von diesem Baum dürfen wir keine Frucht essen - sonst müssen wir sterben. Sie wußten nicht, was sterben ist. Aber sie aßen nicht von dem Baum.

Plötzlich war eine Schlange da. Sie sagte zur Frau: «Iß doch von den Früchten des Baumes. Es stimmt nicht, daß ihr sterben müßt. Aber wenn ihr von diesem Baum eßt, wißt ihr nachher alles - ihr wißt so viel wie Gott!»

Da hatte die Frau plötzlich große Lust auf die schönen Früchte des verbotenen Baumes. Alles wissen wie Gott - ja, das wollte sie! Sie pflückte eine Frucht und biß hinein. Und der Mann schaute ihr zu. Und auch er hatte Lust und wollte alles wissen wie Gott. Darum hielt die Frau dem Mann die Frucht hin, und auch er biß davon ab.

Die beiden Menschen starben nicht. Aber alles war jetzt anders. Nicht mehr wie vorher. Sie merkten, daß sie nackt waren. Sie schämten sich und machten sich Kleider aus Feigenblättern. Und abends, als es kühl geworden war, hörten sie, daß Gott durch den Paradiesgarten ging. Sie versteckten sich. Sie hatten Angst. Und die Angst war ganz neu für sie.

Gott rief sie. Er wußte, wo der Mann und die Frau waren. «Ihr habt von meinem Baum gegessen. Darum wißt ihr, daß ihr nackt seid. Darum habt ihr Angst.» Und Gott sagte zur Frau: «Weil du das gemacht hast, wirst du Schmerzen haben, wenn du Kinder bekommst. Du hast deinen Mann lieb; aber er wird über dich herrschen.» Und zum Mann sagte Gott: «Weil du von meinem Baum gegessen hast, lasse ich stachliges Unkraut auf dem Feld wachsen. Du mußt es ausreißen und arbeiten, daß dir der Schweiß von der Stirn läuft, bis du alt bist und stirbst. Dann wirst du wieder zu Erde.» Und zur Schlange sagte Gott: «Du sollst immer auf dem Boden kriechen, weil du zur

Frau gesagt hast: Iß von diesem Baum! Im Staub sollst du kriechen - ich gebe dir keine Beine wie den anderen Tieren.»

Weil die beiden Menschen von dem Baum gegessen hatten, schickte Gott sie aus dem Paradies, in eine Gegend, wo es keinen Garten gab, in dem alles von selber wuchs. Sie mußten hacken, säen, pflanzen. Am Eingang des Paradiesgartens aber standen zwei Engel mit Schwertern aus Flammen. Die Menschen konnten nicht mehr zurück ins Paradies.

Bevor sie den Paradiesgarten verlassen mußten, machte Gott der Frau und dem Mann warme Kleider aus Fellen. Da wußten sie: Gott hat uns immer noch lieb. Er sorgt für uns.

Der erste Mann hieß Adam. Die Frau hieß Eva.

Genesis /1. Mose 2 u. 3

Kain, wo ist dein Bruder?

Adam und Eva blieben immer zusammen. Sie hatten sich sehr lieb.

Bald erwartete Eva ihr erstes Kind. Sie bekam einen Sohn. Sie nannten ihn Kain. Es war das erste Kind der Erde. Eva freute sich sehr und dankte Gott: «Gott, du hast mir geholfen - es ist wunderbar, ein Kind zu haben. Ich danke dir.» Und später bekam Eva einen zweiten Sohn. Er hieß Abel.

Die beiden Söhne wurden groß und kräftig. Abel zog mit den Schafen seines Vaters von Weideplatz zu Weideplatz. Er war Hirte. Kain arbeitete auf dem Feld. Er pflügte, säte und erntete. Er war Bauer.

Kain und Abel wußten, daß Gott sie behütete. Beide Brüder wollten sich bei Gott bedanken für alles Gute. «Gott, ich danke dir für deine Hilfe; ich bringe dir ein Opfer», sagte Abel. «Schau auf diese Schafe - ich möchte dir eines schenken. Ich verbrenne es für dich.» Auch Kain redete mit Gott: «Gott, ich danke dir für deine Hilfe; ich bringe dir ein Opfer. Schau auf dieses Kornfeld - ich möchte dir einen Teil der Ernte schenken. Ich verbrenne diese Garben für dich.» Beide Brüder opferten.

Darauf wurde die Herde Abels größer. Die Schafe bekamen Junge; sie wurden immer kräftiger. «Gott hat freundlich auf mein Opfer geschaut. Er hat mich gehört», sagte Abel. Er freute sich.

Kains Kornfeld wuchs in diesem Jahr nicht gut. Kain wurde böse. «Warum schaut Gott nur auf Abel und seine Tiere? Mich hat er vergessen; mein Opfer hat er nicht angeschaut - das ist ungerecht», sagte er.

Gott sah Kains grimmiges Gesicht. «Hörst du mich, Kain? Ich habe dich nicht vergessen. Nimm dich zusammen und sei nicht zornig!»

Kain aber konnte nicht verstehen, warum Gott Abels Herde groß und stark gemacht hatte. Ist Gott mein mageres Kornfeld gleichgültig? dachte er. Er war eifersüchtig. «Mein Bruder hat es besser als ich.» Kain war wütend. Er sagte zu seinem Bruder: «Abel, komm doch mit mir hinaus zu meinem Kornfeld.» Dort schlug Kain seinen Bruder. Er schlug ihn mit ganzer Kraft, bis Abel hinfiel und sich nicht mehr bewegte. Abel war tot.

Da hörte Kain die Stimme Gottes: «Wo ist dein Bruder Abel?» Kain antwortete: «Ich weiß es nicht. Muß ich denn auf meinen Bruder aufpassen?» Doch Gott sagte: «Du hast deinen Bruder getötet. Du hast sein Leben zerstört, weil du neidisch warst. Auf deinem Acker und auf all deinen Feldern soll nichts mehr wachsen. Geh weg von hier, Kain, fliehe! Du kannst nicht hier bleiben, wo du deinen Bruder getötet hast!»

Kain erschrak. Mußte er wirklich alles verlassen, was er kannte? In der Welt umherirren als ein Flüchtling? Seine Eltern, die Äcker, Felder und Herden nie mehr sehen? Er hatte Angst. Er hatte Angst, daß auch ihn jemand töten könnte. So, wie er Abel getötet hatte. Gott aber sagte: «Ich werde dich beschützen und nicht zulassen, daß dich jemand tötet. Ich setze ein Zeichen auf deine Stirn. Durch dieses Zeichen bist du sicher. Niemand kann dich umbringen.»

Da wußte Kain: Gott ist zornig; aber er hat mich immer noch lieb. Er sorgt für mich.

Genesis / 1. Mose 4

Der Regenbogen

Die Kinder sitzen neben ihren Eltern und Großeltern im dunklen Schiff, das sie Arche nennen: Ein riesengroßer Kasten mit vielen kleinen Kammern, die durch Gitterstäbe voneinander getrennt sind. Man hört den Regen aufs Dach prasseln. Es regnet. Es regnet und regnet. Bald vierzig Tage. Über ihnen ist Wasser, unter ihnen, rechts, links - nichts als Wasser. Eine Wasserwelt, sagen die Kinder.

Manche der Tiere, die hinter den Gitterstäben eingesperrt sind, wimmern; andere scharren oder hüpfen unruhig auf und ab. Die Kinder aber drücken sich ängstlich an ihre Eltern und schauen hinüber zu Noach, dem Großvater, der nahe bei der Dachluke sitzt. Ab und zu öffnet er das kleine Fenster, um es sofort wieder zu schließen. Denn der Regen spritzt in großen Tropfen ins Innere der Arche. «Immer noch», seufzen die Frauen.

«Jammert nicht», sagt dann Noach ruhig. «Gott wird unsere Familie und alle diese Tiere retten. Darum mußten wir die Arche bauen, so wie Gott es wollte.»

Die Kinder haben es selbst gesehen, wie alle Männer der großen Familie mithalfen beim Bau der Arche. Sie fällten Bäume, sie fügten Balken ineinander, sie verklebten die Wände außen und innen mit Pech. Den riesigen Kasten bauten sie mitten auf dem Feld. Und niemand verstand, was Noach damit eigentlich wollte.

Erst als dann der Regen kam, die Felder überschwemmte und die Täler füllte, wurde der Kasten zum Schiff. «Auch die Berge sind jetzt von Wasser bedeckt», hatte eines Tages der Großvater gesagt. Und alle in der Arche merkten: Nur wir sind gerettet.

Die Menschen im Schiff wissen: Gott hat mit Noach geredet. Gott meint es gut mit uns. «Was haben die anderen Menschen getan, daß sie ertrinken müssen? Was können die Tiere dafür und die Pflanzen?» fragen die Kinder. «Die Menschen haben Böses getan», sagt der Großvater. «Was heißt das? Haben sie geraubt und getötet? Haben sie ihre Freunde allein gelassen? Haben sie Gott vergessen? Sind wir denn besser?» So fragen die Kinder immer wieder. Sie erhalten keine Antwort.

Noach sagt: «Gott will, daß wir am Leben bleiben, wir und die Tiere. Von jeder Tierart ein Männchen und ein Weibchen.» Und immer wieder versichert er: «Der Regen wird aufhören, ich weiß es. Bleibt ruhig.» Der Regen aber rauscht und rauscht. Wellen klatschen ans Schiff. Werden nicht all die wunderbaren Dinge, die Gott erschaffen hat, durch die Wasserfluten zerstört? Die Kinder können es nicht verstehen.

Als Noach nach vierzig Tagen die Dachluke wieder öffnet, hat der Regen aufgehört. Jetzt darf das Fenster offenbleiben. Licht fällt ins Innere der Arche. Dann kommt die Sonne. Sie blendet zuerst Menschen und Tiere. Dann freuen sich alle.

Noach setzt den Raben auf seine Hand. «Du kannst uns helfen, Rabe. Flieg aus und schau dich für uns um!» Noach streckt die Hand aus der Dachluke, und der Rabe fliegt davon. Bevor es dunkel wird, kommt er erschöpft zurück. «Nirgends konntest du dich hinsetzen», sagt Noach, «also ist noch alles mit Wasser bedeckt. Ruh dich aus.» Noach läßt den Raben fressen und schlafen.

Sieben Tage später schickt er eine Taube aus. Da kehrt sie abends wieder zurück. Sie trägt das Blatt eines Olivenbaums im Schnabel. Noach sieht: Die Taube hat Äste gefunden, die aus dem Wasser ragen. Und die Menschen im Schiff wissen: Alles wird wieder gut. Die Taube mit dem Zweig ist ein Zeichen dafür.

Das Wasser sickert in den Boden oder läuft in Seen und Flüssen zusammen. Ein trockener Wind weht. Bald wird die Erde wieder sichtbar werden. Die Taube aber ruht nochmals sieben Tage aus in der Arche. Wie Noach sie nochmals fliegen läßt, kehrt sie

nicht zurück. Jetzt hat sie einen Ort gefunden, wo sie sich hinsetzen und bleiben, wo sie auch fressen kann.

Kurze Zeit darauf klettert Noach selbst aus dem Fenster und sieht: Die Erde ist trocken, die Arche ist am Rande eines Bergs steckengeblieben. Noach öffnet das Tor des Schiffs, und alle können aussteigen: Die Männer, Frauen und Kinder, aber auch die Mäuse und Ratten, die Katzen und Tiger, die Käfer und Schlangen und alle anderen Tiere. Sie verteilen sich auf der Erde. Sie sehen die vom Wasser zerstörten Felder und Wälder. Überall entdecken sie, daß wieder neue grüne Spitzchen aus der Erde stoßen. Bald ist alles wieder voller Leben.

Noach baut einen Steintisch neben der Arche, einen Altar. Er dankt Gott dafür, daß er und seine Familie so wunderbar erhalten blieben und verbrennt auf dem Altar Tiere; dies soll sein Geschenk sein für Gott, sein Opfer.

Die Kinder und Frauen staunen: Vor ihnen in den Wolken steht ein riesengroßer Regenbogen. Ein Bogen, der gespannt ist vom Himmel zur Erde und in wunderbaren Farben leuchtet. «Können wir auf dem Bogen zu Gott in den Himmel steigen?» fragt ein Kind. «Ist das Gott?» fragt ein kleiner Junge. Niemand lacht ihn aus. Und der Großvater Noach sagt: «Es ist nicht Gott. Wir können Gott nicht sehen. Aber er hat uns den Regenbogen als Zeichen geschickt. Gott will uns sagen: Wir gehören zusammen, ihr Menschen und ich, euer Gott. Ich schließe einen Bund mit euch. Ich will nie mehr eine Wasserflut schicken, die alles zerstört. Ihr Menschen aber sollt nicht mehr töten, rauben oder einander quälen. Auch die Tiere und Pflanzen gehören zu mir wie ihr Menschen. Alle sollen erhalten bleiben. Denkt immer daran, wenn ihr den Regenbogen seht.»

Die Kinder werden groß. Die Tiere bekommen Junge. Die Wälder breiten sich aus. Bis heute steht Gottes Regenbogen immer wieder in den Wolken. Und wir Menschen wissen: Der Regenbogen ist wie eine Brücke von Gott zu den Menschen. Der Himmel ist offen und Gott ist uns nahe, auch wenn die Welt oft gefährlich und dunkel ist.

Genesis / 1. Mose 6-9

Die große Stadt und der große Turm

Die Herberge steht an der Straße von Westen nach Osten. Von Norden nach Süden. Von den warmen in die kalten Länder. Hier ruhen sich Menschen aus, die eine weite Reise machen, von einem Land ins andere. Es gibt hier eine Zisterne. Alle bekommen Wasser. Sie trinken und sie waschen sich.

Der Wirt bedient sie. Und sein kleiner Junge fragt: «Warum kann ich sie nicht verstehen, diese Wanderer?» Er ist traurig. «Vater, warum sprechen sie eine andere Sprache als wir?» Und der Vater antwortet: «Warte, bis alle schlafen. Ich werde dir dann erzählen, warum die Menschen verschiedene Sprachen haben.»

Und abends sitzt der Junge allein mit seinen Eltern unter dem Vordach der kleinen Herberge, dort, wo sich die Straßen kreuzen. Der Vater erzählt:

Vor sehr langer Zeit hatten alle Menschen die gleiche Sprache. In einem breiten Tal bauten sie eine Stadt. «Hier wollen wir bleiben», sagten sie, nachdem sie vorher durch Wüsten und über Berge gewandert waren. Sie bauten Häuser und Straßen, Plätze und Brücken. Sie bauten die Stadt aus Ziegeln, die sie aus Lehm geformt und lange getrocknet hatten. Nicht aus Steinen, wie du es kennst.

Ja, es wurde eine riesengroße wunderbare Stadt. So groß, daß niemand, der am einen Ende wohnte, das andere Ende der Stadt je sehen konnte.

Mitten in der riesengroßen Stadt bauten die Menschen einen Turm. Alle halfen mit. Auch der Turm wurde aus Ziegeln gebaut. Er wurde höher, immer höher. «Er soll bis zum Himmel reichen», sagten sie. «Man soll ihn von allen Seiten von weitem erkennen. Denn beim großen Turm ist unsere Mitte. Wir gehören alle zusammen.»

Und sie trockneten immer mehr Ziegelsteine. Die Arbeit am Turm war hart und gefährlich. Die Stadt wurde größer und größer. Länger und breiter.

Die Spitze des Turms war oft in den Wolken versteckt. Alle Menschen aber sprachen die gleiche Sprache.

Gott sah die vielen Menschen in der großen Stadt. Gott sagte: «Sie können alles, diese Menschen. Es ist nicht gut, wenn sie zu mächtig sind. Es ist nicht gut, wenn ihre Stadt immer noch größer und größer wird. Haben sie vergessen, daß ich ihre Mitte bin?»

Gott gefielen der große Turm und die riesengroße Stadt nicht. Darum veränderte Gott die Sprache der Menschen. Sie wurden ganz verwirrt und konnten einander nicht mehr verstehen. Jetzt wollten sie nicht mehr zusammenbleiben in der großen Stadt.

Die Menschen zogen aus, nach Westen und Osten, nach Norden und Süden. In die warmen und in die kalten Länder. Und jetzt hatten sie verschiedene Sprachen. Ja, sie verstanden sich nicht mehr.

«Und die große Stadt mit dem großen Turm?» fragt der Junge leise. «Ist sie noch da? Wo ist sie?» Der Vater antwortet: «Babylon hat sie geheißen. Aber sie wurde nicht weitergebaut. Sie liegt weit von hier entfernt. Sicher ist der Turm zerfallen. Das ist schon so lange her!»

Die Herberge liegt im Dunkeln. Alle schlafen, die Menschen aus Ost und West, aus Nord und Süd. Auch der Junge schläft. Der gleiche große Sternenhimmel ist wie ein Dach für alle. Und manche wissen: Wir Menschen gehören zusammen, auch wenn unsere Sprachen verschieden sind. Vielleicht wissen sie: Wir haben alle den gleichen Gott.

Genesis /1. Mose 11

ABRAHAM, SEINE ENKEL UND URENKEL

Abraham und Sara

Lange unterwegs

Abram steht vor seinem Zelt. Er horcht. War das Gottes Stimme? «Der Herr hat mit mir geredet!» sagt er zu seiner Frau Sarai. «Was hat Gott mit mir vor? Ich soll wegziehen aus Haran, meiner Heimat. Ich soll alles verlassen, was ich kenne, und in einem Land wohnen, das Gott mir zeigen wird.»

Sarai erschrickt. «In ein fernes unbekanntes Land sollen wir ziehen?» «Ja, Sarai», sagt Abram. «Gott will es so. Er will uns segnen. Er will uns ganz besonders behüten und will uns seine Lebenskraft geben. Komm, Sarai, du gehörst auch dazu. Gott wird aus unseren Kindern, Enkeln und Urenkeln ein großes Volk machen. Aus dir und aus mir.»

Da denkt Sarai: Vielleicht bekomme ich doch noch ein Kind?

Abram nimmt Schafe und Esel mit, Knechte und Mägde, aber auch Zelte, Vorratskrüge mit Öl, Schläuche voller Wasser. Er weiß: Vielleicht finden wir lange keinen Brunnen und keine Quelle. Wir reisen sehr weit. Wir ziehen in das Land, das Gott uns zeigen wird. Es wird uns gehören.

Und sie ziehen nach Süden. Sie kommen nur langsam vorwärts. Immer wieder müssen sie neue Weideplätze suchen.

Nach langer Wanderung kommen sie ins Land Kanaan. Ob wir hier bleiben können? fragt sich Sarai. Sie sieht, wie Abram unter einer großen Eiche Steine aufschichtet, sehr sorgfältig. Abram baut einen Altar für Gott.

«Gott hat wieder mit mir gesprochen», sagt Abram. «Er hat gesagt, daß dieses Land unseren Nachkommen gehören wird. Darum baue ich hier einen Altar! Ich will den Ort nicht vergessen, wo Gott mit mir geredet hat.»

Sarai wird traurig. Wie sollen hier ihre Enkel und Urenkel wohnen, wenn sie kein einziges Kind hat? Und sie denkt: Warum spricht Gott nur mit Abram, nicht mit mir?

Fremde Hirten kommen. Für ihre Herden brauchen sie die Quellen und grünen Weiden. «Wir waren schon vor euch da», sagen sie.

So muß Abram wieder aufbrechen, mit allen Tieren, allen Knechten, auch mit Sarai. Im Land, das Gott ihm versprochen hat, darf er noch nicht bleiben.

Einmal regnet es während sehr langer Zeit nicht. Auf den Weideplätzen wächst kein Gras mehr. Alles ist dürr.

Da zieht Abram mit allen seinen Leuten noch weiter nach Süden, ins reiche Land Ägypten. Dort finden die Tiere Nahrung. Niemand verhungert. Und der Pharao, der König von Ägypten, macht Abram Geschenke. Er schenkt ihm Dienerinnen und Diener, Esel und Kamele.

Hagar, eine junge Ägypterin, wird Sarais Dienerin.

Genesis /1. Mose 12

Der Sohn der Dienerin

Abram zieht weiter. Seine Herden werden immer größer. Die Tiere bekommen Junge. Immer wieder. Die Diener und Dienerinnen bekommen Kinder und Enkel. Eine lange Zeit vergeht.

Immer noch ist Abram unterwegs. Er ist reich. Ihm und Sarai gehört das größte und schönste Zelt. Sarai bekommt kostbaren Schmuck von ihrem Mann. Sie ist immer noch sehr schön.

Aber Sarai hat kein Kind.

Wieder hört Abram Gottes Stimme. Mitten in der Nacht redet Gott mit ihm: «Steh auf, Abram, tritt aus dem Zelt und schau hinauf zum Himmel! Versuch, die Sterne zu zählen. So viele Kinder, Enkel und Urenkel wirst du haben. So viele, wie du Sterne am Himmel siehst.»

Abram staunt. Ja, Gott hat ihm Kinder versprochen, ein ganzes Volk soll aus ihnen werden. Aber wie ist dies möglich, wenn Sarai und er kein einziges Kind haben?

Sarai wird immer trauriger. Schließlich sagt sie: «Abram, du siehst: Ich kann keine Kinder bekommen. Nimm meine Dienerin, die Ägypterin Hagar, als zweite Frau zu dir. Sie ist meine Freundin. Vielleicht wird sie ein Kind bekommen. Ein Kind für mich.»

Und bald erwartet Hagar wirklich ein Kind. Sie freut sich. Sie ist stolz. Sie sagt: «Es ist mein Kind - und es ist Abrams Kind.»

Sarai wird noch trauriger. Sie wird eifersüchtig. Hagar ist nicht mehr ihre Freundin.

Hagar wird aus Abrams Zelt vertrieben. Doch sie bekommt einen Sohn. Er heißt Ismael.

Genesis /1. Mose 15 u. 16

Abraham und Sara lachen

Die Reise geht weiter. Und wieder spricht der unsichtbare Gott mit Abram. Sarai sieht, wie ihr Mann auf dem Boden kniet und betet. Sie sieht, daß er horcht. Sie sieht plötzlich, daß Abram lacht.

Und Abram sagt: «Gott hat gesagt, daß auch du, Sarai, in einem Jahr ein Kind bekommen wirst. Da mußte ich einfach lachen. Sind wir nicht beide schon alt? Wir könnten längst Großeltern sein. Und höre, Sarai: Gott hat, als er vorhin mit mir redete, einen Bund geschlossen - mit mir und mit dir. Er will, daß wir und unsere Kinder ganz nahe zu ihm gehören. Als Zeichen dafür gibt Gott uns neue Namen. Ich heiße nicht mehr Abram, sondern Abraham. Das heißt 'Vater vieler Völker'. Und auch du gehörst dazu. Du sollst nicht mehr Sarai heißen, sondern Sara. Sara bedeutet Fürstin, ja Königin. Gott will uns beiden neue Lebenskraft geben.»

Kurze Zeit darauf bekommen Abraham und Sara einen merkwürdigen Besuch. In der ärgsten Mittagshitze stehen drei Wanderer plötzlich vor dem Eingang des schönen Zelts. «Bleibt bei uns, Freunde! Ihr sollt unsere Gäste sein», sagt Abraham. Nur selten kommt hier in der Steppe Besuch. Die Wege sind gefährlich, die Sonne ist stechend heiß.

Schnell machen Abraham und Sara alles bereit für die fremden Gäste, um sie zu bedienen. Die Knechte braten ein Kalb. Brot wird gebacken.

Die drei fremden Männer setzen sich unter die Eiche. Es ist der Baum, unter dem Abraham vor vielen Jahren einen Steinhaufen aufgeschichtet hat, einen Altar. Denn hier hat Gott mit ihm geredet. Jetzt bringt Abraham das Essen und frische Milch für seine Gäste. Er bedient sie. Er ist der Hausherr.

Sara aber wartet hinter den Tüchern des Zelts. Von hier aus kann sie alles hören. Sie hört, wie die Männer fragen: «Abraham, wo ist Sara, deine Frau?» Saras Herz klopft. Sie reden von mir! Sie kennen meinen Namen! Ich bin doch nur eine Frau - bin ich denn wichtig für diese Fremden? Und da hört sie die Männer sagen: «In einem Jahr kommen wir wieder - da wird deine Frau Sara einen Sohn haben, ein eigenes Kind.»

Sara schüttelt den Kopf. Sie lacht hinter dem Vorhang. Ja, sie möchte ein Kind haben! Aber jetzt ist es zu spät! Die wissen ja gar nicht, wie alt ich bin. Ich bin wie ein verdorrter Baum, der keine Früchte mehr tragen kann.

Doch da hört sie wieder einen der Besucher reden. «Warum lacht Sara? Warum denkt sie, sie sei zu alt, um ein Kind zu bekommen? Gibt es etwas, das unmöglich ist für Gott? Sicher, Abraham, in einem Jahr wird Sara einen Sohn haben.»

Sara zuckt zusammen. Sie schiebt die Tücher des Zelts zur Seite und sagt: «Nein, ich habe nicht gelacht.» Doch plötzlich weiß sie: In diesen drei Männern ist Gott selbst zu uns gekommen. Jetzt habe auch ich Gottes Stimme gehört.

Während Abraham die drei Männer auf ihrem Weg ein Stück begleitet, denkt Sara nach: Ja, Gott will mir helfen. Er wird mir ein Kind schenken. Auch ich, eine Frau, gehöre zu ihm. Ich bin drin im Bund, den Gott mit Abraham geschlossen hat. Er hat auch mich gesegnet.

Und als Abraham zurückkommt ins Zelt, sagt sie leise: «Ja, Abraham, das war Gott - ich bin sicher.»

Ein Jahr später bekommt Sara wirklich ein Kind. Es ist ein Sohn. Er heißt Isaak. Alle freuen sich.

Isaak bedeutet: Gott lacht.

Genesis /1. Mose 17, 18, 21

Isaak und Ismael

Eines Tages beobachtet Sara, wie der kleine Isaak vor dem Zelt mit einem größeren Jungen spielt. Zuerst freut sie sich. Die beiden Kinder spielen friedlich. Doch da schaut Sara genauer hin. Ist der Junge, der mit meinem Kind spielt, nicht Ismael?

Sara wird böse. Ismael soll nicht mit Isaak, meinem Kind, spielen! Nur Isaak ist der richtige Sohn Abrahams - er allein soll alles erben. Und Sara sagt zu Abraham: «Jage Hagar mit ihrem Sohn fort! Hagar ist ja nur unsere Dienerin. Und sie ist eine Fremde, eine Ägypterin. Sie und ihr Sohn sollen nicht unter uns bleiben!»

Abraham wird traurig. Auch Ismael ist sein Kind. Er hat ihn gern. Er möchte ihn nicht vertreiben. Doch da hört Abraham wieder die Stimme Gottes: «Höre auf Sara, deine Frau, und mach, was sie von dir fordert. Ich werde Ismael dennoch behüten. Auch aus ihm wird ein großes Volk werden.»

Am nächsten Morgen, sehr früh, bevor es heiß wird, schickt Abraham Hagar mit Ismael fort. Fort vom Weideplatz, wo alle Zelte stehen - hinaus in die Wüste. Er schaut den beiden lange nach.

Hagar kommt zu einem großen Felsen. Sie setzt sich in den Schatten. Sie ruht sich aus und trinkt Wasser. Sie gibt auch Ismael zu trinken. Und sie zieht mit dem Kind weiter.

Sie kommt immer langsamer voran. Wohin soll sie gehen? Der Tag wird heißer und heißer. Die Sonne steht hoch am Himmel. Der Wasserbeutel ist leer. Sie ist erschöpft. Ismael ist durstig.

Da setzt Hagar ihr Kind unter einen kleinen Busch. Es ist der einzige kleine Schattenplatz, den sie finden kann. Sie selbst aber geht ein Stück weiter, so weit, wie man einen Pfeil schießen kann. «Ich will nicht zusehen, wie mein Kind stirbt», sagt sie. Sie ist sicher, daß Ismael verdursten wird.

Und das Kind beginnt, laut zu weinen.

Hagar aber hört plötzlich eine Stimme. Sie sieht niemanden, doch sie weiß: Ein Engel Gottes redet mit mir. Und der Engel sagt: «Geh zurück, Hagar! Geh zu deinem Kind. Nimm es an der Hand und gib ihm zu trinken.»

Erst jetzt sieht Hagar ganz nahe vor sich eine Quelle. Sie staunt und freut sich. Sie gibt ihrem Kind zu trinken. Mit einem vollen Beutel ziehen die beiden weiter.

Hagar findet mit Ismael andere Quellen und schattige Orte zum Ausruhen. Sie findet Menschen, bei denen sie wohnen kann.

Ismael wird groß und kräftig. Er wird Jäger. Später heiratet er eine Frau aus Ägypten, dem Land, aus dem seine Mutter vor vielen Jahren mit Abraham und Sara ausgezogen ist.

Auch Isaak wird erwachsen.

Seine Mutter Sara lebt nicht mehr. Abraham ist sehr alt. Er möchte, daß sein Sohn heiratet. Er möchte, daß Isaak eine Frau aus seiner fernen Heimat heiratet, aus Haran, dem Land, in dem Abrahams Familie lebt. Darum schickt Abraham seinen ältesten Knecht nach Haran. Von hier haben sich Abraham und Sara vor sehr vielen Jahren auf den Weg gemacht.

Der Knecht nimmt wertvolle Geschenke mit: Kamele, Teppiche und Edelsteine. Er ist lange unterwegs. Und er kommt zurück - mit Rebekka.

Rebekka ist mit Abraham verwandt. Sie wird Isaaks Frau.

Endlich erwartet Rebekka ein Kind. Doch bald spürt sie, daß es zwei Kinder sind, die in ihr wachsen. Schon im Bauch der Mutter treten sie sich. Sie werden am selben Tag geboren. Es sind Zwillinge, beide ganz verschieden. Zuerst kommt Esau zur Welt, dann Jakob. Esau und Jakob: So heißen die Söhne von Isaak und Rebekka.

Genesis /1. Mose 21, 24

Jakob und Esau

Die beiden Brüder

«Mich hat die Mutter lieber», sagt Jakob. Er schaut Esau von der Seite an. Er möchte seinen Bruder ärgern. Aber Esau bewegt sich nicht. Jakob fährt fort: «Ich werde ein guter Hirt und Gärtner sein. Und die Frauen können mich brauchen, hier bei den Zelten.» Da springt Esau auf und lacht: «Ich will ja gar nicht, daß sie mich brauchen. Ich will frei sein. Ich will Jäger werden. Und ich bin viel stärker als du.»

Jetzt springt auch Jakob auf: «Du, mit deinen roten häßlichen Haaren und deiner rauhen Haut. Vielleicht hast du mehr Kraft als ich. Aber ich bin schlauer, das wissen alle. Und meine Haut ist zart. Die Mutter sagt es, immer wenn sie darüber streicht.» Jakob streckt Esau seine glatten nackten Arme entgegen.

Esau läßt seine rauhen Hände, die von vielen Haaren bedeckt sind, sinken. Er ballt die Fäuste. Man sieht seine Muskeln. Und Esau lacht: «Was nützt dir deine Mädchenhaut, Bruder? Ich bin älter als du - das ist mir die Hauptsache.» Da stampft Jakob mit dem Fuß auf. Er wird still. Ja, Esau ist älter als er. Nur wenige Minuten älter. Sie sind Zwillinge.

Doch alle wissen: Der Ältere ist wichtiger; er bleibt immer der Erste. Ihm werden später alle diese Zelte gehören. Jakob ärgert sich, er möchte der Ältere sein. Und der Vater hat Esau lieber. Weil er älter ist? Weil er schon jetzt jagen kann? Jakob ist traurig und wütend. Er verschwindet in einem der Zelte, bei den Frauen. Esau aber nimmt seinen Bogen. Er verschwindet in den zerklüfteten Felsen. Er ist gerne allein. Er will jagen.

Abends kommt Esau aus den Bergen zurück. Er ist müde und verschwitzt. Riecht es hier nicht nach Essen? Esau hat Hunger. Und er entdeckt seinen Bruder, der an der Feuerstelle zwischen den Zelten sitzt und in einem Topf rührt.

Sofort ist Esau bei ihm. «Gib mir von dem roten Brei da in deinem Topf. Gib mir schnell. Ich bin am Verhungern.» Schon will er den Topf vom Feuer zerren. Aber Jakob packt den Arm des Bruders, der von Haaren bedeckt ist wie von einem Mantel, und sagt: «Du darfst meinen Linsenbrei essen - aber nur, wenn ich von jetzt an der ältere Bruder bin. Du sollst zu den Menschen sagen: Das ist Jakob, mein älterer Bruder. Dann bin ich mehr wert als du.»

Esau lacht. Er hat nur Hunger. «Was macht das schon aus, ob ich ein paar Minuten jünger oder älter bin als du. Sterben müssen doch alle. Also gut: Du sollst der Ältere sein.» Esau muß seine Hand erheben und schwören; denn Jakob will ganz sicher sein, daß es seinem Bruder ernst ist. Erst jetzt darf Esau den Topf mit dem Linsenbrei leer essen. Er ißt gierig. Er trinkt Wein dazu. Er wird satt und zufrieden und lacht. «Danke Bruder, es hat gut geschmeckt», sagt er und verschwindet im Dunkeln zwischen den Zelten.

Genesis /1. Mose 24

Isaaks Segen

Die beiden Brüder Esau und Jakob werden erwachsen. Esau hat schon zwei Frauen. Esau ist Jäger, Jakob ist Hirt und Gärtner. Esau wohnt mit seiner Familie in einem eigenen großen Zelt. Auch Jakob hat jetzt ein Zelt für sich.

Ihr Vater Isaak aber ist inzwischen sehr alt geworden. Er kann nichts mehr sehen und hören. Er weiß, daß er bald sterben muß. Meistens liegt er allein in einer Ecke seines Zelts. Kostbare Teppiche liegen auf dem Boden - sein Zelt ist wertvoller als alle anderen.

Eines Tages hört Esau die Stimme seines Vaters. «Esau», ruft Isaak, «Esau, komm und hör zu. Weil ich bald sterbe, will ich dich, meinen ältesten Sohn, segnen. Dies soll ein Fest sein für mich und für dich; denn du wirst nach mir für all unsere Knechte und Mägde, für die Herden und Zelte sorgen. Du wirst der Herr sein. Nimm deinen Bogen und Pfeile, jage in den Felsen einen Steinbock und brate ihn so, wie ich es gern habe. Dann wollen wir essen, und ich will dich segnen.»

Esau freut sich. Ja, er wird Herr sein! Er ist der Älteste. Er hat vergessen, daß er einmal zu Jakob gesagt hat: Darauf kommt es doch nicht an. Esau zieht ins Gebirge. Er ist zwei Tage weg, um zu jagen. Er bringt einen Steinbock heim. Er brät ihn am Spieß und trägt das Gericht zum Zelt seiner Eltern. Er ist glücklich und ruft seinem Vater schon von der Tür aus zu: «Setz dich auf, lieber Vater, ich bringe dir einen guten Braten - und ich freue mich auf deinen Segen.»

Bald darauf ist aus dem Zelt ein grauenhaftes Schreien zu hören. Jammernd stürzt Esau aus dem Zelt seines Vaters. Was ist geschehen? Knechte und Mägde laufen zusammen. Bald wissen es alle: Als Esau im Gebirge war, hat der blinde Isaak seinem jüngeren Sohn Jakob den Segen des Erstgeborenen gegeben. Die Mutter Rebekka hat Jakob geholfen. «Es ist ungerecht, wenn der ältere Sohn gesegnet wird, nur weil er einige Minuten vorher geboren wurde», hat sie gesagt. Und alle wissen: Rebekka hat Jakob, den Jüngeren, lieber. Sie hat Jakob mit einem Ziegenbraten zu Isaak geschickt. Sie hat ihm Esaus Festkleid angezogen und die Arme mit Pelzchen umwickelt, so daß sie ganz haarig wurden, wie die Arme Esaus. So hat der blinde Isaak gemeint, Esau sei bei ihm. Und er hat Jakob gesegnet.

Darum schreit Esau - er schreit immer lauter. Alle wissen: Der alte Isaak kann seinen Segen nur einmal geben. Für Esau ist nichts übriggeblieben. Esau tobt vor Wut.

Der alte Isaak ist erschrocken. Er schreit mit heiserer Stimme: «Ich habe meinen Sohn Jakob gesegnet. Ich habe ihm gesagt: Du darfst befehlen über deinen Bruder. Ich habe ihn geküßt. Und ich dachte: Es ist Esau. Jakob hat mich betrogen.» Isaak weint.

Esau sagt zu sich selbst: «Wenn der alte Vater gestorben ist, werde ich meinen Bruder töten. Warte nur, Jakob, du Betrüger. Es wird dir schlecht gehen.»

Jakob aber hat Angst vor Esau. Auch die Mutter Rebekka hat Angst um ihren Lieblingssohn. «Geh fort, reise in ein fernes Land. Geh nach Haran, in meine Heimat, und suche dort meinen Bruder Laban.»

In der nächsten Nacht macht sich Jakob bereit für die Reise. Rebekka hilft ihm. «Vergiß deine Mutter nicht, Jakob.» Sie umarmt ihn. Sie packt seinen Reisesack. Alle anderen schlafen. Es ist dunkel. Jakob macht sich auf den Weg. Ganz alleine. Im allerersten Morgenlicht sieht er beim Zurückblicken die Zelte seines Vaters. Er sieht die schlafenden Herden. Ja, dort hat er seit seiner Geburt gelebt. Die Beine werden ihm schwer. Der Sack drückt auf seinem Rücken. Die felsige Wüste, die sein Bruder Esau so gut kennt, ist ihm fremd. Doch er wandert weiter, in der Richtung, die Rebekka ihm erklärt hat. Die Sonne steigt immer höher.

Genesis / 1. Mose 27-29,5

Der Traum

Jakob ist schon mehrere Tage unterwegs. Es ist heiß. Die Nächte aber sind kalt und gefährlich. Es ist nicht immer leicht, eine Felsenhöhle oder ein Erdloch, in das er sich verkriechen kann, zu finden. Jeden Abend machen ihm die heulenden Wölfe und die schreienden Vögel Angst.

Eines Abends findet Jakob auf einem Hügel einen merkwürdigen Steinhaufen. «Hier ist ein heiliger Ort. Hier haben schon früher Menschen zu Gott gebetet. Es ist ein guter Ort zum Übernachten.» Jakob legt sich hin. Er legt seinen Kopf auf einen der heiligen Steine. Sehr schnell geht die Sonne unter. Jakob hat Heimweh. Er fürchtet sich vor dem unbekannten Onkel, zu dem er reisen soll. Aber er schläft trotzdem ein.

Da sieht Jakob im Traum eine Leiter. Eine lange Leiter, die bei ihm beginnt und bis in den Himmel führt. Der Himmel ist offen. Auf der Leiter steigen Gottes Engel hinauf und hinunter, hinunter und hinauf. Und Gott selbst steht vor Jakob und redet mit ihm: «Ich bin es, der Gott deines Vaters Isaak, der Gott deines Großvaters Abraham. Ich bin auch bei dir. Das Land, auf dem du jetzt liegst, werde ich dir und deinen Kindern und Enkeln geben. Du wirst viele Kinder haben, auch Enkel und Urenkel - so viele werden es sein wie die Sandkörner der ganzen Erde. Jetzt aber werde ich dich auf deinem Weg begleiten. Ich werde bei dir sein und dich sicher in deine Heimat zurückführen.»

Früh am nächsten Morgen wacht Jakob auf. Zuerst zittert er. «Ich habe Gott im Traum gesehen. Ich wußte nicht, daß Gott an diesem Ort wohnt.» Aber dann freut er sich. Er weiß plötzlich: Gott begleitet mich auf meinem schweren Weg. Er ist nahe bei mir - er ist nicht nur im Traum. Und Jakob gießt Öl über den Stein, auf dem er geschlafen hat. Öl als Dank für Gott. Es ist das Öl, das er als Vorrat auf die Reise mitgenommen hat.

«Hier ist dein Haus, Gott. Hier habe ich dich gesehen. Ich danke dir dafür. Du bist nicht nur der Gott meines Vaters und Großvaters. Du bist auch mein Gott und ich bitte dich: Bleibe bei mir.»

Jakob hat neuen Mut zum Weiterwandern. Nach vielen Wochen kommt er nach Haran. Er bleibt bei seinem Onkel. Er arbeitet für ihn. Laban ist froh; denn Jakob ist ein guter Hirt. Labans Schafe und Ziegen werden kräftig und bekommen viele Junge.

Genesis /1. Mose 29, 10-22

Lea und Rahel

Nach sieben Jahren ist für Jakob ein großer Tag gekommen. Er darf Labans Tochter Rahel heiraten. Das ist sein Lohn für die viele Arbeit, die er für seinen Onkel Laban getan hat. Rahel hat ihm schon gefallen, als er in Haran ankam. Damals war sie noch fast ein Kind und hütete die Schafe ihres Vaters. Jakob weinte vor Freude - so gut gefiel sie ihm. Und sie ist ihm in den sieben Jahren, als er auf sie wartete, immer noch lieber geworden. Darum sind ihm die sieben Jahre, die er warten mußte, nicht lang geworden. Jakob freut sich auf die Hochzeit. «Wenn Rahel meine Frau ist, werde ich nicht mehr traurig sein», sagt er.

Jetzt wird das Hochzeitsfest gefeiert. Es dauert eine ganze Woche. Es beginnt mit einem herrlichen Essen mit vielen Speisen, mit Musik und Tanz. Erst am Abend wird Rahel in Jakobs Zelt geführt. Jetzt wird sie endlich seine Frau. Die Braut ist in viele Schleier gehüllt. Es ist dunkel. Und Jakob merkt nicht, daß es nicht Rahel ist, die man ihm zur Frau gegeben hat - sondern Lea, Rahels ältere Schwester.

Jakob ist wütend. «Nicht Lea wollte ich, sondern Rahel - Rahel mit ihren strahlenden Augen. Lea sieht immer aus, als ob sie gerade geweint hätte - sie gefällt mir nicht.» Laban will Jakob beruhigen. «Es ist nicht normal, daß die jüngere Schwester vor der älteren heiratet. Und Lea hat noch keinen Mann. Nach dieser Festwoche gebe ich dir auch meine jüngere Tochter Rahel zur Frau, wenn du dann nochmals sieben Jahre für mich arbeitest.» Jakob ist einverstanden.

Ganz für sich denkt er: Jetzt bin auch ich betrogen worden. Er hat seinen Vater Isaak nicht vergessen.

So hat auch Jakob zwei Frauen wie sein Bruder Esau: Lea und Rahel. Manche sagen: Der hat es gut. Doch Jakob ist nicht frei. Die Zelte gehören nicht ihm. Die Tiere gehören nicht ihm. Alles gehört Laban. Jakob hat Heimweh. Er denkt an seine Eltern Isaak und Rebekka, an die Zelte zu Hause. Er denkt daran, daß sein Vater ihn gesegnet hat. Was nützt ihm der Segen hier in der Fremde? Ist Gott auch hier?

Jakob ist glücklich, wenn ihm der Traum mit der Leiter wieder einfällt. Dann weiß er: Gott ist immer bei mir. Er wird mich zurückführen in die Heimat.

Und jetzt möchten wir euch fragen, Lea und Rahel, euch zwei Schwestern. Seid ihr wirklich glücklich mit Jakob, eurem tüchtigen Mann? Lea, du bekommst viele Söhne: Zuerst Ruben, dann Simeon, Levi und Juda. Du bist Jakobs Frau, die ältere von beiden. Aber Jakob hat immer noch die schöne Rahel lieber als dich. Du bist traurig darüber, Lea, wir wissen es.

Und Rahel, du Schöne und Geliebte, bekommst Geschenke eures Mannes Jakob, du darfst bei ihm sein in seinem Zelt. Aber du hast keine Kinder. Und du gibst deinem Mann deine Magd Bilha zur Frau. Sie soll für dich Kinder bekommen. Das können wir heute nicht mehr verstehen. Auch du hast jetzt Söhne: Dan und Naftali. Aber es sind die Söhne deiner Magd. Und du versuchst es mit den Liebesäpfeln, mit einer Heilpflanze, die Ruben, der Sohn Leas, gefunden hat. Man sagt, daß man ein Kind bekommen kann, wenn man davon ißt. Aber es nützt dir nichts.

Immer wieder, Rahel, hoffst du auf ein ganz eigenes Kind. Aber du bleibst kinderlos, viele Jahre. Du mußt zusehen, wie Lea nochmals zwei Söhne bekommt: Issachar und Sebulon, auch die Tochter Dina.

So seid ihr beide traurig, Lea und Rahel. Eigentlich gehört ihr immer noch Laban, eurem Vater. Ihr wohnt in seinen Zelten. Euer Mann, Jakob, dient immer noch eurem Vater, und ihr möchtet doch endlich eine eigene Familie sein. Ihr wißt: Jakob hat so gut gearbeitet für euren Vater, daß die Herden gesund und riesengroß geworden sind. Jakob hat euren Vater reich gemacht.

Endlich, nach vielen Jahren, freuen wir uns für dich, Rahel. Du bekommst einen Sohn. Du hast lange auf ihn gewartet. Er heißt Josef. Du bist voller Freude. Und Jakob ist glücklich. «Der erste Sohn meiner geliebten Rahel.» Jakob liebt deinen Sohn Josef darum über alles, mehr als seine anderen Kinder.

Und jetzt wird Jakob, euer Mann, mutig. Er sagt zu eurem Vater: «Laß mich ziehen, Laban. Laß mich endlich zurückkehren in meine Heimat. Ich habe so lange für dich gearbeitet. Gib mir meine Frauen und meine Kinder und laß mich gehen.» Aber ihr müßt nochmals warten, Lea und Rahel. Euer Vater und Jakob handeln miteinander. Welche Schafe und Ziegen darf Jakob mitnehmen? Jakob weiß, wie man mit Tieren umgeht - er kann das besser als jeder andere. Laban möchte ihn darum nicht wegziehen lassen. Und so müßt ihr heimlich weggehen mit Jakob. Euer Vater ist gerade auf dem Feld. Und ihr macht euch mit Jakob, mit vielen Tieren, mit Knechten und Mägden und mit euren Kindern auf die Reise, in die Heimat Jakobs.

Doch jetzt seid ihr wiederum traurig, Lea und Rahel! Ja, ihr wollt mit Jakob mitziehen. Aber ihr müßt eure Heimat zurücklassen, ohne euch von euren Eltern zu verabschieden. Und ihr wißt: Es wird eine lange, mühsame Reise sein bis in Jakobs Land.

Habt ihr nicht gemerkt, daß Jakobs Gott euch begleitet? Hat Jakob euch nichts erzählt von der Leiter? Rahel, warum stiehlst du deinem Vater das kleine Götzenbild und versteckst es unter deinem Sattel? Willst du deinen Vater ärgern oder glaubst du, daß diese kleine Figur aus Holz dir unterwegs helfen kann?

Lea und Rahel - seid ihr froh, daß euer Vater Laban euch nachjagt mit seinen Leuten, oder habt ihr Angst? Will er euch zurückholen? Oder will er sich nur verabschieden? Zum Glück versöhnt er sich mit Jakob. Ihr eßt alle zusammen ein Friedensmahl. Euer Vater segnet euch zum Abschied. Er küßt euch und eure Kinder. Und ihr zieht weiter, immer weiter - es ist ein großer Zug von Frauen, Männern, Kindern, Schafen, Ziegen und Kamelen.

Ihr geht den Weg zurück, den Jakob vor vielen Jahren ganz alleine gekommen ist. Ihr kommt nur langsam voran. Und du, Rahel, bist glücklich: Bald bekommst du ein zweites Kind. Es wird der jüngste Sohn Jakobs sein. Benjamin werdet ihr ihn nennen. 'Sohn meines Glücks' bedeutet der Name für Jakob. Für dich aber, Rahel, bedeutet das Wort: 'Sohn meiner Schmerzen'. Denn du wirst eine schwere Geburt haben und sterben, Rahel, unterwegs. Du wirst die Heimat deines Mannes Jakob nicht kennenlernen.

Genesis /1. Mose 29-31

Jakobs Kampf

Auf der langen Rückreise in seine Heimat ist Jakob oft still. Er denkt an Isaak und Rebekka, seinen Vater und seine Mutter. Er weiß nicht, ob sie noch leben und ob ihre Zelte noch am selben Ort stehen. Jakob weiß: Gott will mich begleiten. Gott hat ihm in einem Traum auch gesagt: «Kehre heim!» Oft aber ist Jakobs Gesicht voller Angst. Ist mein Bruder Esau immer noch böse? Will er mich töten?

Da kommen Boten. Sie sagen: «Esau zieht dir mit vierhundert Männern entgegen». Jetzt schickt Jakob einige seiner Diener voraus. Er gibt ihnen viele Tiere mit: Ziegen, Schafe, Kühe, Esel und auch Kamele mit ihren Jungen. Dies soll ein Geschenk sein für Esau.

Dann erreicht Jakob mit seinen Frauen, Kindern und Tieren den Fluß Jabbok. Er findet eine Stelle, wo das Wasser nicht tief ist. Und Jakob bringt alle auf die andere Seite des Flusses. Er selbst aber geht nochmals zurück, ganz alleine. Es wird Nacht.

Nur Rahel bleibt wach. Erst am Morgen sieht sie ihn herüberkommen. Er hinkt, denkt sie erschreckt. Sie hat unter einem Baum gewartet und sieht Jakob von weitem. Wie er näher kommt, staunt sie: Die Angst ist aus seinem Gesicht verschwunden. Sie sieht, daß seine Augen leuchten und fragt: «Jakob, was ist mit dir geschehen? Erzähl!»

Jakob setzt sich neben Rahel. Er bleibt zuerst stumm. Er atmet schwer. Es ist still. Alle anderen schlafen noch. Endlich redet Jakob. «Da unten, am Fluß, packte mich ein fremder Mann, mitten in der Nacht. Ich wollte mich losreißen. Aber der Mann kämpfte mit mir. Er kämpfte immer weiter. Endlich sah ich hinter den Bergen den ersten Schimmer der Morgenröte. Einen kleinen Streifen Licht. Der Mann aber schlug mich auf mein Hüftgelenk, so daß ich mich nicht mehr richtig wenden konnte. Ich hielt den Mann dennoch fest, und ich sagte zu ihm: Gib mir deinen Segen, erst dann lasse ich dich los. Und der Mann fragte mich:

Wie heißt du? Ich sagte: Jakob. Da sagte der Mann: Von nun an sollst du einen neuen Namen haben: Israel, das heißt Gottesstreiter, denn du hast mit Gott gekämpft. Ich fragte den Mann: Sag mir, wie heißt denn du? Er antwortete nicht darauf. Aber er segnete mich. Und jetzt weiß ich es, Rahel: Ich habe mit Gott selbst gekämpft. Ich habe Gott gesehen, und ich weiß es jetzt ganz bestimmt: Gott beschützt mich. Esau wird mir nicht mehr böse sein. Gott ist bei mir, wie er es mir schon im Traum mit der Leiter versprochen hat.»

Rahel hat gut zugehört. Auch Lea, die Knechte und Mägde, auch die Tiere wachen jetzt auf. Sie sehen: Jakob ist anders. Er hat keine Angst mehr.

Und wie sie weiterziehen, kommt ihnen Esau entgegen. Sie sehen ihn von weitem. Jakob geht voraus. Er wirft sich siebenmal vor Esau auf die Erde. Dann umarmen sich die beiden Brüder. Sie schauen sich lange an. So viele Jahre haben sie sich nicht gesehen. Beide weinen vor Freude und Aufregung. Und die Frauen und Kinder sehen: Alles ist gut. Esau ist nicht mehr böse.

Jakob aber ist froh, daß er mit seiner ganzen Familie in seine alte Heimat zurückkehren und hier bleiben kann. Er baut Häuser für die Menschen und Hütten für die Tiere. Seine Tochter Dina und zwölf Söhne sind bei ihm: Ruben, Simeon, Levi, Juda, Issachar, Sebulon, Dan, Naftali, Gad, Ascher, Josef und der kleine Benjamin.

Rahel aber mußte er in Betlehem begraben, als er schon fast zu Hause war. Doch Isaak, sein uralter Vater, der so viele Jahre gewartet hat, lebt immer noch.

Genesis /1. Mose 32 u. 33

Josef und Benjamin

Das feine Hemd

Jakobs Söhne kommen mit den Schafen und Ziegen von einem Weideplatz zurück. Sie suchen den Vater. Wo ist Jakob? Sie schauen ins Zelt. Nein, der Vater ist nicht da. Aber was liegt dort auf der Schlafmatte? Einer nach dem anderen schiebt den Vorhang zur Seite, um hineinzusehen. Sie schauen sich an. «Ein wunderbares Hemd mit langen Ärmeln», sagt Benjamin, der jüngste der Brüder. Er lacht. «Für mich ist es nicht, ich bin viel zu klein dafür.» «Aber dem Vater paßt es nicht», sagt einer der Brüder. «Mir würde es passen», sagt ein anderer. «Mir würde es gefallen», sagen drei gleichzeitig. Doch Ruben, der älteste, fügt nachdenklich hinzu: «Ein so feines Hemd mit Ärmeln? Habt ihr schon jemanden arbeiten sehen in einem solchen Hemd? Eben! Es ist ein Hemd für vornehme Leute, nicht für Hirten, wie wir es sind.»

Da kommt der Vater. Und jetzt wissen es alle. Das Hemd ist für Josef. «Josef, das Lieblingssöhnchen!» spottet Dan. «Jakob hat Josef lieber als alle anderen Söhne», sagt Juda traurig. «Josef, der immer gleich zum Vater rennt und ihm erzählt, wenn er etwas Schlechtes über uns gehört hat», fügt Levi hinzu. Zwei andere Brüder ballen die Faust. «Wir hassen Josef. Er schmeichelt sich beim Vater ein.»

Benjamin aber, der kleine Bruder, schläft in Josefs Zelt. Er hat Josef gern. Und das feine Hemd hängt im Zelt. Benjamin streicht manchmal darüber. Er ist noch ein Kind. Aber er hört gut zu, wenn die älteren Brüder miteinander reden. Er weiß: Auf die Geburt Josefs mußte der Vater lange warten. Josef ist der Sohn von Jakobs Lieblingsfrau, Rahel. Vielleicht hat er ihn darum lieber. Auch Benjamin ist Rahels Sohn. Er hat seine Mutter nicht gekannt. Sie ist bei seiner Geburt gestorben.

Benjamin und Josef gehören zusammen.

Eines Morgens wacht Benjamin spät auf. Der Schlafplatz neben ihm ist schon leer. Er hört Josef vor dem Zelt reden. Und er sieht durch die geöffnete Tür, daß die älteren Brüder ihm zuhören. Josef erzählt einen Traum. Er sagt: «Wir waren alle auf dem Feld. Wir banden die Ähren in Garben zusammen. Jeder von uns band eine Garbe. Meine Garbe aber stellte sich wie von selbst gerade auf und blieb stehen - eure Garben aber stellten sich rund um meine und verneigten sich vor meiner Garbe.»

Benjamin sieht die bösen Blicke der älteren Brüder. Er hört sie sagen: «Willst du besser sein als wir, Josef? Sollen wir dir dienen und uns vor dir verneigen?» Die älteren Brüder sprechen nicht mehr mit Josef.

An einem anderen Morgen aber erzählt Josef wieder einen Traum: «Die Sonne und der Mond und elf Sterne verneigten sich vor mir.» Jetzt hat auch der Vater zugehört. Er macht ein ernstes Gesicht. Benjamin erschrickt. Und

Jakob sagt in strengem Ton: «Meinst du etwa, Josef, daß wir alle vor dir auf die Knie fallen sollen?»

Der Vater denkt lange nach über Josefs Träume. Benjamin aber sieht die bösen Blicke der Brüder. Er hat Angst um Josef.

Bald darauf schickt der Vater die älteren Brüder mit den Herden aufs Feld. «Geht nach Sichem, dort hat es gute Weideplätze.»

Benjamin ist froh. Er hat es gut mit Josef. Und er wird traurig, als der Vater eines Tages sagt: «Josef, geh zu deinen Brüdern. Schau, ob es ihnen gut geht, und komm bald wieder zurück, um mir von den Brüdern und den Herden zu erzählen.»

Josef gehorcht. Er macht sich bereit. Er zieht das feine Hemd mit den Ärmeln an. Die Reise ist weit und gefährlich. Josef wird eine ganze Woche weg sein. Benjamin aber darf nicht mitgehen. Er ist noch zu klein.

Eine Woche später aber wartet er. Er steht am Weg, auf dem Josef weggegangen ist. Er geht seinem Bruder entgegen. Abends kommt er zurück ins Zelt. Er sieht: Auch der Vater ist unruhig. Jakob und Benjamin warten viele Tage.

Da endlich kommt jemand auf dem Weg. Sind das nicht zwei Männer? Josef ist nicht dabei! Es sind zwei der älteren Brüder. Sie haben es eilig. Sie gehen sofort auf ihren Vater Jakob zu. Sie übergeben ihm ein kleines Bündel. Benjamin ist neugierig. Was hält der Vater in der Hand? Und Benjamin erschrickt: Es ist Josefs Hemd mit den Ärmeln. Zerknüllt. Blutverschmiert. «Wir haben es gefunden», sagen die Brüder. Jakob zittert. «Ein wildes Tier hat Josef zerrissen.»

Jakob zerreißt seine eigenen Kleider. Das ist das Zeichen seiner großen Trauer. Er redet für lange Zeit mit keinem Menschen. Niemand kann ihn trösten.

Benjamin weint oft in seinem Zelt. Er ist allein.

Genesis / 1. Mose 37

Josef in Ägypten

Josef aber ist nicht tot. Seine Brüder haben ihn gepackt, als er aufs Feld zu ihnen kam. Sie haben ihm das feine Hemd vom Leib gerissen. Beinahe haben sie ihn getötet - so groß war die Wut auf den Bruder. Dann aber haben sie ihn in eine leere Zisterne geworfen - in ein tiefes Loch, wo im Winter das Regenwasser gesammelt wird. Händler haben Josef dort herausgezogen und mitgenommen. Die Karawane der Händler ist viele Tagereisen weit nach Süden gezogen. «Wir werden den jungen Mann in Ägypten als Sklaven verkaufen», haben sie gesagt. «Er ist kräftig und hübsch; dumm sieht er auch nicht aus.»

Und so ist Josef nach Ägypten gekommen. Er ist jetzt Sklave des Potifar, eines vornehmen Ägypters.

Potifar sieht, daß Josef klug ist und gut arbeiten kann. Bald ist Josef der oberste Diener seines Herrn. Dann wird er Potifars Hausverwalter. Er kümmert sich um alles im Haus, auch um die Felder und um Potifars Geld. Josef arbeitet so gut für seinen Herrn, daß es Potifar gut geht. Er wird immer reicher und immer fauler. Er denkt nur noch ans Essen.

Potifars Frau aber schaut Josef bei seiner Arbeit immer wieder zu. Der fremde Mann gefällt mir, er ist schön und jung und klug, denkt sie. Die Frau hat Josef immer lieber. Und sie sagt immer wieder zu ihm: «Ich hab dich gern, leg dich zu mir!» Doch Josef schüttelt jedesmal den Kopf und sagt: «Wie dürfte ich das tun? Ich bin doch nicht dein Mann!»

Eines Tages aber wartet die Frau hinter einer Säule auf Josef. Sie packt ihn an seinem Mantel und hält ihn am Ärmel fest. Sie sagt: «Komm zu mir. Niemand sieht es. Wir sind ganz allein im Haus.» Josef erschrickt. Er schlüpft aus dem Mantel und läuft davon. Und die Frau ist wütend. Sie hält nur den Mantel in der Hand. Sie schreit. Und sie sagt zu ihrem Mann, der herbeieilt: «Dieser Josef wollte sich zu mir legen. Er hatte schon seinen Mantel ausgezogen. Als ich schrie, ist er davongerannt. Er ist ein frecher, aufdringlicher Mensch, dieser Sklave aus einem fremden Land. Warum hast du ihn zum Hausverwalter gemacht?»

Potifar glaubt seiner Frau. Er wird zornig. Er läßt Josef ins Gefängnis werfen.

Auch der Gefängnisaufpasser merkt, daß Josef gut arbeiten kann. Er macht Josef zu seinem Gehilfen.

Josef soll im Gefängnis zwei vornehme Gefangene bedienen. Beide sind hohe Beamte des Pharao, des Königs von Ägypten. Der eine ist der oberste Kellermeister; nur er kennt alle Weinfässer des Pharao und sucht den richtigen Wein für jedes Essen aus. Der andere ist der oberste Bäcker: Ihm dienen alle Menschen, die für den Pharao Korn mahlen, Teig kneten, Brot und Kuchen backen.

An einem Morgen sind der Kellermeister und der Oberbäcker schlechter Laune. Sie haben beide einen merkwürdigen Traum gehabt. «Einen Traum, der uns etwas sagen will - aber wir können ihn nicht erklären. Und hier ist kein Traumdeuter.» Josef sagt: «Ich bin kein Traumdeuter - aber Gott hilft mir, Träume zu verstehen. Erzählt doch!»

Da erzählt der Kellermeister von einem Weinstock: «Er hat drei Zweige; er wächst schnell. Bald hat der Weinstock Blüten und kurz danach reife Trauben - Trauben, die ich ausdrücken kann in den Becher des Pharao. Und ich gebe dem Pharao den vollen Becher.»

Josef kann den Traum erklären. Er sagt: «Die drei Zweige sind drei Tage; in drei Tagen wird der Pharao wissen, daß du nichts Böses getan hast. Du wirst wieder Kellermeister sein und deinem Herrn den Weinbecher bringen. Ich bitte dich, denke an mich, wenn du wieder frei bist. Denn auch ich bin ohne Schuld im Gefängnis. Sage es dem Pharao, daß auch ich freigelassen werde.»

Der Bäcker hat geträumt, daß er drei Brotkörbe auf seinem Kopf trägt. Im obersten Korb sind köstliche süße Brötchen. Doch Vögel stürzen sich darauf und fressen den Korb leer.

Auch diesen Traum kann Josef erklären. Er sagt: «Dein Traum bedeutet nichts Gutes: In drei Tagen wird es dir schlecht gehen - wie den Brötchen auf deinem Kopf. Der Pharao wird sagen: Du bist schuldig. Ich lasse dich töten.»

Und so geschieht es. Der oberste Bäcker des Pharao wird getötet. Der Kellermeister aber wird wieder ein hoher Beamter des Pharao. Doch er vergißt Josef. Josef bleibt im Gefängnis. Zwei Jahre vergehen.

Jakob und Benjamin denken oft an Josef. Sie denken: Er ist tot. Sie denken an Josefs Hemd, das blutig war. Sie wissen nicht, daß die Brüder es nur mit dem Blut eines Ziegenbocks verschmiert haben.

Auch die zehn Brüder vergessen Josef nicht. Aber sie sprechen nicht über ihn. Sie haben gesehen: Die Zisterne ist leer. Aber wo ist Josef? Sie wissen es nicht.

Genesis /1. Mose 39 u. 40

Die Träume des Pharao

Am Hof des Pharao, des Königs von Ägypten, herrscht Aufregung. Alle Traumdeuter des Landes sind versammelt. Der Pharao hat merkwürdige Träume gehabt, die ihm Angst machen. Er will wissen, was sie bedeuten. Keiner der Wahrsager und Weisen kann ihm helfen.

Erst jetzt erinnert sich der Kellermeister an den Sklaven, der ihn vor zwei Jahren im Gefängnis bedient hat. «Im Gefängnis gibt es einen ausländischen Sklaven. Er hat meine Träume und den Traum des obersten Bäckers erklärt, und alles war richtig.»

So wird Josef an den Hof des Pharao gerufen. Er wäscht sich, er schneidet sich die Haare. Er bekommt einen sauberen Mantel. Und er steht vor dem Pharao. «Man hat mir gesagt, daß du alle Träume erklären kannst», sagt der Pharao. Da murmeln die Wahrsager und Gelehrten: «Meint dieser junge Ausländer, daß er besser sei als wir?» Doch Josef sagt: «Ich bin kein Traumdeuter. Aber ich weiß: Gott hat dir deine Träume geschickt. Gott hilft, sie zu verstehen. Erzähle sie.»

Und nun erzählt der Pharao von sieben fetten, schönen Kühen, die aus dem Nil steigen. Nach ihnen kommen sieben häßliche, magere Kühe. Die mageren Kühe aber fressen die fetten auf, und sie werden nicht dicker dabei.

Und auch einen zweiten Traum erzählt der Pharao, den Traum von den sieben kräftigen gesunden Ähren, die auf dem Feld stehen. Nach ihnen wachsen sieben dünne Ähren, deren Körner hart und vom Wind vertrocknet sind.

Da sagt Josef zum Pharao: «Ja, Gott will dir mit diesen beiden Träumen das gleiche sagen. Er will dir und ganz Ägypten helfen. Die sieben fetten Kühe und auch die sieben dicken Ähren sagen dir, daß sieben fette Jahre, in denen viel wächst, kommen. Die sieben mageren Kühe und die sieben vertrockneten Ähren deuten auf sieben Hungerjahre hin.

Nichts wird wachsen. Du sollst aber einen klugen Mann auswählen, höchster Pharao, einen Mann, der dir hilft, während der sieben fetten Jahre im ganzen Land viel Korn zu sammeln, damit in den sieben Hungerjahren alle genug zu essen haben.»

Der Pharao ist froh. Und er ist sicher: Kein anderer als Josef selbst soll der kluge Mann sein, der ihm helfen kann. Der Pharao weiß: Dieser junge Sklave ist Gott nahe - wie könnte er sonst die Träume, die Gott schickt, so gut erklären?

So wird Josef zum obersten Verwalter in Ägypten. Überall wird Korn gesammelt: In neugebauten Scheunen, in Kellern unter der Erde und in Höhlen. Josef hat die Pläne für die Vorratshäuser gezeichnet. Die Vorräte werden immer größer.

Manchmal hört man in anderen Ländern von den Vorräten, die in Ägypten gesammelt werden. Händler erzählen auch in Josefs Heimat von den riesigen Vorratshäusern, die sie in Ägypten gesehen haben. Sie zeichnen die Vorratshäuser in den Sand. Sie erzählen von dem klugen und mächtigen Verwalter des Pharao.

Jakob schüttelt den Kopf. Er wohnt mit seiner Familie in Zelten. Er kennt keine festen Häuser.

Benjamin staunt; er möchte die ägyptischen Häuser gerne sehen. Einer der großen Brüder aber lacht: «Was wollen die mit all den Vorräten?»

Niemand von ihnen weiß, daß der oberste Verwalter des Pharao, von dem die Händler erzählen, ihr Bruder ist: Josef.

Genesis /1. Mose 41

Die Hungersnot

Dann beginnen die sieben Hungerjahre. Nicht nur in Ägypten. Von weit her kommen Menschen zu Josef, um Korn zu kaufen.

Jakob schickt seine Söhne nach Ägypten. Er hat sich an die großen Vorratshäuser erinnert. Nur Benjamin läßt er nicht mitziehen.

Benjamin ärgert sich. Ich bin doch kein Kind mehr! Immer hat der Vater Angst um mich!

Schon mehrere Wochen warten Benjamin und sein Vater auf die Brüder. Sie sitzen in ihrem Zelt. Es ist heiß. Rundum hören sie das Weinen der Kinder oder das Jammern der Frauen. Der Hunger ist groß. Immer wieder geht Benjamin an den Rand des großen Zeltplatzes und schaut nach Süden.

Endlich, eines Abends, erscheinen Gestalten in der Ferne. Langsam werden sie größer. Benjamin entdeckt volle Säcke auf den Rücken der Esel. «Sie sind da, Vater, komm, wach auf!» Benjamin rüttelt den Vater, der im Zelt eingeschlafen ist, wach. Die Frauen machen sich schön. Die Kinder hören auf zu weinen.

Und jetzt sind die erschöpften Männer mit ihren Eseln da. Volle Säcke haben sie mitgebracht. Alle jubeln. Die Frauen mahlen Korn. Bald kneten sie Teig. Überall riecht es nach Brot.

Doch Jakob sieht: Einer seiner Söhne fehlt. Er fragt. Er hat Angst. Und jetzt erzählen die neun Brüder, was sie in Ägypten erlebt haben. «Der mächtige Mann, der das Korn verteilt, sagte, wir seien Spione, Kundschafter eines fremden Königs. Er hat uns zuerst ins Gefängnis geworfen. Da erzählten wir, daß wir zu keinem Königreich gehören. Wir erzählten dem fremden Mann, daß unser Vater uns geschickt hat. Wir erzählten ihm alles über unsere Familie, damit er uns glaubt. Wir sagten ihm, daß wir zwölf Brüder sind und daß einer von uns nicht mehr lebt und der jüngste zu Hause beim Vater geblieben ist. Der mächtige Mann in Ägypten aber sagte: Bringt mir euren jüngsten Bruder. Zeigt ihn mir. Erst dann weiß ich, daß ihr die Wahrheit sagt. Ich behalte euren Bruder Simeon hier. Wenn ihr mit Benjamin kommt, werde ich Simeon wieder freilassen.»

Jakob erschrickt. Nein, Benjamin, seinen jüngsten Sohn, will er nicht nach Ägypten reisen lassen. Auf keinen Fall! Seit Josefs Tod ist Benjamin sein größter Trost.

Während sich alle satt essen, zieht sich Jakob allein in sein Zelt zurück.

Josef, den mächtigen Mann in Ägypten, haben die Brüder nicht erkannt. Doch Josef hat seine Brüder sofort erkannt. Wie sie sich vor ihm verneigten, hat er an die Träume von damals gedacht: An die Garben seiner Brüder, die sich vor seiner Garbe verneigten. An den Mond und die Sterne, die sich verbeugten. So sind die Träume wahr geworden!

Josef hat durch einen Dolmetscher mit den Brüdern geredet. Aber er hat alles, was sie miteinander sprachen, verstanden. Er hat die Sprache seiner Heimat nicht verlernt. Er hat erfahren: Sie haben mich nicht vergessen. Aber sie denken, ich sei tot. Und dann ist er plötzlich hinausgegangen; denn er mußte weinen. Das sollten seine Brüder nicht sehen.

Josef ist traurig und glücklich zugleich. Er ist glücklich, daß sein Vater und Benjamin noch leben.

Jetzt wartet Josef. Er ist sicher: Sie werden wiederkommen. Denn die Hungersnot geht weiter. Sie werden wiederkommen. Und ich werde Benjamin wiedersehen. Josef ist ungeduldig.

Genesis /1. Mose 42

Die zweite Reise

Die Hungersnot im Lande Jakobs wird immer größer. Alles Korn aus Ägypten ist verbraucht. Zwei Jahre lang hat es nicht geregnet. Die Felder sind braun. «Ihr müßt wieder nach Ägypten reisen, um Korn zu kaufen», sagt Jakob zu seinen Söhnen. Aber er will ihnen Benjamin nicht mitgeben.

«Warum habt ihr in Ägypten von eurem jüngsten Bruder erzählt? Er ist die größte Freude meines Alters, laßt ihn hier.» Doch die älteren Söhne sagen: «Wir dürfen vor dem mächtigen Herrn in Ägypten nicht erscheinen ohne Benjamin, sonst muß Simeon für immer im Gefängnis bleiben.»

Immer größer wird der Hunger. Immer heftiger das Bitten der Brüder. So gibt Jakob schließlich nach. Mit Benjamin machen sie sich auf die Reise. Jakob gibt ihnen viel Geld mit, aber auch wertvolle Geschenke für den vornehmen Herrn in Ägypten: Salbe und Honig, Mandeln und Pistazien, Harz und Gummi.

Benjamin freut sich auf das fremde Land. Er hat keine Angst.

In Ägypten werden Jakobs Söhne sofort in Josefs Haus eingeladen. Warum diese Eile? Es ist ihnen unheimlich. Wir sind nur Hirten aus einem fernen Land. Was hat er mit uns vor? Was will er von uns? Wie geht es Simeon? Aber auch er wird mit seinen Brüdern ins vornehme Haus zum Essen geführt.

Sie übergeben ihre Geschenke. Die Esel erhalten Futter. Allen elf Brüdern wird ein Wasserbecken gebracht. Nach der langen Reise können sie ihre Füße waschen.

Und alles ist merkwürdig hier. Der strenge Hausherr ist freundlich. Er begrüßt sie. Er fragt: «Wie geht es eurem alten Vater?» Ist es nicht, als ob seine Stimme dabei zittern würde? Warum verschwindet er plötzlich, nachdem er Benjamin genau angeschaut hat?

Beim Essen weist er ihnen ihre Plätze an einem langen Tisch zu, so daß sie in einer Reihe sitzen, genau wie es ihrem Alter entspricht: Ruben als erster, Benjamin als letzter. Woher weiß der fremde Herr, in welcher Reihenfolge sie geboren sind? Sie schauen sich verwundert an. Benjamin aber erhält von jeder Speise fünfmal so viel wie die anderen.

Und Josef? Er hat Benjamin gesehen. Er hat heftig geweint vor Freude. Darum ist er hinausgegangen, in sein Zimmer. Er hat sein Gesicht gewaschen. Dann hat er sich zu den Brüdern an den Tisch gesetzt, ihnen gegenüber. Warum sagt er nicht, wer er ist?

Josef tut etwas Merkwürdiges: Er befiehlt einem Diener, seinen eigenen silbernen Becher oben in Benjamins Kornsack zu legen, bevor die Brüder wegziehen, froh über das viele Getreide, das sie für ihr Geld bekommen haben.

Kaum aber sind die Brüder mit ihren Säcken, mit ihren Eseln und Wagen zur Stadt hinausgezogen, hält neben ihnen ein Ägypter mit seinem Wagen. Er ruft ihnen zu: «Ihr Betrüger! Ihr habt beim Essen den silbernen Becher meines Herrn gestohlen! Warum seid ihr so undankbar? Schnell, stellt eure Säcke auf den Boden. Der Dieb soll bei meinem Herrn bleiben. Die anderen können nach Hause ziehen.»

Die Brüder erschrecken. Sie wissen: Wir haben den Becher nicht gestohlen, sicher nicht. Sie sagen es immer wieder. Doch der Soldat untersucht alle, vom Ältesten bis zum Jüngsten. Und er findet den Becher in Benjamins Sack.

Da zerreißen die Brüder aus Trauer ihre Kleider. Sie kehren alle in die Stadt zurück. Was sollen sie machen? Sie können nicht ohne Benjamin zum Vater heimkehren. Sie werden vor den vornehmen Herrn geführt. Ihre Angst ist groß.

Juda ist mutig. Er versucht, dem großen Herrn alles zu erklären. «Nein, wir haben den Becher nicht gestohlen. Wir sind keine Diebe. Aber wir sind schlechte Kerle. Wir haben großes Unrecht getan - vor langer Zeit. Wir können es nicht vergessen. Wir haben unsern Vater Jakob beinahe getötet. So groß war seine Trauer, als wir ihn anlogen und sagten, ein wildes Tier habe Josef zerrissen. Wir sind schuldig, alle außer Benjamin. Nimm mich, großer Herr. Stecke mich, nicht unseren jüngsten Bruder ins Gefängnis. Aber laß ihn zurückkehren zu unserm Vater.»

Was ist mit dem hohen ägyptischen Herrn los? Er schickt plötzlich alle Diener aus dem Saal. Seine Stimme ist schwach. Er zittert. Wie er aber allein ist mit den Brüdern, weint er. Er weint so laut, daß es die ägyptischen Diener hören und dem Pharao erzählen. Sie wundern sich über ihren hohen Herrn. Er aber sagt zu seinen Brüdern: «Ich bin Josef. Lebt mein Vater noch?»

Die Brüder werden stumm vor Schreck. «Kommt zu mir», sagt Josef, «habt keine Angst. Nicht ihr habt mich nach Ägypten geschickt, sondern Gott - damit jetzt unsere ganze Familie vor dem Hunger gerettet werden kann.»

Und Josef umarmt Benjamin. Benjamin kann nichts sagen vor Aufregung. Er lehnt sich an den großen Bruder. Er weint vor Freude. «Ich dachte, du bist tot. Aber jetzt erkenne ich dich wieder. Ich bin froh.»

Dann ziehen die Brüder nach Kanaan zurück in ihre Heimat. Der Pharao hat Josefs ganze Familie eingeladen. Später schickt er ihnen Wagen, daß sie alles mitbringen können nach Ägypten: Frauen, Kinder, Zelte und Truhen, auch all ihre Tiere.

Benjamin freut sich. Er darf den Vater holen. Die Hungersnot nämlich dauert weiter. In Ägypten aber gibt es für alle genug zu essen.

Zuerst kann der alte Vater nicht glauben, was Benjamin erzählt. Er streckt ihm das alte zerknüllte Ärmelhemd von Josef entgegen. «Siehst du es nicht, das verkrustete Blut? Tot ist Josef, tot!» Doch langsam versteht er alles und er staunt über die Festkleider, die Benjamin mitgebracht hat.

«Ja», sagt der alte Jakob. «Ich komme mit. Ich will mit euch nach Ägypten reisen. Ich will Josef sehen, bevor ich sterbe.»

Und so bewegt sich ein langer Zug von Kanaan nach Süden: Wagen, Esel, Menschen, Herden. Sie ziehen nach Ägypten, um dort zu wohnen.

Genesis /1. Mose 43-46

DIE LANGE REISE VON MOSE UND MIRJAM

Mirjams kleiner Bruder

«Wir stammen von Jakob ab», hört Mirjam den Vater immer wieder sagen. «Jakob war unser Urvater. Von Gott hat er den Namen Israel bekommen. Darum nennen wir uns Israeliten. Wir sind Gottes Volk.»

Mirjam will die Geschichte immer wieder hören, von Jakob, der vor sehr vielen Jahren mit all seinen Söhnen nach Ägypten gekommen ist, damals zur Zeit der Hungersnot.

Mirjam ist in Ägypten geboren. Schon ihre Eltern sind hier geboren. Auch ihre Großeltern. Dennoch weiß sie: Wir sind Fremde in diesem Land. Der Vater muß hart arbeiten für Pharao, den König von Ägypten.

Mirjam sieht den Vater selten. Er muß Ziegel auf den Baustellen in Pitom und Ramses tragen. Hier entstehen neue Vorratsstädte für die Ägypter. Selten kommt Mirjams Vater nach Hause. Er bringt nur wenig Lohn mit. «Für nichts muß ich arbeiten. Für fast nichts. Nur weil ich ein Ausländer bin.» Oft ballt er die Faust. Aber weiter muß er die schweren Ziegel vom Lager, wo sie getrocknet werden, zum Bauplatz tragen.

Mirjam spielt wie andere Kinder. Sie spricht die Sprache der Ägypter. Sie vergißt oft, daß sie eine Ausländerin ist. Doch wenn die Mutter bis spät abends arbeiten muß, wird Mirjam wütend. «Ägyptische Frauen müssen diese harte Feldarbeit nicht tun! Es ist zu viel für meine Mutter, gerade jetzt, wo sie wieder ein Kindlein erwartet.»

Mirjam hilft manchmal auf dem Feld. Aber sie ist selbst noch ein Kind. Die Erde ist zu schwer für ihre kleine Hacke.

Abends, wenn auch der kleine Bruder Aaron schon schläft, setzt sich Mirjam auf der Schlafmatte neben die Mutter und streichelt sie. «Mutter, werden Schifra oder Pua dabei sein, wenn das Kindlein geboren wird? Soll ich sie dann holen?» fragt sie immer wieder. Und wenn es nicht dunkel wäre, würde sie sehen, wie die Mutter lächelt, wenn Mirjam die Namen der beiden Hebammen, die den israelitischen Frauen bei der Geburt helfen, ausspricht.

Jedes Mal muß die Mutter dem Kind von Schifra und Pua erzählen: Ihnen ist vom König Pharao befohlen worden, alle israelitischen Jungen gleich bei ihrer Geburt zu töten. Aber die beiden Hebammen sind mutig. Sie lügen den Pharao an und sagen: Die israelitischen Kinder werden so schnell geboren, daß sie schon strampeln und schreien, wenn wir bei der Geburt helfen wollen. Darum können wir sie nicht töten. Immer kommen wir zu spät.

«Warum will denn der Pharao, daß die israelitischen Jungen sterben?» fragt Mirjam immer wieder. «Er hat Angst vor uns», flüstert die Mutter. «Unser Volk wächst und wächst. Der König hat Angst, daß wir bald so stark sind, daß wir gegen die Ägypter kämpfen und daß wir Israeliten regieren wollen in diesem Land.»

Immer häufiger tauchen Soldaten des Pharao mit blitzenden Schwertern in den Straßen der Israeliten auf. Plötzlich sind sie mit harten Schritten da. Ohne anzuklopfen dringen sie in die Häuser ein. Dann hört man Frauen und Kinder schreien. Mirjam weiß nicht, was die Soldaten in den Häusern machen. Sie hat Angst.

Eines Abends dann flüstert die Mutter dem Mädchen zu: «Bald wird das Kindlein geboren werden, Mirjam. Wenn es ein Mädchen ist, ist alles gut. Aber wenn es ein Junge ist, müssen wir das Kind sofort verstecken. Du weißt: Wenn die Soldaten hören, daß in einem Haus ein Junge geboren ist, dringen sie ein, packen das Kind und werfen es in den Nil.»

Mirjam zittert. Sie weint. Und sie verspricht: «Ich werde dir helfen, Mutter.»

Kurz darauf wird ein Junge geboren. Alle im Haus freuen sich über das gesunde Kind. «Nein, es darf nicht sterben, auf keinen Fall.»

Die Frauen verstecken das Büblein in einem kleinen Kämmerchen.

Die Soldaten des Pharao kommen ins Haus. Aber sie finden das Kindlein nicht. «Nein, nein, wir haben keinen kleinen Bruder», sagen Mirjam und Aaron.

Nach drei Monaten ist die Stimme des kleinen Kindes so stark, daß die Mutter es nicht länger verstecken kann. Man hört das Schreien durch alle Wände. «Hier werden es die Soldaten finden und töten!»

Da nimmt die Mutter ein Kästchen, das aus Schilfrohr geflochten ist. Sie bestreicht es unten mit einem Brei aus Pech, so wie die Schiffsbauer die Ritzen ihrer Holzschiffe verkleben, daß kein Wasser eindringen kann. Ins Kästchen aber legt Mirjams Mutter weiche Decken und bettet ihren kleinen Jungen darauf. Heimlich trägt sie das Kind zum Ufer des Nil und stellt das Kästchen ins Schilf, da, wo das Wasser nicht tief ist.

Mirjam hat erstaunt zugeschaut. Aber sie hat die Mutter verstanden, als sie sagte: «Vielleicht findet jemand unser Kind und sorgt für es. Ich selbst kann es nicht behalten. Weil wir Israeliten sind, werden die Soldaten kommen und es töten. Gott, unser Herr, wird es beschützen.»

Die Mutter kehrt ins Haus zurück, während Mirjam in der Nähe des Kästchens wartet. Niemand sieht sie; denn sie sitzt hinter einem großen Felsblock. Sie hört das Brüderchen wimmern. Kommt denn heute niemand an den Nil, hier zum Badeplatz?

Doch plötzlich hört Mirjam Stimmen. Sie sieht aus ihrem Versteck eine ganze Gruppe junger Mädchen. Mitten unter ihnen ist die Prinzessin, die Tochter des Pharao. Mirjam erkennt sie an ihrem kostbaren Kragen und den breiten Armreifen.

Und wie sich die Prinzessin im Nil waschen will, entdeckt sie das Kästchen. Sie zeigt darauf. Sie ruft die anderen Mädchen herbei. Eine Dienerin biegt das Schilf auseinander und bringt ihr das Kästchen.

Dann öffnet die Tochter des Pharao den Deckel. Mirjam sieht das Lachen der Prinzessin und hört sie rufen: «Schaut, meine Freundinnen, es ist ein Büblein! Ein wunderschönes Kind! Sicher ist es ein Junge der Israeliten. Es soll nicht sterben. Es soll mein Kind sein.»

Dann wird die Prinzessin still. Sie denkt nach. «Wer soll das Kind ernähren?» hört Mirjam sie leise sagen. «Ich kann es ja nicht selbst stillen. Ich bin ja noch ein junges Mädchen.»

Und jetzt nimmt Mirjam allen Mut zusammen. Sie verbeugt sich vor der Prinzessin und sagt: «Soll ich für dich eine Frau suchen, die dein Kind ernähren kann? Ich möchte dir helfen.» Die Prinzessin schaut in Mirjams Gesicht. «Ja, Kind, du hast es erraten. Kennst du denn eine Frau, die mein Kindlein stillen kann?» Mirjam nickt; sie nickt immer wieder. Und in großen Sprüngen eilt sie nach Hause, um schnell die Mutter zu holen. «Diese Frau, verehrte Prinzessin, diese Frau kann für dein Büblein sorgen, solange es klein ist.»

So kommt es, daß Mirjams Mutter ihr Büblein selbst wieder nach Hause trägt. Sie stillt es. Sie wickelt es. Sie muß es nicht mehr verstecken. Sie bekommt sogar Geld von der Prinzessin, weil sie den kleinen Jungen pflegt

und ernährt. Sie ist überglücklich. Die Soldaten gehen immer an ihrem Haus vorbei und lassen sie in Ruhe. «Hier wohnt die Frau, die den kleinen Jungen der Prinzessin pflegt», sagen sie.

Aber auch die Tochter des Pharao ist glücklich. Sie hat dem kleinen Jungen einen Namen gegeben: Er heißt Mose. Das bedeutet 'aus dem Wasser gezogen'.

Aber nur wenige Jahre darf Mose bei seiner Familie bleiben. Immer wieder betet die Mutter mit ihm. Sie erzählt ihm von Gott. Sie erzählt ihm schon früh von Jakob, der vor vielen Jahren nach Ägypten gekommen ist mit seiner ganzen Familie. «Wir sind keine Ägypter. Wir gehören zum Volk Israel. Vergiß es nicht, auch wenn du später bei der Tochter des Pharao leben wirst; ihr gehörst du.»

Später bringt die Mutter ihren Jungen wirklich zur Tochter des Königs. Mose ist erst vier Jahre alt. Aus der israelitischen Hütte zieht er in den Palast. Er wird ein vornehmer kleiner Herr. Mirjam bewundert die Kleider ihres Bruders, wenn sie ihn von weitem sieht. Bald ist Mose größer als seine ältere Schwester. Er sieht aus wie ein ägyptischer Prinz. «Aber du gehörst trotzdem noch zu uns?» flüstert ihm Mirjam zu, wenn sie ihn besucht. Und Mose nickt.

Immer härter müssen die Israeliten arbeiten: Ziegel formen, Ziegel zum Trocknen in die Sonne legen, Ziegel schleppen. Sie müssen Steine behauen in der heißesten Sonne. Nie dürfen sie ausruhen. Ägyptische Aufseher stehen mit der Peitsche daneben und schlagen jeden, der die Arbeit unterbricht. Die neuen Vorratsstädte des Pharaos sind fast fertig. Aber er denkt sich immer neue Dinge aus, die gebaut werden müssen.

Eines Nachts schrecken Mirjam und ihre Mutter aus dem Schlaf auf. Es hat geklopft. Nur der Vater hört nichts. So tief schläft er.

Draußen steht Mose. Sie erkennen seine Stimme und ziehen ihn ins Haus. Er trägt einen einfachen Reisemantel. Sein Kopf ist von Tüchern umhüllt. Niemand erkennt in ihm den vornehmen Sohn der Prinzessin. Im Schein der Lampe sieht Mirjam die Angst in Moses Augen. Immer wieder muß er von vorne beginnen, bis er endlich erzählen kann, was geschehen ist: «Gestern habe ich einen ägyptischen Aufseher getötet. Ich habe ihn erschlagen. Aus Wut. Ich konnte nicht anders, als ich sah, wie er mit seiner Peitsche auf einen erschöpften israelitischen Arbeiter schlug. Ich dachte: Niemand hat es gesehen. Ich schaufelte ein tiefes Loch und begrub den Ägypter.

Heute ging ich wieder hinaus zur Baustelle. Da sah ich zwei israelitische Arbeiter streiten; sie schrien sich an, sie schlugen sich. Ich wollte sie trennen. Ich sagte: Warum streitet ihr - ihr seid doch beide Israeliten? Ihr solltet zusammenhalten! Da schaute mich einer der Männer böse an und sagte laut: Was geht dich unser Streit an? Willst du auch mich töten wie gestern den ägyptischen Aufseher?

Da wußte ich: Man hat mich gestern beobachtet. Ich bekam plötzlich Angst. Auch König Pharao wird erfahren, was ich getan habe. Er wird mich töten. Ja, ich bin ein Mörder. Fliehen muß ich darum, fliehen.»

Und nachdem Mose seine stockende, leise Erzählung beendet hat, verschwindet er wieder im Dunkel der Nacht.

Niemandem aber erzählen Mirjam und ihre Mutter von dem nächtlichen Besuch. Wenn jemand nach Mose fragt, zucken sie mit den Achseln.

Auch am Hof des Pharao spricht man nicht von Mose.

Mose ist verschwunden. Viele Jahre lang hört niemand etwas von ihm. Ob er noch lebt?

Aber Mirjam und Aaron haben ihren Bruder nicht vergessen. Auch die Mutter denkt immer wieder an diesen Sohn, der auf so wunderbare Weise gerettet worden war.

Exodus /2. Mose 1-2,15

Warum gerade ich?

Mose ist in die Ferne gezogen, viele Tagereisen weit. Jetzt wohnt er im Lande Midian. Die Midianiter sind Hirten und Händler. Mit Kamelen ziehen sie durch die Wüste. Ihr Priester Jitro hat Mose aufgenommen. Er hat Mose eine seiner Töchter zur Frau gegeben. Sie heißt Zippora.

Mose hat die Sprache der Midianiter gelernt. Doch seinen Sohn nennt er Gerschom. Gerschom heißt: Ich bin Gast geworden in einem fremden Land. Mose weiß: Eigentlich bin ich ein Fremder hier. Während er die Schafe seines Schwiegervaters Jitro hütet, denkt er immer wieder an die Israeliten in Ägypten.

Eines Tages entdeckt Mose von seinem Ruheplatz aus einen brennenden Dornbusch. Woher kommt das Feuer? Mose geht auf das Feuer zu. Der Dornbusch brennt hell. Aber er wird nicht kleiner. Er verbrennt nicht. Mose wundert sich.

Und er erschrickt. Er hört aus dem Dornbusch eine Stimme, die ihn bei seinem Namen ruft: «Mose! Mose!» «Hier bin ich», antwortet Mose. Und die Stimme antwortet: «Ich bin der Gott deines Vaters, der Gott Abrahams, der Gott Isaaks und der Gott Jakobs.» Da erschrickt Mose noch mehr.

Er verdeckt das Gesicht mit seinem Mantel. Er hört Gott sagen: «Ich habe gesehen, wie mein Volk in Ägypten gequält wird. Ich will die Israeliten befreien. Und ich habe dich auserwählt. Du sollst die Israeliten aus Ägypten herausführen in ein Land, wo Milch und Honig fließt. Geh! Ich schicke dich zu König Pharao. Führe die Israeliten aus Ägypten heraus!» «Ich?» Mose schüttelt den Kopf. «Warum gerade ich? Wer bin ich denn?» «Du bist stark, weil ich bei dir bin.» «Aber wie heißt du?» fragt Mose ängstlich zurück. «Ich bin, der ich bin – das ist mein Name. Ich bin da, und ich werde da sein. Ich werde bei deinem Volk sein und es begleiten. Sag es ihnen. Geh nach Ägypten.»

Wieder schüttelt Mose den Kopf. «Du, Gott im brennenden Dornbusch, niemand wird mir glauben, daß du mich schickst.»

Da befiehlt Gott Mose: «Wirf deinen Hirtenstab auf den Boden.» Mose gehorcht. Sein Holzstab wird zu einer Schlange. Und Gott sagt: «Pack den Schwanz der Schlange.» Da wird aus der Schlange wieder ein Hirtenstab. «Zeig es ihnen. Geh nach Ägypten. Ich schicke dich.»

Nochmals schüttelt Mose den Kopf. «Ich bin kein guter Redner. Du weißt es. Meine Zunge ist schwer; die Sprache meines Volkes habe ich beinahe verlernt.» Jetzt wird Gottes Stimme zornig. «Glaubst du nicht, daß ich bei dir bin? Hast du nicht einen Bruder, der für dich sprechen und dich begleiten kann? Aaron kommt dir schon von Ägypten her entgegen. Jetzt geh aber, geh! Ich schicke dich. Ich, dein Gott. Ich bin, der ich bin.»

Und wirklich: Aaron kommt Mose entgegen. Zusammen kehren sie nach Ägypten zurück. Staunen erfüllt Mirjam. Immer wieder hat sie an ihren Bruder Mose gedacht. Lange hat sie gehofft, er komme zurück. Lange hat sie auf eine Nachricht von ihm gewartet und nichts gehört. Dann hat sie die Hoffnung aufgegeben. Und jetzt ist er da! Nach vielen Jahren. Zuerst hat Mirjam Mose nicht erkannt. Doch bald weiß sie: Er hat einen großen Auftrag von Gott. Es ist ein gefährlicher Auftrag. Mose soll die Israeliten aus Ägypten herausführen in ein fruchtbares Land. Gott wird ihnen ein eigenes Land geben. Sie werden ihre eigenen Häuser bauen. Sie werden nicht mehr für König Pharao Ziegel schleppen müssen. Sie werden keine Sklaven mehr sein.

Exodus /2. Mose 3 u. 4

Das harte Herz des Pharao

Mirjam wartet auf Mose und Aaron. Die beiden Brüder sind zu König Pharao gegangen, um ihm zu sagen: «Großer Herr, laß uns ziehen. Laß uns Israeliten drei Tagereisen in die Wüste hinauswandern. Dort wollen wir ein Fest feiern für Jahwe, unsern Gott.»

Mirjam wartet. Und da kommen Aaron und Mose mit grimmigen Gesichtern zurück. «Er läßt uns nicht ziehen. Arbeiten sollt ihr, statt feiern, hat er uns angeschrien», erzählt Mose stockend. Und Aaron fährt fort: «Hart ist er, der König Pharao. Was geht mich euer Gott an? hat er gesagt. Bauen sollt ihr, bauen. Noch mehr arbeiten. Und als unser Stab zur Schlange wurde, lachte er nur. Er sagte: Ach was, das können meine Zauberer auch. Und wirklich: Die Zauberer des Pharao verwandelten mit ihren Künsten Stöcke in Schlangen. Unsere Schlange verschlang alle anderen Schlangen. Doch der König blieb hart. Er läßt uns nicht ziehen.»

Immer wieder schickt Gott Mose und Aaron zum Pharao. Und Gott sagt zu Mose:

«Wenn der Pharao nicht hören will, und wenn er euch nicht ziehen läßt, will ich ihn und alle Ägypter bestrafen. Sie sollen sehen, daß ich mächtig bin.»

Jedes Mal, wenn Mose und Aaron zum Pharao kommen und der Pharao sie zurückweist, bestraft Gott das Land Ägypten mit einer Plage. Mirjam schaut mit Entsetzen zu, was geschieht. Haben sie nicht gemerkt, daß Gott, unser Herr, mächtig ist? Sieht der Pharao nicht, daß Gott auf unserer Seite steht? Denn die Plagen, die Gott den Ägpytern schickt, sind gewaltig: Zuerst wird alles Wasser zu Blut. Die Fische sterben. Die Frauen jammern; sie können ihre Kinder nicht mehr waschen. Sieben Tage lang kann niemand Wasser trinken.

Aber das Herz des Pharao bleibt hart.

Dann wimmelt das Land von Fröschen: Sie sitzen auf den Schlafmatten; sie sitzen haufenweise in den Backöfen; sie sind glitschig und stinken, wenn man sie tötet. Auch dem Pharao wird es übel.

Aber sein Herz bleibt hart.

Dann schlägt Mose mit seinem Stab in den Staub. Aus den Staubkörnern werden Läuse. Die Läuse setzen sich auf der Haut der Menschen fest, auch im Pelz der Tiere. Mücken stechen die Frauen, Männer und Kinder der Ägypter. Alle jammern. Auch der Pharao. Die Israeliten bleiben verschont.

Das Herz des Pharao aber bleibt hart.

Darauf schickt Gott noch mehr Plagen: Pferde, Esel, Kamele, Kühe und Schafe sterben an einer unheimlichen Krankheit. Dann werden die Menschen krank: Ihre Körper sind bedeckt mit Eiterbeulen. Sie haben große Schmerzen. Das Herz des Pharao bleibt hart.

Er läßt die Israeliten nicht ziehen.

Dann zieht ein Gewitter über das Land Ägypten, wie es nie jemand erlebt hat. Blitz und Donner hören nicht mehr auf und lassen die Menschen zittern. Heftiger Hagel zerstört viele Felder.

Noch unheimlicher aber sind die Heuschreckenschwärme, die der Wind bald darauf über das Land Ägypten trägt: Die Heuschrecken bedecken den Boden, daß nichts mehr von der Erde zu sehen ist; nichts Grünes, nichts Eßbares bleibt übrig - alles haben die Heuschrecken gefressen. Das Land ist kahl. Dennoch bleibt das Herz des Pharao hart. Das Bitten von Mose und Aaron nützt nichts.

Der König läßt die Israeliten nicht ziehen.

Dann ist es drei Tage lang finster: Die Sonne ist verschwunden, auch der Mond und die Sterne. Man sieht keinen Meter weit und jeder muß da bleiben, wo er gerade ist. Auch der Pharao ist voller Angst in dieser Finsternis. Doch sobald die Sonne wieder scheint, ist sein Herz hart wie immer.

Er läßt die Israeliten nicht ziehen.

Die Israeliten sind verzweifelt. «Was sollen wir denn tun?» fragt Mirjam ihren Bruder. «Hörst du nicht, wie die Menschen jammern? Nur fort wollen wir aus Ägypten, fort in ein anderes Land.»

«Heute Nacht habe ich wieder Gottes Stimme gehört», sagt Mose bald darauf. «Gott wird noch eine einzige Plage schicken, eine gewaltige Plage. Noch heute werde ich zum Pharao gehen. Wenn er uns jetzt nicht ziehen läßt, wird Gottes Engel in jeder ägyptischen Familie den ältesten Sohn töten: in der Familie des Pharao, bei den Aufpassern, aber auch bei den Bauern; ja auch bei den Kühen und Schafen wird das älteste Junge getötet werden.»

Auch jetzt hört der Pharao nicht auf Mose.

Mose und Aaron aber gehen eilig von Hütte zu Hütte, zu allen Israeliten. «Macht euch bereit für die Reise», sagen sie. «In dieser Nacht noch werden wir ausziehen.»

Und weiter sagen Mose und Aaron: «In dieser Nacht sollt ihr in jeder Familie ein Lamm schlachten. Mit dem Blut des Tieres sollt ihr den Türrahmen bestreichen. Dann sollt ihr das Lamm braten, es untereinander teilen und es essen, zusammen mit ungesäuertem Brot und Kräutern. Später aber, wenn ihr nicht mehr von den Ägyptern bedrückt werdet und in eurem eigenen Land wohnt, sollt ihr dieses Fest immer wieder neu feiern: Ihr sollt ein Lamm schlachten und an diese Nacht denken, in der Gott euch aus Ägypten befreit hat.»

Alle israelitischen Familien feiern ihr Fest. Sie teilen das gebratene Lamm. Sie essen in ihren Reisekleidern, den Mantel und die Reisetasche umgehängt, die Schuhe für eine lange Wanderung fest an ihre Füße gebunden. Immer wieder feiern sie später dieses Fest. Sie nennen es Passa. Das Lamm, das geschlachtet wird, nennen sie Passalamm.

Auch Aaron, Mose und Mirjam sind für die Reise bereit. Mirjam hat zusammen mit dem Reisesack die Handpauke auf ihren Rücken gebunden. Sie weiß: Ich werde nie mehr hierher zurückkehren.

Während die Israeliten in ihren Reisekleidern feiern, geht der Engel Gottes von Haus zu Haus. In jeder Familie stirbt der erste Sohn. Auch die ersten Jungen der Tiere sterben: Esel, Rinder, Schafe. Überall beginnt ein großes Wehklagen. Auch der älteste Sohn des Pharao ist tot.

An den Häusern der Israeliten aber, deren Türpfosten mit dem Blut der Opferlämmer bestrichen ist, geht der Todesengel vorbei.

Jetzt läßt der Pharao Mose und Aaron zu sich rufen. «Geht, geht, verlaßt mein Land, so schnell ihr könnt und feiert ein Fest für euren Gott in der Wüste. Nehmt eure Familien und Tiere mit. Alles, was ihr wollt. Geht nur, geht!»

So ziehen die Israeliten noch in der gleichen Nacht aus. Es ist ein unendlich langer Zug, der sich im Morgengrauen langsam weg von den ägyptischen Städten hinausbewegt in die Wüste. Da sind Männer, Frauen, Kinder, aber auch Tiere aller Art. Vom Anfang des Zuges kann man das Ende nicht sehen.

Vierhundertdreißig Jahre lang hat das Volk Israel in Ägypten gelebt. Die Israeliten sind Sklaven geworden. Jetzt aber sind sie frei.

Exodus /2. Mose 5-12

Mirjams Lied

Nur sehr langsam bewegt sich der Zug der Israeliten vorwärts. Die Wüste ist heiß und staubig. Der Weg durch die Wüste ist immer gleich.

«Wir würden uns verirren, wenn Gott uns nicht ein Zeichen schicken würde», sagt Mirjam zu den anderen Frauen, die mitziehen, ihre Kinder auf dem Rücken tragen und immer wieder seufzen. «Welches Zeichen?» Die erschöpften Frauen blicken auf. Da sehen sie die Wolkensäule, die am Tag vor ihnen herzieht. Nachts aber ist es eine Feuersäule, so leuchtend, daß man sie auch von ganz hinten sieht. Sie macht allen Israeliten Mut. «Ja, Gott begleitet uns», sagen sie.

Immer wieder müssen sie anhalten, denn unter ihnen sind viele sehr alte Menschen, kleine Kinder, auch junge Tiere, die schnell müde werden. Jeden Abend bauen sie die Zelte auf, um zu übernachten.

Eines Abends gelangen sie ans Ufer des Schilfmeers. Auch hier stellen sie ihr Zeltlager auf. Hier wollen sie sich ausruhen und etwas länger bleiben.

Doch am nächsten Morgen geht ein Schreien, Rufen und Klagen von Zelt zu Zelt. Eine riesige Staubwolke kommt näher, immer näher. Ein Bote aber weiß, was diese Wolke bedeutet: «Es ist der Pharao mit seinen Streitwagen, mit seinen bewaffneten Soldaten. Er will euch zurückholen. Er sagt: Ich brauche meine Arbeiter wieder, die Bauleute, die meine Paläste bauen!» Der Bote verkündet die schreckliche Nachricht laut im ganzen Lager.

Die Israeliten sind zornig. Mirjam sieht, wie sie sich rund um Moses und Aarons Zelt aufstellen. Sie hört sie im Chor rufen:

Hör, Mose, hör, warum, warum
zieh'n wir durch Wüstensand?
Uns bringen die Ägypter um.
Wo ist das neue Land?

Hör, Mose, hör, wo ist dein Gott
in diesem Wüstensand?
Du führst uns alle in den Tod.
Wo ist das neue Land?

Immer lauter singen die Männer.
Da tritt Mose aus dem Zelt. Plötzlich fürchtet sich Mirjam nicht mehr. Denn Moses Gesicht ist ruhig. «Gott ist bei uns», sagt er laut. «Folgt mir.»

Mose geht allen voran aufs Meer zu. Er streckt seinen Stab aus über das Wasser. Und da kommt ein heftiger Wind auf. Das Wasser spaltet sich. Ein breiter Weg tut sich vor den Israeliten auf, ein Weg mitten durchs Meer. Das ganze Volk bricht auf. Alle folgen Mose auf dieser merkwürdigen Straße. Rechts und links steht das Wasser wie zwei Mauern. Die Wolkensäule steht jetzt hinter den Israeliten. So werden sie für den Pharao und seine Soldaten unsichtbar.

Die Ägypter aber folgen dem Weg, der mitten ins Meer führt. Langsam wird es Nacht. Dennoch ziehen sie mit ihren Pferden und schweren Kriegswagen weiter. Nur mühsam kommen sie vorwärts. Sie sinken ein. Einzelne wollen umkehren. Aber da kommen ihnen in der Dunkelheit immer noch mehr Ägypter entgegen: Pferde, Soldaten, Wagen. Es entsteht eine große Verwirrung.

Endlich wird es Tag. Alle Ägypter schreien: «Umkehren, zurück, zurück!» Sie schreien: «Der Gott der Israeliten ist stark. Er ist gegen uns. Hilfe, wir sind verloren!»

Die Israeliten sind auf der anderen Seite des schmalen Meeresarmes angekommen. Mose streckt seine Hand mit dem Stab wieder aus. Der Weg durchs Meer verschwindet. Die Wassermassen fließen zusammen und stürzen auf die ägyptischen Soldaten, Pferde und Streitwagen, so daß sie alle ertrinken.

Nun schlagen die Israeliten ein neues Lager auf. «Gerettet», flüstern sie sich zu und schauen zuerst noch ängstlich aufs glatte Meer zurück. «Gerettet», sagen sie immer lauter und fröhlicher.

Mirjam aber nimmt ihre Handpauke. Sie trommelt leise, dann immer lauter. Auch andere Frauen holen ihre kleinen Pauken aus dem Gepäck und trommeln mit. In einer langen Reihe tanzen sie Mirjam nach. Sie tanzen im Kreis. Sie trommeln. Und Mirjam singt ein Lied:

Singt unserm Gott ein Lied,
denn er ist freundlich und stark.
Er hat uns gerettet in großer Not.
Pferde und Kampfleute hat er ins Meer geworfen.
Singt unserm Gott ein Lied.

Alle Frauen singen mit. Die Kinder schauen zu und klatschen. Es wird ein großes Freudenfest.

Exodus /2. Mose 13, 17–15, 21

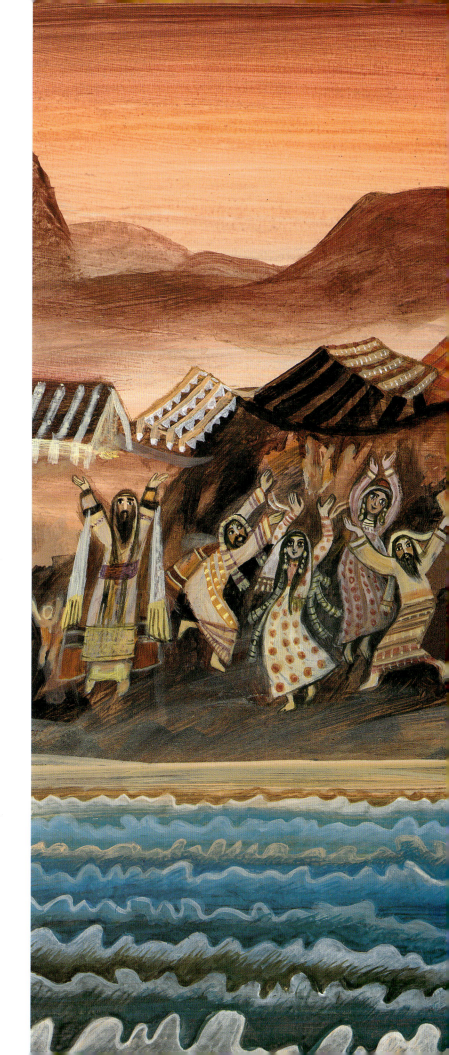

Durch die Wüste

Hinter Mose und Aaron ziehen sie nun weiter durch die Wüste. Es ist heiß. Die ledernen Wassersäcke, die sie vor drei Tagen gefüllt haben, sind leer. «Ich habe Durst», wimmern zuerst nur die kleinen Kinder. «Wir haben Durst», jammern auch Frauen und Männer. Sie seufzen laut.

Die Mütter und Väter müssen die kleinsten Kinder tragen. Die Vorratssäcke, die die Esel getragen haben, sind fast alle leer. Die alten oder kranken Menschen dürfen auf den Eseln reiten.

«Wir haben Durst», schreien die Menschen immer heftiger. Manchmal möchte sich Mose die Ohren zuhalten. Er bleibt stehen und schaut um sich. Er schaut hinaus in die Wüste. Doch dann geht er mit sicheren Schritten wieder weiter. «Es ist Gottes Weg, ich weiß es», sagt er zu Aaron. «Gott wird uns helfen.»

Und da entdecken sie hinter einem Felsen die grünen Blätter eines Baumes. Mehr Bäume kommen zum Vorschein. «Das ist Mara, die Wasserstelle, freut euch», ruft Aaron nach hinten.

Mirjam aber tanzt voraus zur Quelle. Sie hat den Mut nicht verloren. Sie singt wieder: «Gott hat uns gerettet in großer Not.»

Mirjam formt ihre Hände zu einer Schale. Sie gibt den Kindern, die hinter ihr hertanzen, zu trinken. Gierig knien auch die Erwachsenen nieder, um ihre ausgetrockneten Lippen zu befeuchten und um Wasser zu trinken. Doch sofort verziehen sie ihr Gesicht. Sie spucken das Wasser wieder aus. «Bitter, bitter!» stöhnen sie und werfen Mose böse Blicke zu. «Warum hilfst du uns nicht? Gib uns zu trinken!» Und wieder rufen viele Männer und Frauen mit schriller Stimme:

Hör, Mose, hör, wo ist dein Gott
in diesem Wüstensand?
Du führst uns alle in den Tod.
Wo ist das neue Land?

Mose schließt die Augen. Er weiß nicht, wie er helfen kann. Er hält sich die Ohren zu. Er will allein sein, nichts hören, nur Gottes Stimme lauschen.

Kurz darauf öffnet Mose seine Augen wieder. Er öffnet auch seine rechte Hand. Er lacht. Er weiß plötzlich, was er tun muß. Er bricht ein kleines Holzstück von einem Strauch ab und wirft es ins Wasser. «Trinkt jetzt», ruft er. Wirklich: Das Wasser ist nicht mehr bitter.

Während sich alle zur Quelle drängen und niemand mehr auf Mose hört, lehnt er sich an einen Felsen und schließt wieder seine Augen. Mirjam steht neben ihm. Nach einer Weile fragt sie: «Mose, ist es Gottes Stimme, die du hörst?» Mose schaut auf. «Ja, Gott wird uns helfen. Auf dem ganzen Weg. Gott, der Herr will uns auch vor Krankheiten bewahren. Er ist unser Arzt.»

Die Tonkrüge und Wassersäcke sind wieder mit Wasser gefüllt. Der Menschenzug kommt nur langsam voran in der Wüste. Immer wieder weinen die Kinder. Die Frauen haben nicht einmal mehr die Kraft, Lieder zu singen oder Geschichten zu erzählen.

Die Reisemäntel, die nachts zu Bettdecken werden, haben alle Löcher. Die Riemen der Sandalen sind zerrissen. Der heiße Wüstensand und die spitzen Steine schmerzen beim Wandern.

Sechs Wochen sind sie schon unterwegs.

Am schlimmsten aber ist der Hunger. «Hast du uns in die Wüste geführt, damit wir verhungern? He, Mose, hör doch! Gib uns zu essen!» ruft immer wieder eine neue Stimme aus dem Zug heraus. «In Ägypten hatten wir wenigstens genug zu essen. Was nützt uns die Freiheit, wenn unsere Kinder verhungern? Hör, Mose, hör! Du bist schuld!» Auch jetzt wird von manchen das harte Lied vom Wüstensand angestimmt.

Wieder hält sich Mose die Ohren zu. Wieder hört er Gottes Stimme. Dann winkt er Aaron zu sich heran. «Du kannst besser reden als ich. Rufe du dem Volk zu, was Gott zu mir gesagt hat.»

«Gott hat euer Murren gehört», beginnt Aaron. Es wird still. Alle Männer stehen in einem großen Kreis um Mose und Aaron herum. Alle hören zu. «Jeden Abend werden sich Vogelschwärme bei unserem Lager niedersetzen. Ihr könnt die Wachteln fangen. Ihr könnt sie braten und essen. So habt ihr Fleisch. Jeden Morgen aber bekommt ihr Brot, so viel ihr wollt.»

Im Lager duftet es an diesem Abend herrlich nach Fleisch. Mirjam schlägt leise auf ihrer Handtrommel. Andere Frauen antworten von ihren Zelten aus. Sie summen alte Lieder. Die Kinder sind schon eingeschlafen.

Früh morgens aber blicken alle neugierig aus ihren Zelten. Wo ist das Brot, das Gott ihnen versprochen hat? Eine Decke von weißem Tau liegt auf dem Wüstensand. Die Frauen streichen mit der Hand über die weiße Masse. Es sind ganz feine weiße Körner. Sie duften nach Honig. Die Frauen füllen Schüsseln. «Es sind Samenkörner», sagen die einen. «Es sind Kügelchen aus dem Saft der Tamariske», sagen andere. Doch alle sind sicher: Das ist das Brot, das Gott uns schickt.

In allen Zelten werden die Menschen an diesem Morgen satt. In allen Zelten danken sie Gott. Sie nennen die Körner Manna.

Und Mose sagt: «Jeden Tag bekommt ihr neues Manna. Darauf sollt ihr vertrauen. Immer nur für einen Tag sollt ihr Körner sammeln, euer tägliches Brot. Wenn ihr Vorräte aufbewahrt, so verfaulen und stinken sie sofort. An jedem sechsten Tag aber dürft ihr doppelt so viel Manna sammeln. Dann verdirbt es nicht; denn am siebten Tag ist der Ruhetag, ein Feiertag für Gott. An diesem Tag sollt ihr nicht hinausgehen, nicht reisen und nicht arbeiten. Gott schenkt euch den siebten Tag als Ruhetag.»

So wird jeder siebte Tag für die Israeliten zum Feiertag: Er ist ein Tag, an dem sie nicht arbeiten oder weiterziehen, sondern beten und singen, lachen und tanzen.

Vierzig Jahre lang essen die Israeliten Manna. Denn vierzig Jahre dauert ihre Reise durch die Wüste.

«Siehst du den Berg in der Ferne, Mirjam?» fragt Mose eines Morgens. «Es ist der Sinai. Nahe von hier hat Gott mit mir gesprochen, damals im brennenden Dornbusch. Es ist lange her. Und lange noch werden wir unterwegs sein. Darum wollen wir am Fuße des Sinai unsere Zelte aufschlagen und dort länger bleiben, um die Herden weiden zu lassen, um Früchte zu ernten, um neue Kleider zu nähen.»

Während Mose spricht, werfen sich zwei junge Männer vor Mirjam und Mose nieder. Sie sind außer Atem. Sie erzählen stockend: «Krieger haben wir gesehen, als wir da hinten nach einer Wasserquelle suchten. Krieger mit wilden Gesichtern. Krieger mit blitzenden Speeren. Gleich dort hinter dem kleinen Berggipfel.»

Mose steht sofort auf. «Die Amalekiter! Ich kenne dieses wilde Wüstenvolk. Sie ziehen von Ort zu Ort. Sie sind gefährlich. Sie wollen unser Lager ausrauben.» Mose ruft den jungen kräftigen Joschua herbei. Er weiß: Auf Joschua kann ich mich verlassen.

Und Joschua sammelt alle erwachsenen Männer der Israeliten um sich. Ihre Schwerter blitzen. Sie stehen nahe beieinander und sind zum Kampf bereit, während Mose mit seinem Bruder Aaron und seinem Gehilfen Hur auf den kleinen Berggipfel steigt. Von hier kann er alles sehen.

Mit Geschrei stürzen sich die Amalekiter auf die Israeliten. Mose erhebt seine Arme und breitet sie aus zum Gebet. «Jahwe, Gott, vergiß uns nicht.»

Solange Moses Arme ausgestreckt sind, sind die Israeliten stärker im Kampf. Sobald er die Arme sinken läßt, werden die Israeliten zurückgedrängt. Auch auf dem kleinen Berggipfel hört man die Angstschreie. Der Kampf dauert schon drei Stunden und Moses Arme schmerzen; er hat keine Kraft mehr. Da stützen Aaron und Hur die Arme Moses, so daß er sie nicht mehr sinken läßt. «Gott, vergiß uns nicht», betet er immer wieder.

Bei Sonnenuntergang haben die Israeliten mit Joschua die Amalekiter besiegt.

Die Soldaten stecken ihre Schwerter wieder in die Lederhüllen. Mirjam aber nimmt ihre Handpauke und fängt leise an zu trommeln. Und wie damals nach dem Zug durchs Meer trommeln auch andere Frauen. Sie tanzen und klatschen und singen wieder ihr Rettungslied:

Singt unserm Herrn ein Lied,
denn er ist freundlich und stark.
Er hat uns gerettet in großer Not.
Pferde und Kampfleute hat er ins Meer geworfen.
Singt unserm Herrn ein Lied.

Nun haben sie neue Kraft, um weiterzuziehen. In wenigen Tagen sind sie am Fuß des Sinai angelangt.

Exodus /2. Mose 15, 22-17

Das Fest am Sinai

«Hier wohnt Gott», sagen die Israeliten. Gottesberg nennen sie den Sinai. «Können wir hinaufsteigen?» fragen die jungen Männer. «Wir möchten Gott sehen», sagen die Kinder. «Uns ist angst vor Gott», flüstern die Frauen, die sich immer wieder bei Mirjam versammeln.

Doch Mose sagt: «Gott hat mich zu sich gerufen. Er will mit mir reden. Der Berg ist heilig. Wartet hier auf mich, wartet drei Tage. Dann sollt ihr bereit sein für Gottes Fest.» Mose verschwindet.

Am Fuß des Berges haben die Männer eine Grenze gezogen: Einen Stein haben sie an den anderen gelegt. Alle wissen: Weiter hinauf dürfen wir nicht steigen.

Dann waschen sie ihre Kleider. Sie schmücken ihre Zelte. Sie bauen einen Altar. Der Festplatz in der Mitte der Zelte ist bereit.

Plötzlich erfüllt lautes Donnern die Luft. Blitze zucken. Die Erde bebt. Aus den dunklen Wolken, die den Berg einhüllen, erschallt ein geheimnisvoller Klang wie von einem riesigen Horn. Die Kinder schauen ihre Eltern an, ängstlich und freudig zugleich. «Ist das Gott?» fragen sie.

Und da kommt Mose vom Berg herunter. Das Gewitter ist vorbei. Die Israeliten jubeln Mose zu. Mirjam sieht: Moses Gesicht glänzt. Er strahlt. Mose steht in der Mitte des Festplatzes und sagt mit lauter Stimme: «Gott hat mit mir geredet. Gott hat uns aus Ägypten geführt. Wie auf Flügeln hat er uns wunderbar getragen. Ohne seine Hilfe wären wir verhungert, verdurstet, ertrunken. Ihr, das ganze Volk Israel, gehört ihm. Darum will Gott einen Bund mit euch schließen. Er will weiter für euch sorgen. Als Zeichen des Bundes mit Gott aber feiern wir jetzt ein großes Fest.»

Sie opfern Stiere. «Das sind Geschenke für Gott», sagen sie. Sie bestreichen den Altar mit dem Blut der Tiere. Sie beten. Sie strecken ihre Arme in die Höhe. Sie danken Gott. Sie schauen hinauf zum Sinai.

Und zum ersten Mal hören sie die zehn Gebote, die Mose auf dem Berg von Gott erhalten hat. Sie gehören zu ihrem Bund mit Gott. «Wir wollen diese Gebote lernen. Wir wollen sie halten. Wir wollen Gott treu bleiben», versprechen sie. Später hören sie die Gebote immer wieder. Es sind zehn Lebensregeln, für Männer, Frauen und Kinder.

Wenn Mirjam abends vor ihrem Zelt sitzt und die Handpauke schlägt, sammeln sich bei ihr die Kinder der anderen Zelte. Und Mirjam sagt ihnen die Gebote vor; die Kinder verstehen nicht alles. Aber bald können sie die Regeln, die sie von Gott bekommen haben, auswendig:

> Ich bin der Herr, dein Gott. Ich habe dich aus dem Lande Ägypten herausgeführt.
> Du sollst keine anderen Götter neben mir haben.
> Du sollst dir kein Bild von Gott machen, und du sollst keine Götzenbilder anbeten.
> Du sollst den Namen des Herrn, deines Gottes, nicht mißbrauchen.
> Du sollst den Feiertag heilig halten. Sechs Tage sollst du arbeiten, der siebte Tag aber ist ein Tag für Gott.
> Du sollst deinen Vater und deine Mutter ehren.
> Du sollst nicht töten.
> Du sollst nicht ehebrechen.
> Du sollst nicht stehlen.
> Du sollst nichts Falsches über andere Menschen sagen.
> Du sollst nicht nach den Dingen verlangen, die anderen Menschen gehören.

Exodus /2. Mose 19, 20, 24

Ein goldenes Stierkalb

Nochmals steigt Mose auf den Berg Sinai. Nochmals will er auf Gott hören.

Das Leben im Zeltlager geht weiter wie vorher. Die Kinder spielen. Sie sind froh, daß sie nicht weiterziehen müssen. Die Frauen sitzen an den Feuerstellen. Sie backen. Sie weben neue Kleider. Sie singen neue Lieder. Die Schafe und Ziegen bekommen Junge.

Nach einigen Tagen murmeln sie: «Wann kommt Mose vom Berg zurück?» Doch Wochen vergehen. «Ist er tot?» fragen einzelne leise.

Wo ist Mose? Wann geht eigentlich die Reise weiter? denkt Mirjam bei sich. «Darf nur Mose allein Gott sehen?» murren die Männer. Aaron weiß keine Antwort.

«Nur die Gebote sollen wir halten. Brav sollen wir sein. Aber Mose läßt uns allein», schimpfen andere, lauter und immer lauter. Sie ballen die Faust, wenn sie von Mose reden. Schließlich bedrängen sie Aaron und sagen: «Mach uns einen Gott, der vor uns herziehen kann. Einen Gott, den wir anbeten können. Ja, ein Götterbild aus Gold wollen wir haben wie andere Völker auch.»

Aaron erschrickt. Dann gibt er nach. «Ich brauche eure goldenen Fingerringe und die großen Ohrringe, die ihr euren Töchtern und Söhnen angehängt habt», sagt er. Da zerren sie die Ringe von ihren Händen und Ohren, so schnell es geht.

Mit Aarons Hilfe machen sie eine Tonform, und aus den geschmolzenen Schmuckstücken gießen sie einen Stier. Ein goldenes Kalb! Und sie stellen es mitten auf ihren Festplatz, an den Ort, wo sie vor kurzem noch Gott geopfert haben. Es ist derselbe Platz, auf dem sie versprochen haben: «Ja, wir wollen Gottes Gebote halten.»

Aaron hat das zweite Gebot Gottes nicht vergessen, auch Mirjam denkt daran, auch andere Männer und Frauen: «Du sollst keine Götzenbilder anbeten.» Aber sie sagen nichts.

Alle zusammen verbrennen Opfer und tanzen mit großem Geschrei um das goldene Stierkalb. Sie verneigen sich vor dem Götterbild und rufen: «Du bist unser Gott, hurra, hurra!»

Sie essen. Sie trinken viel Wein. Sie schreien immer lauter.

Plötzlich wird es still. Die verschwitzten Tänzerinnen und Tänzer bleiben erstarrt stehen. Sie lassen die Arme hängen. Sie senken ihre Köpfe. Denn vor ihnen steht Mose. Er trägt zwei große steinerne Tafeln unter seinen Armen. Auf beiden Seiten sind sie beschrieben. Und Mose schleudert die Steintafeln gegen einen Felsen, daß sie zerbrechen. «Gott selbst hat seine Gebote auf diese Tafeln geschrieben», schreit er voller Zorn. «Aber ihr wollt diese Gebote ja nicht halten.»

Den goldenen Stier stößt Mose ins Opferfeuer, daß er schwarz wird. Stumm schauen alle zu.

Traurig sieht Mose seinen Bruder und seine Schwester an. «Warum habt ihr es nicht verhindert?»

«Wir waren Gott untreu. Wir haben gesündigt. Ja, wir müssen sterben», sagen die Israeliten. Es wird dunkel. Alle schleichen in ihre Zelte. Niemand singt an diesem Abend.

Am nächsten Morgen hört Mirjam Mose beten: «Oh Herr, mein Gott, töte doch mich. Ich will sterben für meine Brüder und Schwestern.»

Gottes Antwort hört Mirjam nicht.

Exodus /2. Mose 32

Ein Zelt für Gott

Doch Mose steigt nochmals auf den Berg. Er verschwindet in den Wolken.

Viele Männer bleiben in den Zelten. «Wir werden sterben. Wir haben großes Unrecht getan.» Sie schämen sich.

Mirjam aber ruft alle Frauen zusammen. Vor ihr liegt ein Plan, den Mose gezeichnet hat. Der Plan für das heilige Zelt, so wie Gott es Mose befohlen hat.

In kleinen und großen Kreisen setzen sich die Frauen nieder. Sie weben. Sie sticken. Sie nähen. Vorhänge aus feinem Leinen entstehen. Blau und purpurrot werden sie gefärbt. Komplizierte Ornamente werden eingewoben. Geflechte aus feinen Goldfäden werden geknüpft.

Auch die Männer beginnen, fürs heilige Zelt zu arbeiten. Felle von Ziegen und von Schafböcken werden gereinigt und rot gefärbt, dann zu Teppichen zusammengenäht. An den Teppichen werden Ringe und Haken festgenäht, damit man sie aneinanderhängen kann. So entsteht das Dach des heiligen Zeltes.

Die Goldschmiede machen kunstvolle Leuchter mit sieben Armen. Die Töpfer formen Lampen fürs heilige Zelt. Die Kinder sammeln in großen Krügen bei allen Familien Öl: Alle müssen von ihrem wenigen Öl etwas beisteuern für Gottes Zelt. Denn die Öllampen sollen immer brennen.

Besonders kunstvoll gebaut wird ein Kasten aus Akazienholz. Die besten Künstler schnitzen ihn. Außen und innen wird er mit Gold verziert. Auf den Deckel werden zwei goldene Cherube, engelartige Wesen, gesetzt. An allen vier Ecken werden dicke goldene Ringe befestigt. So kann der Kasten an zwei Stangen getragen werden. Die Künstler arbeiten genau nach den Plänen Moses. Sie wissen noch nicht, wozu dieser Kasten gebraucht wird. Aber sie geben sich große Mühe. Sie sagen: «Wir wollen nur unserm Anführer Mose gehorchen. Wir wollen tun, was Gott von uns will. Vielleicht vergibt er uns die Sache mit dem goldenen Kalb!»

Zum Schluß aber weben die Frauen aus allerfeinstem Leinen einen Priesterrock für Aaron; er ist mit einem Würfelmuster verziert. Auch ein glitzernder Gürtel und eine hohe Priestermütze gehören dazu. «Im Zelt werden wir Gottesdienst feiern», flüstern die Frauen während der Arbeit. «Dort werden wir Gott nahe sein, auch wenn wir ihn nicht sehen», flüstern andere. «Auch wir werden jetzt Priester haben wie andere Völker», sagen die Männer, die sich versammelt haben. Sie sind glücklich. «Unsern Gott kann man nicht sehen. Aber bald haben wir ein buntes Zelt, glitzernde Priestergewänder, einen goldenen Kasten - wunderbare Zeichen unseres Gottes.»

Endlich kommt Mose wieder zurück. Wieder leuchtet sein Gesicht. «Ich war Gott ganz nahe», sagt er und stellt die beiden schweren Steintafeln auf die Erde. «Gott hat die Gebote nochmals für uns aufgeschrieben.»

Nun wird das heilige Zelt außerhalb des Lagers der Israeliten aufgebaut.

In den prächtigen Kasten werden die beiden Tafeln mit den Geboten gelegt. «Sie gehören zu unserem Bund mit Gott», sagt Mose. Ganz innen im Zelt steht der Kasten. Er wird jetzt Bundeslade genannt und erinnert die Israeliten immer wieder an den Bund, den Gott mit ihnen geschlossen hat.

Auch die Leuchter und Lampen werden aufgestellt. Ein Opferaltar wird vor dem Zelt gebaut.

Und jetzt feiern sie ein großes Fest. Es ist ein Versöhnungsfest für Gott. Die Frauen tanzen vor dem heiligen Zelt ihren Reigen und singen Mirjams Lied. Alle freuen sich. «Gott ist bei uns», sagen auch die Kinder. Sie hören zu, wie die Erwachsenen beten; sie riechen den Opferrauch, und sie bewundern das glänzende Gewand Aarons.

Am Ende des Festes aber breitet Aaron seine Arme über die Menschen aus und sagt laut:

Der Herr segne dich und behüte dich!
Der Herr lasse sein Angesicht über dir
leuchten und sei dir gnädig!
Der Herr erhebe sein Angesicht auf dich
und gebe dir Frieden!

Bald darauf werden die Vorhänge und Teppiche des heiligen Zelts zusammengelegt und auf Lasttiere geladen. Auch die Schlafzelte werden abgebrochen. Das Volk Israel zieht weg vom Berg Sinai. Inmitten des Zuges wird die Bundeslade getragen.

Beinahe ein Jahr haben sie am Sinai gewohnt.

Wieder geht die Wolkensäule vor dem wandernden Volke her. Immer, wenn sie ein Lager aufschlagen, legt sich die Wolke auf das heilige Zelt. So wissen die Israeliten: So lange die Wolke über dem Zelt steht, dürfen wir in diesem Lager bleiben. Dann müssen wir wieder weiterziehen.

Exodus /2. Mose 25-27, 33-40

Das Land, in dem Milch und Honig fließt

Die Reise durchs Gebirge geht weiter. Immer weiter.

Auch Mirjam hat oft nicht mehr die Kraft, zu singen und ihre Handpauke zu schlagen. Sie denkt: Wo ist denn dieser Gott? Warum höre ich ihn nicht? Warum spricht Gott nur mit Mose? Zuerst sagt Mirjam nur zu sich selbst: Mose, immer nur Mose! Ist er denn besser als Aaron und ich?

Dann nimmt Mose eine fremde Frau zu sich, eine Kuschitin. Sie gehört nicht zum Volk Israel. «Das ist zuviel, wirklich zuviel!» Mirjam erzählt es laut im ganzen Lager. Gegen ihren eigenen Bruder Mose redet sie. Sie kann nicht anders!

«Unmöglich ist er, mein Bruder!»

Andere Frauen jammern: «Wohin führt er uns eigentlich? Wären wir doch in Ägypten geblieben! Dort konnten wir Fleisch und Fische braten, wir hatten Gurken und Melonen, auch Gemüse für unsere Kinder.»

Eines Tages gehen Mose, Aaron und Mirjam von den Wohnzelten hinaus zum heiligen Zelt. Plötzlich steht die Wolkensäule am Eingang des Zelts. Sie wissen: Jetzt ist Gott bei uns. Sie hören Gottes zornige Stimme: «Warum hast du gegen Mose geredet, Mirjam? Ja, ihn habe ich auserwählt, damit er euch alle führt. Er ist mir nahe. Er hat mich selbst gesehen.»

Und wie die Wolke Gottes vom Zelt wieder verschwindet, ist Mirjams Körper weiß wie Schnee. Aaron schreit auf: «Meine Schwester ist vom Aussatz bedeckt! Das ist Gottes Strafe.» Auch Mose erschrickt. Laut betet er: «Herr, mein Gott, heile meine Schwester!»

Sieben Tage lang bleibt Mirjam weiß. Sieben Tage lang muß sie außerhalb des Lagers warten. Sie schämt sich.

Das Volk aber wartet in Hazerot, bis Mirjam wieder gesund ist. Dann brechen sie ihre Zelte wieder ab und ziehen weiter. Immer weiter.

Bei einem Halt in der Oase Kadesch ruft Mose alle erwachsenen Männer vor dem heiligen Zelt zusammen. «Hört, was Gott mit mir gesprochen hat. Bald ist unsere Reise zu Ende. Hinter der Wüste Paran, die ihr vor euch seht, beginnt das Land, das Gott uns versprochen hat. Wir wollen zwölf Boten vorausschicken, die das Land auskundschaften. Jeder der zwölf Stämme unseres Volkes soll einen Kundschafter auswählen.»

Und Mose ruft die zwölf Stämme mit Namen auf; die Stämme nennen sich nach den zwölf Söhnen Jakobs: Ruben, Simeon, Levi, Juda, Dan, Naftali, Gad, Ascher, Issachar, Sebulon, Josef und Benjamin.

Nun machen sich zwölf Boten für die Reise bereit. «Geht ins Land Kanaan! Schaut die Menschen an und erzählt uns, ob sie stark oder schwach, klein oder groß sind. Schaut die Städte und Dörfer an und erzählt uns, wie sie gebaut sind. Schaut die Erde an und erzählt uns, ob sie fruchtbar ist. Und bringt uns Früchte mit, damit wir sehen, was im Land Kanaan wächst.»

Nach vierzig Tagen kommen die Kundschafter zurück. Die Kinder jubeln. Sie umringen die zwölf Männer. Die Frauen singen zum ersten Mal seit langem wieder. Sie singen Mirjams Lied, und Mirjam schlägt die Handpauke dazu:

Singt unserm Gott ein Lied,
denn er ist freundlich und stark.
Er hat uns gerettet in großer Not.
Pferde und Kampfleute hat er ins Meer geworfen.
Singt unserm Gott ein Lied.

Alle bewundern die riesengroße Weintraube, die die Kundschafter an einer Stange aufgehängt haben. Auch Granatäpfel und Feigen bringen sie mit.

Dann beginnen sie zu erzählen: «Ja, es ist ein Land, in dem Milch und Honig fließt. Aber hört doch, hört! Die Städte stehen auf Felsen und sind von hohen Mauern umgeben. Wächter stehen davor. Die Menschen dort sind kräftig und groß - manche sind Riesen. Wir kamen uns vor wie kleine Heuschrecken.»

Da beginnt ein Jammern und Schreien unter den Israeliten. «Ziehen wir nicht besser nach Ägypten zurück?» fragen die einen. «Ja, laßt uns einen neuen Führer wählen, der uns zurückführt! Jetzt sieht man es: Mose hat uns nicht die Wahrheit gesagt über das Land, das vor uns liegt.»

Joschua und Kaleb aber, die auch zu den Kundschaftern gehört haben, zerreißen ihre Kleider. Sie zeigen damit ihre Trauer über die Israeliten: «Habt ihr allen Mut verloren? Seid ihr verrückt? Hättet ihr es doch gesehen, dieses wunderbare Land! Glaubt ihr denn nicht, daß Gott uns helfen wird, wenn wir hineinziehen?»

Mose und Aaron werfen sich vor dem ganzen Volk auf den Boden und bitten Gott um Verzeihung.

Der Gesang der Frauen und Mirjams Handpauke sind längst verstummt.

Dann spricht Gott wieder mit Mose: «Warum kann mir dieses Volk nicht glauben? Wie lange verachtet es mich noch? Ich will sie nicht töten, aber ich will sie bestrafen. Noch neununddreißig Jahre lang sollen sie durch die Wüste wandern. Sie sollen als Hirten leben und umherirren, bis alle, die jetzt nach Ägypten zurückkehren wollen, gestorben sind.»

Bald darauf treiben die Amalekiter und die Kanaaniter die Israeliten zurück in die Wüste. Wieder wandern sie auf staubigen Wegen. Wieder stellen sie ihre Schlafzelte und das heilige Zelt auf und brechen sie wieder ab.

Sie treiben ihre Herden voran. Von Weideplatz zu Weideplatz. Die Bundeslade mit Gottes Geboten nehmen sie mit. Neununddreißig Jahre lang, bis aus den Kindern, die noch in Ägypten geboren wurden, Frauen und Männer geworden sind, ja schon Großmütter und Großväter.

Vierzig Jahre ist es her, seit sie Ägypten verlassen haben.

Viele Menschen sind unterwegs gestorben. Auch Mirjam und Aaron leben nicht mehr.

Mose ist hundertzwanzig Jahre alt. Er weiß, daß auch er nicht ins Land Kanaan einziehen darf. «Gott ruft mich zu sich», sagt er zu seinem Volk. «Joschua wird euer Führer sein, so will es Gott.»

Und der alte Mose singt vor dem heiligen Zelt ein langes Lied - ein Lied für Gott und auch ein Lied für sein Volk: «Gott ist treu, auch wenn ihr ihn immer wieder verlaßt», beginnt er. Dann singt er weiter:

Gott macht es mit euch
wie der große Adler,
der König der Vögel.
Wenn seine Jungen fliegen lernen sollen,
schwebt er über ihnen.
Wenn sie dann plötzlich nach unten fallen,
weil ihre Flügel noch zu klein sind,
stürzt er sich nach unten,
breitet seine großen Schwingen aus
und fängt das Adlerkind auf.
So ist Gott.
Er meint es gut mit euch.

Mose breitet seine Arme aus. Er spricht den Segen über das Volk.

Ganz alleine steigt der alte Mann dann auf den Berg Nebo. Höher und höher. Er sieht das fruchtbare Jordantal. Er sieht die Stadt Jericho. Er sieht bis ans Meer. Zum letzten Mal in seinem Leben hört er Gottes Stimme: «Das ist das Land, in dem deine Kinder, Enkel und Urenkel wohnen werden. Jetzt darfst du es mit deinen eigenen Augen sehen.»

Die Augen Moses nehmen alles in sich auf: das Grün der Bäume und Felder, das Blau des Flusses, die Umrisse einer fernen Stadt. Er ist glücklich, daß er dies alles gesehen hat. Er schließt die Augen.

Mose stirbt. Er ist bei Gott.

Niemand findet Mose. Sie wissen: Er ist tot. Er ist bei Gott.

Dreißig Tage trauern die Israeliten und weinen über Moses Tod. Sie singen Klagelieder. Mit den Handpauken schlagen die Frauen den Takt dazu, so wie sie es von Mirjam gelernt haben.

Dann führt Joschua die Israeliten ins versprochene Land, ins Land, in dem Milch und Honig fließt.

Numeri /4. Mose 11-14, 20;
Deuteronomium /5. Mose 31-34

Nach Moses Tod führt Joschua die Israeliten.

Endlich ziehen sie ins versprochene Land, von dem die Kinder schon so viel gehört haben. Das Land, in das Gott sie führt. Hier wachsen Bäume mit wunderbaren Früchten. Hier stehen große Kornfelder und bunte Wiesen. Hier wohnen aber schon andere Völker, die eine andere Sprache reden und andere Götter anbeten als das Volk Israel.

Es gibt hier auch Städte, die von festen Mauern umgeben sind. Und die Menschen in diesen Städten haben Angst. «Was will das fremde Volk, das da aus der Wüste kommt? Bei uns ist kein Platz. Wir werden sie vertreiben!» So müssen die Israeliten kämpfen. Sie führen Krieg gegen die Völker, die im fruchtbaren Land wohnen.

Unter der Leitung Joschuas verteilen die zwölf Stämme Israels das Land, das ihnen jetzt gehört, unter sich. Jeder Stamm hat sein eigenes Gebiet: Ruben, Simeon, Levi, Juda, Dan, Naftali, Gad, Ascher, Issachar, Sebulon, Josef und Benjamin.

Nach Joschuas Tod hat das Volk Israel keinen großen Mann mehr wie Mose oder Joschua. Immer dann aber, wenn es nötig ist, schickt Gott einen Anführer, der das Volk versammelt und in gefährlichen Kriegen über ihre Truppen befiehlt. Gott schickt auch Priester, Propheten und Richter, die das ganze Volk oder einzelne Stämme leiten und beraten.

Die Geschichten, die auf den folgenden Seiten erzählt werden, spielen in diesem versprochenen Land, das jetzt Israel genannt wird. Die Zeit der Wüstenwanderung ist schon beinahe vergessen. Die meisten Israeliten sind Bauern; sie besitzen einen eigenen Acker und ein eigenes Haus.

Immer wieder geschieht es auch, daß einzelne Menschen ihrem Gott untreu werden; sie verehren die bunten Götzen der Völker, die neben ihnen wohnen. Oder sie sagen: «Der Gott Baal - er hat schon immer zu diesem Land gehört. Vielleicht ist er es, der den Boden so fruchtbar macht? Sollten wir nicht ihn anbeten?»

Es ist schwierig, an den unsichtbaren Gott, den 'Ich bin, der ich bin', zu glauben. Es ist schwierig, nicht zu vergessen, was er seinem Volk Gutes getan hat.

ZWEI FREUNDINNEN: NOOMI UND RUT

Die zwei Frauen kommen auf der Landstraße nur langsam voran. Sie gehen gebückt. Sie tragen schwere Bündel auf ihrem Rücken. Ihre Füße sind staubig. Man sieht: Sie kommen von weit her.

Erschöpft setzen sie sich an den Wegrand, um auszuruhen. Die ältere der beiden Frauen weint. «Ich schäme mich. Arm und alt, ohne Kinder komme ich in meine Heimat zurück.»

Die junge Frau rückt näher und legt ihren Arm um die Schultern der älteren, ohne etwas zu sagen. Jetzt hört die ältere auf zu weinen. Nach langem Schweigen schaut sie auf. «Ja, ich habe dich, Rut! Du bist mit mir gekommen, meine Freundin. Den ganzen Weg. Ich danke dir!»

Wieder ist es still. Die ältere Frau fährt fort: «Du wirst es schwer haben. Denn hier bist du eine Fremde. Aber wir halten zusammen.»

Die Frauen binden sich ihre Bündel gegenseitig auf den Rücken und ziehen langsam weiter. Von weitem sieht man einen kleinen Ort. Die ältere Frau zeigt darauf. «Dort ist es. Betlehem, unser Heimatdorf.»

Ein alter Mann geht auf demselben Weg. Er kommt von hinten näher. Er geht schneller als die beiden Frauen. Er treibt seinen Esel, der mit Säcken beladen ist, vor sich her. Er nickt kurz und geht an den beiden Frauen vorbei.

Plötzlich bleibt er stehen und dreht sich um. Er stutzt. Er kommt zurück und schaut der älteren Frau ins Gesicht. «Bist du nicht Noomi? Kommst du zurück aus dem Lande Moab? Wie ist es euch ergangen, dir, deinem Mann und deinen Söhnen?»

Noomi erkennt ihren Nachbarn von früher. Noomi hält sich an der jungen Frau fest. Nein, sie will nicht wieder weinen. «Es ist uns gut gegangen in Moab», antwortet sie. «Als hier die große Hungersnot war, hatten wir dort genug zu essen. Doch mein Mann und meine beiden Söhne sind gestorben. Darum kehre ich jetzt zurück in die Heimat.»

Der Mann schaut fragend auf die junge Frau. «Das ist Rut», sagt Noomi. «Sie war die Frau meines Sohnes. Jetzt ist sie schon Witwe. Sie begleitet mich.»

«Eine Moabiterin? Bringt sie ihre Göttlein mit?» fragt der alte Mann spöttisch und schaut Rut ganz genau an. Von oben bis unten. Von unten bis oben.

Doch Rut schüttelt heftig den Kopf, und Noomi sagt: «Sie will Gott dienen. Unserm Gott.» Rut selbst fügt hinzu: «Euer Gott soll auch mein Gott sein. Wo Noomi hingeht, will auch ich hingehen. Ich möchte zu eurem Volk gehören.»

Der alte Mann wundert sich. Er schüttelt den Kopf.

Der Mann wundert sich noch mehr, als er die beiden Frauen in den nächsten Tagen vom Nachbarhaus aus beobachtet: Noomi besitzt ihr sehr kleines Haus von früher, auch ein Feld - niemand hat es bepflanzt. Doch die junge Rut kommt schon am ersten Abend mit einem Tuch voller Gerstenkörner von den Feldern zurück. Sie schüttet die Körner vor Noomi aus. Sie lacht. Und Noomi freut sich.

Rut hat den ganzen Tag Ähren gesammelt. Sie weiß: Alle Ähren, die die Schnitter liegenlassen, dürfen die Armen auflesen. «Bei Boas, einem reichen Bauern, durfte ich sammeln, den ganzen Tag. Er hat mir auch zu essen und zu trinken gegeben. Er war sehr freundlich», erzählt Rut.

Noomi beginnt, die Körner auf der alten Mühle zu mahlen und sagt: «Ja, Boas ist unser Verwandter. Geh weiter zu ihm aufs Feld, um Ähren zu sammeln. Bei ihm wird dir nichts geschehen. Denn er gehört zur Familie deines Mannes und meines Mannes.»

Jeden Tag liest Rut Ähren auf. Sie arbeitet hart. Doch sie ist glücklich. «Ich habe es gut», sagt sie. «Boas lädt mich ein, mit ihm, seinen Mägden und Knechten mittags auf dem Feld auszuruhen, zu essen und zu trinken.»

«Warum bist du so freundlich mit mir?» fragt Rut eines Tages den reichen Bauern. «Ich bin ja nur eine Fremde.» Und Boas antwortet: «Du hast Gutes getan. Du hast Noomi begleitet. Du hast deine Eltern und deine Heimat verlassen und bist mit deiner Schwiegermutter hierher gezogen. Ich habe gesehen, wie freundlich du mit Noomi bist. Darum möchte ich auch dir Gutes tun.»

Die beiden Frauen haben genug zu essen. Doch Noomi ist immer wieder traurig. Ihre Söhne sind tot. Sie hat keine Enkel. Sie ist zu alt, um Kinder zu bekommen. Aber Rut ist noch jung. Sie sollte heiraten!

Der alte Mann, der neben Noomi und Rut wohnt, hat gesehen, daß Rut tüchtig ist. Es tut ihm leid, daß er am Anfang über sie gespottet hat. Jetzt möchte er ihr helfen. So sagt er eines Tages zu den beiden Frauen: «Bei uns ist es doch üblich, daß jemand aus der Verwandtschaft des Mannes eine junge Witwe heiratet und auch ihr Feld bebaut. Wer ist eigentlich euer nächster Verwandter hier in Betlehem?»

Noomi hat schon lange darüber nachgedacht. Wahrscheinlich ist Boas der nächste Verwandte. Aber er ist nicht mehr jung. Und ob er Rut heiraten will? Die Moabiterin Rut?

Eines Abends aber gibt Noomi ihrer Schwiegertochter ihr bestes, buntgewebtes Kleid. Sie kämmt Rut und reibt ihren Hals mit duftender Salbe ein. «Geh zu Boas. Warte vor seiner Schlafkammer auf ihn, bis er gegessen und getrunken hat. Wenn du dort auf ihn wartest, so weiß er: Rut ist bereit, mich zu heiraten.»

Rut nimmt allen Mut zusammen. Sie geht abends ins Haus des Boas, ganz allein. Es ist dunkel. Niemand sieht sie. Rut fürchtet sich nicht. Sie weiß: Boas ist ein gütiger Mann.

Und Boas freut sich. «Du bist nicht den jungen Männern nachgelaufen. Du kommst zu mir, Rut. Ich habe dich lieb. Ich möchte dich gerne heiraten. Doch ich bin nicht der nächste Verwandte deines verstorbenen Mannes. Erst wenn ich ihn gefragt habe, darfst du meine Frau werden. Morgen am Stadttor werde ich auf diesen Mann warten. Ich werde ihn fragen.»

Doch der andere Verwandte will nichts von Rut wissen.

So wird Boas Ruts Mann.

Noomi und Rut ziehen aus der kleinen Hütte ins große Bauernhaus des Boas. Auch der alte Nachbar freut sich für die beiden Frauen. Alle in Betlehem haben Rut gern. Sie vergessen, daß sie aus Moab kommt. Daß sie eine Fremde ist.

Und bald erwartet Rut ein Kind.

Rut bekommt einen Sohn.

Jetzt ist Noomi glücklich. Sie schämt sich nicht mehr. Und die Frauen von Betlehem freuen sich mit ihr. Sie sagen: «Deine Schwiegertochter Rut, die dich lieb hat, hat dieses Kind geboren. Ist sie nicht mehr wert als sieben Söhne?»

Noomi hält das Kindlein in den Armen, wie wenn es ihr eigenes Kind oder ihr Enkelkind wäre.

Der Junge von Rut und Boas bekommt den Namen Obed. Sein Sohn wird Isai heißen. Sein Enkel wird David sein.

Darum ist Rut die Urgroßmutter von König David.

Das Buch Rut

KÖNIGE IN ISRAEL

Hanna wünscht sich ein Kind

Elkana aus Rama ist mit seiner ganzen Familie nach Schilo gezogen, um zu beten und zu opfern. Wie jedes Jahr am Herbstfest, dem wichtigsten Fest des Jahres. Er hat in Schilo ein Rind geschlachtet.

Alle sitzen im Kreis. Hanna bekommt als einzige zwei Fleischstücke: herrlich duftende gebratene Fleischstücke. Aber sie ißt nicht. Sie ist still. Tränen stehen in ihren Augen.

Alle anderen Teller sind bald leer. «Wir haben nur ein Stück Fleisch bekommen - und du bist mit zwei Stücken nicht zufrieden.» Peninna, die andere Frau Elkanas, sitzt mit ihren Kindern gegenüber. Stolz schaut sie um sich. Sie weiß, warum Hanna traurig ist. Aber sie will sie ärgern. «Eigentlich müßte ich zwei Stücke bekommen», sagt sie. «Ich habe ja Söhne und Töchter. Du hast kein einziges Kind.»

Jetzt weint Hanna. Ja, das ist ihr großer Kummer! Sie hat kein Kind. Doch Elkana, Hannas und Peninnas Mann, legt seinen Arm um sie. «Ich habe dich lieb, Hanna. Dich habe ich am liebsten. Bin ich nicht mehr wert als zehn Söhne?»

Hanna bleibt still. Ganz alleine geht sie in den Tempel. Ich will nahe bei Gott sein! Ich will ihn bitten. Vielleicht hilft er mir?

Sie eilt durch den Vorraum. Im Innern des Tempels wirft sie sich auf die Knie. «Sieh auf mich, Gott, hilf mir», betet sie. Jetzt weint sie. «Gott, du weißt, warum ich traurig bin. Großer Gott, hilf mir doch endlich! Wenn du mir einen Sohn schenkst, will ich ihn nicht behalten. Er soll dir gehören. Dir werde ich ihn bringen, daß er dir in deinem Tempel dienen kann.»

Eli, der Priester, sitzt auf seinem Stuhl neben einer Säule. Nicht weit von ihm ist die geschnitzte Tür, die in den innersten Teil des Tempels führt. Eli schüttelt den Kopf. Was will diese Frau? Sie bewegt ihre Lippen. Sie weint. Sie liegt auf den Knien. Aber er hört ihre Stimme nicht. Warum schreit sie nicht? Warum ruft sie nicht laut zu Gott wie andere Menschen, die beten? «He, Frau», sagt er laut und legt seine Hände auf ihre Schultern. «Hast du zu viel Wein getrunken? Warum bewegst du die Lippen und redest dennoch nicht? Verlaß dieses heilige Haus, bis du nicht mehr betrunken bist!» Doch da sagt Hanna: «Nein, ich habe keinen Wein getrunken. Aber ich bin traurig und ganz allein mit meinem Unglück. Zu Gott wollte ich meine Traurigkeit und meine Bitte bringen. Er sieht in mein Herz, auch wenn ich nicht laut rede.» Da schaut Eli in Hannas Gesicht. Er nickt. Dann läßt er sie los und sagt: «Geh in Frieden! Gott wird dich behüten. Ich weiß es: Er wird deine Bitte erfüllen.»

Hanna weint nicht mehr. Sie ißt jetzt. Vielleicht geht es mir wie Sara? Vielleicht bekomme ich doch noch ein Kind? Hanna lacht sogar. Sie hört nicht mehr zu, wenn Peninna sie ärgert. Elkana aber freut sich über die fröhlichen Augen seiner Lieblingsfrau.

Ein Jahr später bekommt Hanna wirklich ein Kind. «Gott hat mein Gebet erhört», sagt sie. Es ist ein Sohn. Hanna gibt ihm den Namen Samuel. Das bedeutet: Von Gott habe ich ihn erbeten.

Und Hanna singt ein Lied für Gott:

Mein Herz ist froh.
Es ist froh über Gott.
Gott, du hast mir geholfen.
Du bist stark wie ein Fels.
Hungrige machst du satt und frei.
Der kinderlosen Frau schenkst du einen Sohn.
Die Armen haben es bei dir gut wie mächtige Fürsten,
denn du hilfst ihnen.
Gott, du machst mich stark, nur du!

Hanna wandert in den nächsten Jahren nicht mit ihrem Mann und den anderen Frauen zum Opferfest nach Schilo. «Ich bleibe mit

Samuel zu Hause», sagt sie. Bald aber erzählt sie dem Jungen vom Tempel in Schilo, vom Priester Eli. Vor allem erzählt sie Samuel von Gott. Denn Hanna vergißt es nicht: Bald werde ich Samuel nach Schilo bringen, zum Priester Eli. Dort wird mein Sohn Gottes Diener werden.

Nach wenigen Jahren ist Samuel groß genug. Mit Elkana und Hanna wandert er nach Schilo. Wieder nehmen sie ein Opfertier mit, auch Wein und Mehl für den Priester.

Samuel ist schon kräftig. Er trägt den Mehlsack.

Wieder geht Hanna ganz allein ins heilige Haus zum Priester Eli. Jetzt ist sie nicht traurig. «Kennst du mich noch?» fragt sie. «Ich bin die Frau, die damals hier gebetet und geweint hat. Du dachtest, ich sei betrunken. Damals bat ich Gott. Und Gott hat mir einen Jungen geschenkt: Samuel. Ihn bringe ich heute zu dir. Hier im Heiligsten soll er Gott dienen. So habe ich es damals in meinem Gebet versprochen.»

Hanna geht hinaus zu ihrem Kind. Sie umarmt es. Dann bringt sie den Jungen zu Eli.

Jedes Jahr besucht die Mutter ihren Sohn in Schilo. Sie ist stolz auf ihn. Jedes Jahr webt sie einen neuen Mantel aus Leinen, einen Mantel, wie ihn die Priester tragen. Jedes Jahr wird der Mantel länger und breiter. Goldene Fäden webt Hanna in den Stoff. Beim Weben denkt sie an ihr Kind. Und sie denkt an Gott, der ihr geholfen hat.

Später bekommt Hanna noch drei Söhne und zwei Töchter.

1. Samuel 1 u. 2

Samuel

Samuel lebt im Tempel. Er bedient den Priester Eli. Eli ist sehr alt. Er ist blind. Er stützt sich beim Gehen auf Samuel. Er verläßt sich auf ihn. Denn seine eigenen Söhne betrügen ihn.

«Ist der Vorhof sauber?» fragt er den Jungen. «Ist das Allerheiligste wirklich zugeschlossen?» «Ja», flüstert Samuel. Er weiß: Dort wird die Bundeslade aufbewahrt. Die Tafeln mit den Geboten, die Mose auf dem Sinai von Gott erhalten hat, sind dort. Gott hat Mose auserwählt. Er hat mit ihm gesprochen.

«Brennt das heilige Licht?» fragt Eli. «Ja, es brennt», antwortet Samuel, «und sonst ist alles dunkel.» «Dann leg dich schlafen», sagt Eli.

Samuel breitet in einer Ecke seine Schlafmatte aus. Schnell schläft er ein. Kurz darauf aber schreckt er wieder auf. «Samuel, Samuel!» hat eine Stimme gerufen.

Samuel eilt durch die Tempelhalle zu Eli. Nur das heilige Licht flackert. «Hier bin ich, mein Herr. Du hast mich gerufen.» «Ich habe dich nicht gerufen», antwortet Eli. «Geh wieder schlafen.»

Schnell schläft Samuel auf seiner Matte wieder ein. Doch wieder hört er eine Stimme «Samuel, Samuel!» rufen. Zum zweiten Mal eilt er verschlafen zu Eli. «Hier bin ich, mein Herr. Du hast mich gerufen.» Und wieder antwortet Eli: «Ich habe dich nicht gerufen. Geh wieder schlafen.» Sofort geht Samuel zurück zu seiner Matte.

Ein drittes Mal kommt Samuel zu Eli und sagt: «Ich habe es gehört, Herr! Du hast mich gerufen. Was soll ich tun?» Eli hat den Jungen nicht gerufen. Er sagt: «Jetzt weiß ich es, Samuel: Gott ist es, der dich gerufen hat. Er will mit dir reden. Geh zurück zu deiner Matte. Wenn Gott deinen Namen wieder ruft, so sage: Rede Gott, dein Knecht hört auf dich.»

Nochmals wird Samuel gerufen. Gott spricht mit ihm und sagt: «Eli und seine beiden Söhne werden sterben. Die Söhne sollten im Tempel helfen. Aber sie sind unanständig, ja gottlos. Sie behalten das beste Opferfleisch für sich. Eli tut nichts dagegen.»

Am Morgen dann öffnet Samuel die Tore des Tempels. In ihm klingt es und singt es: «Gott hat mit mir gesprochen. Ich habe Gottes Stimme gehört.» Samuel ist glücklich. Eli aber will wissen, was Gott zu ihm gesagt hat. Samuel zögert. Dann erzählt er. Eli nickt traurig. «Meine Zeit ist bald vorbei. Gott allein weiß, wie es weitergehen muß.»

Immer wieder hört Samuel die Stimme Gottes. Bald wissen es die Menschen in Israel von Dan bis Beerscheba, von Norden bis Süden: In Schilo ist ein junger Mann, dem Gott immer wieder erscheint. Durch ihn spricht Gott mit dem ganzen Volk, sagen sie. Sie kommen zu ihm, um Gottes Willen zu erfahren. Sie verehren ihn. Und sie sagen: Er ist ein Prophet. Manche sagen auch: Er soll richten über uns; denn er kennt den Willen Gottes besser als wir.

In einen Krieg gegen die Philister nehmen die Israeliten die Bundeslade von Schilo mit. Sie denken: Die Lade beschützt uns. Dennoch siegen die Philister. Tausende von Israeliten sterben. Auch die Söhne Elis kommen um. Eli selbst aber stirbt, nachdem er gehört hat, daß die Bundeslade in den Händen der Feinde ist. Vor Schreck ist der alte Priester rückwärts von seinem Stuhl gefallen und hat sich das Genick gebrochen.

Samuel wird älter. Viele Jahre vergehen. Längst haben die Philister die Bundeslade zurückgegeben. Was sollen sie denn mit ihr anfangen? Sie hat ihnen nur Unglück gebracht.

Aber immer noch bedrohen feindliche Krieger das Volk Israel. Wieder sind es vor allem die Philister. «Was sollen wir tun?» fragen die Israeliten. Sie fürchten sich.

«Was sollen wir denn tun?» Sie fragen Samuel, den Propheten. Samuel antwortet immer wieder: «Habt ihr Gott vergessen? Den mächtigen, unsichtbaren Gott, der euch beschützen will und euch helfen kann? Ich weiß es: Ihr betet heimlich zu Baal. Ihr glaubt, er sei Herr über das Wetter und Herr über die ganze Natur. Ich habe gesehen, daß ihr kleine eiserne Götzenbilder von Baal in euren Zelten aufgestellt habt. Zu ihnen betet ihr, auch zu den kleinen Göttinnen. Astarte, hilf uns, sagt ihr, wenn die Feinde kommen, wenn ihr keine Kinder bekommt oder wenn das Korn schlecht wächst. Aber das sind die Götter der Kanaaniter! Ihr sollt zu Jahwe beten, dem Gott Israels, unserm Gott.»

Die Israeliten seufzen. Ja, sie möchten Gott treu sein. «Wir wollen ihm dienen. Aber einer, den man nicht sieht, nicht anfassen kann, nicht hört - es ist schwer, an ihn zu glauben. Hilf uns doch, Samuel; denn mit dir spricht unser Gott.»

Darum ruft Samuel eines Tages alle Israeliten in Mizpa zusammen: «Es soll ein großer Gottesdienst werden. Wir wollen fasten und beten. Wir wollen für Gott Opfertiere verbrennen. Wir wollen Gott um seine Hilfe bitten und ihm ganz nahe sein.»

Während Samuel opfert und betet, stehen viele Menschen in einem großen Kreis rund um ihn. Sie denken an den unsichtbaren Gott. Gleichzeitig hören sie in der Ferne die Kriegsrufe der Philister. Sie haben immer noch Angst.

Da schickt Gott ein gewaltiges Gewitter: mit Donner und Blitz, mit Wind und Hagel. Das Unwetter geht genau über den Philistern nieder, so daß sie sich fürchten. Sie sind verwirrt. Manche verstecken sich; andere werfen sich auf den Boden; wieder andere fliehen. Die Israeliten verfolgen sie. Jetzt ist es plötzlich leicht, die Philister zu besiegen.

Eine lange Friedenszeit folgt für Israel. Samuel aber zieht jedes Jahr im Land umher. Er erinnert die Israeliten an Gott. Er opfert mit ihnen. Auch in Rama, seiner Heimat, baut er einen Altar.

1. Samuel 2-7

Wir wollen einen König

«Ich soll König werden?» Saul lacht. Er steht dem alten Samuel gegenüber. Öl tropft langsam über sein Gesicht. Samuel hat die kleine Ölflasche über seinem Kopf ausgegossen. Samuel, der berühmte Prophet, hat Saul umarmt und zu ihm gesagt: «Du sollst König werden über das Volk Israel. Gott will es so. Du sollst über das Volk regieren und es befreien von den Feinden.»

Saul kann Samuel nicht glauben. «Ich bin doch nur ein Bauernsohn», sagt er. «Ich bin gekommen, um die Eselinnen zu suchen, die meinem Vater davongelaufen sind. Ich dachte: Du weißt, wo die Tiere sind. Denn du bist ein Gottesmann. Und jetzt machst du mich zum König?» «Die Eselinnen sind bereits wieder zu Hause bei deinem Vater», sagt Samuel. «Geh! Auf dem Weg wirst du einer Gruppe von Propheten begegnen. Vor ihnen werden Musiker ziehen mit Harfen, Pauken, Flöten und Zithern. Die Propheten werden in die Hände klatschen, zum Himmel hinaufschauen und zur Musik tanzen. Wenn du diese Propheten siehst, wird Gottes Geist dich erfüllen. Auch du wirst in die Hände klatschen, zum Himmel blicken. Du wirst tanzen und ein neuer Mensch werden.»

Saul denkt nach. Hat nicht gerade Samuel immer wieder gesagt: «Ihr braucht keinen König.» Hat er nicht gesagt: «Nur Gott allein soll euer König sein?» Und jetzt soll ich König werden?

Auf dem Heimweg hört Saul in einem Dorf wilde Musik: Harfe, Handpauke, Flöte und Zither. Er beginnt sich zu bewegen und zu singen; er schaut zum Himmel und tanzt, so daß sich die Leute wundern: Ist dieser steife junge Bauer ein Prophet geworden? Saul spürt: Gott hat mein Herz verändert. Gott ist bei mir.

Zu Hause sieht er die Eselinnen im Stall stehen. Ja, Samuel hat alles gewußt. Aber Saul erzählt niemandem, daß Samuel Öl über seinen Kopf gegossen hat.

Bald darauf begleitet Saul seinen Vater Kisch nach Mizpa. «Samuel hat alle Israeliten zu einer Versammlung eingeladen», sagt der Vater. «Du bist erwachsen. Du sollst auch dabeisein. Vielleicht bekommen wir heute einen König. Endlich. Einen König wie die anderen Völker rundum.» «Soll nicht Gott unser König sein?» fragt Saul zaghaft, und der Vater antwortet heftig: «Du weißt doch: Die Völker rundum sind stärker, weil ein König sie im Krieg anführt. Wir können uns nur gegen sie wehren, wenn auch wir einen König haben.» «Will Gott denn Krieg?» Saul spricht diese Frage nicht laut aus. Aber es ist, als ob Kisch sie gehört hätte. Er sagt: «Der Krieg wird kommen, ob wir wollen oder nicht. Die Feinde werden in unsere Täler eindringen, uns unsere Weiden wegnehmen, wenn wir nicht kämpfen.»

Saul bleibt stumm. Er fürchtet sich. Soll er wirklich König werden?

In Mizpa aber hält Samuel in einer großen Versammlung vor dem ganzen Volk eine Rede: «Vergeßt Gott, euren Helfer, nicht. Er hat euch aus Ägypten geführt. Er hat euch vor mächtigen Königen gerettet.» Da wird Samuel unterbrochen: «Aber jetzt wollen wir einen König!» ruft eine Stimme. «Wir wollen einen König!» rufen alle zusammen.

Darauf sagt Samuel laut: «Gott hat mit mir gesprochen. Gib ihnen einen König, wenn sie es unbedingt wollen, hat Gott gesagt. Aber: Ihr müßt dem König Felder und Weinberge geben, auch Wagen und Rinder und Esel; Knechte und Mägde wird er brauchen; ihr selbst aber und eure Söhne - ihr müßt mit ihm in den Krieg ziehen und ihm gehorchen.» «Gib uns trotzdem einen König», unterbricht eine Stimme. «Wir wollen einen König», rufen sie laut, alle zusammen.

Saul aber hat sich am Rande des Versammlungsplatzes hinter den Wagen versteckt, während Samuel sagt: «Durchs Los sollt ihr euren König bestimmen. Gott selbst wird dafür sorgen, daß das richtige Los gezogen wird.» Plötzlich ist es ganz still. Samuel läßt

alle Stämme nach vorn treten, immer tausend Mann auf einmal. Der Stamm Benjamin erhält das richtige Los: aus ihm soll der König stammen. Und jetzt läßt Samuel alle Familien des Stammes Benjamin nach vorn kommen, immer die Ältesten jeder Familie. Dann wird die Familie des Kisch ausgelost. Am Schluß fällt das Los auf Saul. «Saul ist König. Saul ist König», rufen alle. Aber wo ist er?

Endlich finden sie ihn, und sie sehen: Saul ist ein schöner junger Mann. Schön und kräftig. Wie er sich aufrichtet, sieht man ihn von weitem; denn er überragt die anderen Männer um einen ganzen Kopf. Sie jubeln und jauchzen: «Es lebe unser König Saul!»

Saul wandert mit seinem Vater nach Hause. Er lebt wieder als Bauer. Er braucht keinen Palast. Er hat keine Krone. Dennoch wissen es alle: Saul ist König.

Einmal kehrt Saul von der Feldarbeit nach Hause zurück. Viele Nachbarn stehen im Hof. Sie warten auf ihn. Sie weinen. Sie jammern. «Hilf uns, König!» rufen sie. Ein Mann sagt: «Ich konnte die Stadt Jabesch heimlich verlassen. Rund um die Stadt stehen die Ammoniter. Sie sind nicht bereit, mit uns Frieden zu schließen, auch wenn wir ihnen dienen. Sie wollen allen Bewohnern das rechte Auge ausstechen. So wollen sie zeigen: Die Ammoniter sind stärker als die Israeliten. Hilf uns König! Nur sieben Tage haben sie uns Zeit gegeben - dann dringen die Feinde in unsere Stadt ein.»

Saul richtet sich auf. Ja, er ist größer als alle anderen. Und er weiß: Jetzt muß ich die Israeliten anführen. Ich muß der belagerten Stadt helfen. Er schickt Boten zu allen Stämmen, in die Täler, auf die Höfe. Und sie befehlen: «Kommt alle mit euren Waffen. Sofort müßt ihr kommen, schon morgen. König Saul erwartet euch. Wir müssen die

Stadt Jabesch retten.» Die Bauern gehorchen: Von allen Himmelsrichtungen kommen sie zu Saul, so schnell sie können. Sie stehen vor ihm in vielen langen Reihen. Der König teilt sie in drei große Gruppen ein. In der Nacht aber schleichen sie sich in die Gegend von Jabesch. Früh am Morgen greifen sie das Lager der Ammoniter von drei Seiten an. Und bevor die Sonne noch am Himmel steht, sind alle Feinde vertrieben. Die Stadt Jabesch ist befreit.

Die Israeliten feiern in Gilgal ein Fest mit Saul und Samuel. Samuel aber opfert. Es ist ein Dankfest und ein Freudenfest. Erst jetzt ist Saul wirklich König. Alle bewundern ihn. Alle sind fröhlich. «Er ist mutig, unser König», sagen sie.

Der Prophet Samuel ist alt und grau geworden. «Ihr braucht mich nicht mehr. Ihr habt jetzt einen König», sagt er. «Aber vergeßt nicht: Gott ist euer höchster Herr. Bleibt ihm treu. Vergeßt ihn nicht. Dient vor allem ihm. Denn ihr habt ein großes Unrecht getan, als ihr unbedingt einen König wolltet. Ich bitte Gott jetzt um ein Zeichen, damit ihr wißt: Ja, Gott ist stärker als jeder König. Ihm müssen wir am meisten gehorchen.» Da blitzt und donnert es aus dem blauen Sommerhimmel.

Saul hat immer wieder Glück im Kampf gegen die Feinde. Mit der Zeit hat er ein prächtiges Haus, fast einen Palast. Alle tapferen und starken Männer stellt er an: Sie sind jetzt nicht nur Bauern oder Hirten, sondern auch Soldaten. Sie sind immer schnell zum Kampf bereit.

Die Philister sind starke Feinde der Israeliten. Die Philister besitzen Eisen. Ihre Schmiede machen Pflugscharen, Hacken und Speere. Die Israeliten haben keine harten Eisenspeere, auch keine starken Pflüge für die steinigen Äcker. Alles müssen sie teuer bei den Philistern kaufen. Die Philister dringen immer wieder ins Land der Israeliten ein und bedrohen es. Oft verstecken sich die Soldaten Sauls in Höhlen, Löchern und engen Tälern. Sie haben Angst vor den Feinden.

Aber auch die Philister vertreibt Saul. Jonatan, Sauls Sohn, ist ein guter Soldat. Durch eine enge Schlucht ist er mit seinem Waffenträger auf Füßen und Händen ins Lager der Philister eingebrochen und hat viele getötet und vertrieben.

Immer wieder vergißt Saul, daß Gott sein Herr und König ist. Er wird stolz. Er wird immer reicher. Er behält die Schätze, auch die fetten und kräftigen Tiere der besiegten Feinde oft für sich. Da sagt der alte Samuel: «Damit hast du schlecht gehandelt. Was du jetzt tust, gefällt Gott nicht. Gott hat sich einen anderen Mann ausgesucht, einen Mann nach seinem Herzen.»

Von diesem Tag an begegnet Saul dem alten Samuel nicht mehr. Aber Saul hat Angst. Seine Angst macht ihn krank. Er schließt sich oft ein. Häufig redet er lange Zeit mit niemandem. Wen hat Gott sich ausgesucht? Saul will nicht fragen. Aber er weiß: Ein anderer wird König sein, einer, der Gott besser gefällt als ich.

Sauls Diener aber sagen: «Ein böser Geist quält unsern Herrn.» «Guter Herr», fragen sie, «sollen wir einen Lautenspieler suchen, der mit seiner Musik den bösen Geist vertreiben kann, wenn es dir schlecht geht?» Saul nickt. Da erzählt einer der Diener von einem Hirten, dem jüngsten Sohn Isais: «Er spielt auf der Harfe. Er ist Dichter. Er singt Lieder, o König. Sicher wird er dir helfen können.»

So wird der jüngste Sohn Isais zu Saul gerufen. Er tritt vor den König. Er verneigt sich. Als Geschenke seines Vaters bringt er Brote

mit, ein Ziegenböcklein, einen Schlauch mit Wein. Saul freut sich. Er lacht seit langem wieder. Er freut sich nicht über die Geschenke. Er freut sich über den jungen rotblonden Hirten, über seine Lieder, über seine schöne Gestalt. Er hat ihn sehr lieb. «Du sollst nicht nur mein Musikant sein. Sei auch mein Waffenträger.»

Es geht Saul besser, wenn der junge Mann bei ihm ist. Wenn er Lieder singt von Gott:

Gott ist mein Hirte.
Er gibt mir alles, was ich brauche.
Er führt mich auf saftige, grüne Wiesen.
Zu Wasserquellen führt er mich
und zu einem Ruheplatz.

Gott zeigt mir den richtigen Weg,
wenn es mir schlecht geht
und ich nur Finsternis rund um mich sehe.
So kann mir nichts geschehen.

Gott, mein Hirt, du bist bei mir.
Mit deinem Stecken vertreibst du alles,
was mir Angst machen könnte.
Du, mein Herr und Gott, machst mich glücklich.
In deinem Haus darf ich wohnen;
da geht es mir gut.

nach Psalm 23

Der Harfenspieler und Sänger, der Saul tröstet, heißt David. Auch über David hat der uralte Samuel sein Horn mit Öl ausgegossen, wie vor vielen Jahren über Saul. David ist der Mann, den Gott ausgesucht hat, der Mann, vor dem sich Saul fürchtet. David soll König werden. Saul aber weiß nichts davon. Noch nicht.

David kehrt immer wieder zurück zu seinen Herden, zu seinen Brüdern, zu seinem Vater. Er ist noch sehr jung. Nur wenn es Saul schlecht geht, wird er gerufen, um den bösen Geist des Königs zu vertreiben.

1. Samuel 8-16

David

«David, du sollst zu deinem Vater kommen. Er braucht dich», ruft ein Bote. David springt auf. Er treibt die Schafe zusammen, ruft einen Hirtenjungen herbei, und folgt dem Boten, so schnell er kann. «Ist etwas mit dem Vater?» David ist unruhig. Sein Vater Isai ist schon sehr alt. «Es geht ihm gut», antwortet der Bote. «Aber dein Vater braucht dich. Es ist dringend.»

Von Isai erfährt David, daß seine drei ältesten Brüder mit König Saul in den Krieg gezogen sind. Wieder kämpfen die Israeliten gegen die Philister. Im Eichental stehen sie sich gegenüber. «Bring deinen Brüdern diese Brote, die gerösteten Körner und den Käse. Sie werden hungrig sein. Und berichte mir nachher, wie es ihnen geht. Man sagt, bei den Philistern sei ein gefährlicher Riese, größer und stärker als alle anderen Soldaten.»

David macht sich am nächsten Tag früh morgens auf den Weg. Er zerrt den Esel, der voll bepackt ist, hinter sich her. Er ist aufgeregt, auch gespannt. Er ist noch zu jung, um Soldat zu sein. Aber er hat schon viel vom Krieg gehört.

Sofort erkennt er die Wagen und Zelte der Israeliten. Ja, das ist ihr Lager, am Hang des Tals! Auf der anderen Talseite stehen die Zelte der Feinde: grün und blau. Das sind die Philister! Davids Herz klopft. Aber wo sind die Soldaten? Beide Lager sind leer und ruhig. Nur ein Wächter macht seinen Rundgang und bewacht die Wagen und Zelte der Israeliten.

Plötzlich erfüllt ein mächtiges Geschrei die Luft. David entdeckt viele Soldaten, ganz nah, unten im Tal: Hier stehen sich die Reihen der Israeliten und die Reihen der Philister gegenüber. Die Waffen glitzern. Die großen Schilder glänzen wie Spiegel. Mitten unter den Philistern aber steht der riesengroße Mann und tritt einige Schritte nach vorn.

David schleicht sich näher heran. Er sieht den Helm des Riesen in der Sonne golden glänzen. Der Riese trägt einen Schuppenpanzer und schwere Beinschienen; sein Speer ist dick wie ein Baumstamm und hat eine eiserne Spitze. Ein Schildträger geht vor ihm her. Und der große Mann ruft mit dröhnender Stimme: «Hat keiner den Mut, allein mit mir zu kämpfen? Wenn mich einer von euch besiegt, dürft ihr befehlen über alle Philister, ihr Knechte Sauls! Ja, Knechte eures Königs seid ihr, keine richtigen Soldaten! Ist euer Gott denn ein lebendiger Gott, der helfen kann? Ha, ha, ha!» Das Lachen des Mannes hallt durch das ganze Eichental.

«So macht er es zweimal jeden Tag. Morgens und abends», sagt der Wächter, der mit David auf die Schlachtreihen schaut. «Goliat heißt er, der Riese.»

Schon kommen die Soldaten ins Lager zurück. Alle zusammen. Angst steht in ihren Gesichtern. Auch Eliab, Davids ältester Bruder, ist dabei. Er sieht David und ärgert sich: «Machst du dich wichtig, Kleiner? Willst du Kriegsluft riechen? Geh doch zurück zu deinen braven Schäfchen – das hier ist nichts für dich.»

David wendet sich ab von seinem Bruder. Plötzlich weiß er: Ich werde gegen Goliat kämpfen. Er sagt es laut. Und die Soldaten, die es hören, sagen es König Saul.

Saul läßt David ins königliche Zelt kommen. «Du bist immer noch ein Knabe», sagt er. «Goliat ist ein geübter Krieger.» «Glaubst du nicht, daß ich kräftig bin?» fragt David. «Beim Hüten der Schafe habe ich nicht nur gelernt, die Laute zu spielen und Lieder zu singen. Nein, ich habe Bären und Löwen getötet, wenn sie mir ein Schaf stehlen wollten. Ich habe große Kräfte. Ich kann auch gut schießen. Und ich bin sicher: Gott wird mich behüten.» «Dann nimm diese Rüstung, um dich zu schützen», entgegnet König Saul. Er gibt David seine eigene Kriegsrüstung: den verzierten Panzer, die Beinschienen, das Schwert mit dem goldenen Griff. Aber David kann sich darin nicht bewegen. Alles ist zu groß und zu schwer für ihn. «Ich bin nicht gewöhnt an solche Verkleidungen», ruft er.

Im Bach aber sucht er fünf glatte Steine.

Wie sich dann die Schlachtreihen das nächste Mal gegenüberstehen, tritt David dem Riesen Goliat einfach entgegen, ohne Rüstung, nur seine Steinschleuder in der Hand und die kleine Hirtentasche mit den Steinen umgehängt. «Schaut diesen kleinen rotblonden Jungen! Mit einem kleinen Stock kommt er – wie zu einem bösen Hund!» lacht Goliat. David hat keine Angst. «Ich komme zwar nicht mit einer Rüstung und einem Speer», ruft er. «Aber Gott steht auf unserer Seite. Er gibt mir die Kraft, dich zu töten, weil er sein Volk retten will.»

Jetzt nimmt David einen Stein aus der Tasche; mit der Schleuder schießt er den Stein mitten auf Goliats Stirn. Der Riese fällt um. Seine Rüstung klirrt. Den dicken Speer läßt er fallen.

Die Philister sehen, daß ihr Held erledigt ist. Sie fliehen. Auf der Seite der Israeliten entsteht sofort ein großes Freudengeschrei, lauter und immer lauter. Auch Davids Brüder sind jetzt stolz. Saul aber sagt: «David, du bist kein Junge mehr. Du sollst bei mir bleiben und Hauptmann in meiner Armee werden. Tapfere Männer wie dich kann ich brauchen.»

Die Freude unter den israelitischen Frauen, die zu Hause gewartet haben, ist groß. Kein einziger Soldat ist in diesem Krieg gegen die Philister gestorben. Sie tanzen. Sie machen Musik. Sie singen ein neues Lied:

Saul ist der große König,
hat tausend Feinde verjagt.
David ist noch größer.
Zehntausend hat er verjagt.
Zehntausend - und Goliat, Goliat!

Das Lied singen sie immer wieder. «Goliat, Goliat!» hat Saul zuerst nur gehört und dabei gelacht. Aber dann stutzt er. Was? Zehntausend hat David besiegt - und ich nur tausend? In meiner ganzen Königszeit? Saul wird böse. Bin nicht ich König? Bin nicht ich der stärkste und beste Mann des Volkes?

Saul ist der große König,
hat tausend Feinde verjagt.
David ist noch größer.
Zehntausend hat er verjagt.
Zehntausend - und Goliat, Goliat!

Saul kann das Lied nicht mehr hören. Er ist eifersüchtig. Vielleicht ist es David, der statt ihm König werden soll?

Immer wieder schließt Saul sich in seinem Thronsaal ein. Er redet mit niemandem. Wieder sagen seine Diener: «Ein böser Geist quält unsern Herrn.» David nimmt auch jetzt die Laute und tröstet Saul mit seiner Musik, wie früher, als er noch ein Junge war.

Eines Tages aber packt Saul ganz plötzlich seinen königlichen Speer. Er will David aufspießen. Er will ihn los sein. Er zittert. Seine Augen flackern. David sieht es: Der König ist krank; der böse Geist quält ihn. Und als Saul auf David, der ein Lied spielt, schießt, weicht David aus. Der Speer bleibt in der Wand stecken.

Beide sind erschrocken. Saul ist jetzt sicher: Gott beschützt David. Mich aber hat er verlassen.

Und dennoch: Saul hat David immer noch lieb. Er weiß auch: David bringt dem ganzen Volk Glück.

David heiratet Sauls Tochter. Er wird Heerführer über einen Teil von Sauls Soldaten. Er zieht an der Spitze dieser Truppe aus. Immer wieder siegen die Israeliten unter seiner Führung.

Das Lied aber wird immer wieder gesungen - mit Flöten und kleinen Trommeln. Es ist ein Freudenlied fürs ganze Volk; alle können es längst auswendig. «Goliat, Goliat» klingt es nach. Jetzt hat niemand mehr Angst vor diesem Namen!

Jonatan, Sauls Sohn, ist Davids bester Freund. Er schenkt David seinen Prinzenmantel, seine Rüstung, seinen Bogen, seinen Gürtel. Das ist das Zeichen seiner Freundschaft! Es soll sagen: David, ich stehe zu dir. Ich helfe dir, wo ich nur kann.

Bald kann David Jonatans Hilfe brauchen. Denn Jonatan warnt den Freund: «David, flieh! Verlaß den König für immer. Versteck dich! Mein Vater will dich töten. Tag und Nacht denkt er darüber nach. Es ist kein Geheimnis mehr.»

Zuerst versteckt sich David beim uralten Propheten Samuel. Dann flieht er in die Berge. In schmalen Tälern gibt es Höhlen und andere Schlupfwinkel, die gute Verstecke sind. Andere sammeln sich um David und folgen ihm: Es sind Männer, die sich auch vor König

Saul fürchten; manche haben Schulden, die sie nicht zurückbezahlen können - darum wollen sie sich verstecken; wieder andere wollen einfach Davids Freunde sein. So hat David mit der Zeit eine ganze Schar von jungen Soldaten um sich. Alle haben Waffen bei sich. Auch sie kämpfen gegen die Philister. David ist ihr Hauptmann.

In den Steinbockfelsen hält sich David versteckt. Er hat gehört, daß Saul ihn sucht. Mit dreitausend Soldaten sucht der König. Er sucht in allen Schlupfwinkeln.

Eines Tages sitzt David mit seinen Männern weit hinten in einer Höhle. «Still», flüstert einer der Freunde, «ich höre Schritte.» Da erscheint im Licht des Höhleneingangs eine große Gestalt. Im Bergwind flattert ein Mantel, der glitzert. Da sind Goldfäden in den Stoff gewoben! Das Schwert mit dem goldenen Griff steckt der Mann in den Boden. Saul! David kennt ihn sofort. Saul, ganz allein und ohne Schutz!

Der König läßt sich am Eingang der Höhle nieder. Wie ein kleines Zelt fällt der Mantel von seinen Schultern. «Töte ihn, töte ihn», flüstern die Freunde David zu. Andere lachen ganz leise. Ausgerechnet Davids Höhle benützt der König, um seine Notdurft zu verrichten! «Gott will es so. Die Gelegenheit ist einmalig. Gott hat den König in deine Hand gegeben.» David wehrt die Freunde mit Handzeichen ab. Ja, er muß sie festhalten. Er flüstert: «Nein! Gott bewahre mich vor solchem Unrecht. Saul ist immer noch mein Herr und König. Von Samuel gesalbt, von Gott zum König bestimmt.»

Ganz leise schleicht sich David von hinten an den König heran. Mit seinem Schwert schneidet er einen Zipfel des Königsmantels ab, bevor Saul die Höhle schnell wieder verläßt. Der Bergwind heult. David spürt den weichen Seidenstoff mit den harten Goldfäden in seiner Faust.

Erst jetzt tritt David nach vorn zum Eingang. «Mein Herr und mein König!» ruft er Saul nach. Und dann wirft sich David auf die Knie und ruft: «Verzeih mir, daß ich ein Stück deines Mantels abgeschnitten habe. Aber glaube mir doch: Ich habe nichts Böses im Sinn gegen dich. Ich hätte dich töten können in der Höhle. Aber ich weiß doch: Du bist von Gott zum König bestimmt. Von Samuel gesalbt. Ich verehre dich immer noch. Warum verfolgst du mich denn?» Und David hält den Zipfel von Sauls Mantel in die Höhe.

Saul hat sich schnell umgedreht und schaut zurück. «Ist das nicht Davids Stimme?» Jetzt sieht er David. Saul weint. Immer noch hat er David lieb. Warum wird er immer wieder von einem bösen Geist erfüllt? Warum ist er mißtrauisch und verfolgt David?

Seine Gedanken sind jetzt ganz klar und er sagt: «Wenn du mein Feind wärest, hättest du mich getötet. Jetzt weiß ich es sicher: Du wirst König sein über Israel. Ein besserer König als ich. Deine Söhne und Enkel werden das Königtum erben. Ich habe nur eine Bitte an dich, David: Schwöre mir, daß du meine Familie nicht ausrotten wirst nach meinem Tode. Schwöre es mir!» David schwört, wie Saul ihn gebeten hat.

Dann geht Saul wieder zu seiner Truppe zurück. David bleibt mit seinen Anhängern weiterhin versteckt im Gebirge.

Später verfolgt Saul David wieder.
Die Kämpfe gegen die Philister gehen weiter. In einer großen Schlacht auf dem

Gebirge Gilboa töten die Philister drei Söhne Sauls. Die Israeliten fliehen. Auch König Saul flieht. Er stürzt sich in sein eigenes Schwert, damit die Philister ihn nicht gefangennehmen.

Zu David kommen Boten. «Saul ist tot», sagen sie. «Auch Jonatan, sein Sohn, ist in der Schlacht gefallen.»

Da singt David ein Klagelied. Es ist ein Trauerlied für den König, vor allem ein Trauerlied für Jonatan:

Saul und Jonatan.
Vater und Sohn.
Ihr habt gemeinsam gekämpft.
Ihr seid gemeinsam gestorben.
Schneller waren sie als Adler,
stärker waren sie als Löwen.
Und du, Jonatan, du warst mir lieb,
lieber als alle anderen Menschen,
Jonatan, mein Freund,
wie traurig bin ich, daß du nicht mehr
da bist.

Später aber kämpft Jischbaal, ein anderer Sohn Sauls, gegen David. Erst nach Jischbaals Tod wird David König. Die Ältesten aller Stämme kommen zu ihm und sagen: «Du sollst über uns herrschen. Wir wissen es: Du bist unser König. So will es Gott.»

Jetzt wird David nochmals zum König gesalbt. Er ist dreißig Jahre alt. Vierzig Jahre lang wird er König sein.

1. Samuel 17-19, 24, 31; 2. Samuel 1 u. 2

Batseba

Batseba steht mit einem anderen jungen Mädchen in Jerusalem am Straßenrand. «Hörst du den Lärm? Er kommt näher», sagt sie. «Ja, das sind Handpauken und Glocken! Jetzt höre ich auch Lauten und Harfen.» «Eine seltsame Musik», sagt die Freundin und schüttelt den Kopf. «Es ist der Umzug dieser Israeliten. Es ist eine besondere Musik. Ich glaube, sie wollen damit ihren Gott anlocken.» Batseba freut sich. Doch ihre Freundin antwortet: «Ich gehe nach Hause. Ich will nicht zu diesem Volk Israel gehören, zu diesem König David, auch wenn ihn alle bewundern.» «Ich habe ihn noch gar nie gesehen», sagt Batseba, «aber sein wunderschönes Haus kenne ich. Es ist aus Zedernholz gebaut. Der König von Tyrus ist ein Freund unseres Königs David. Er hat ihm das Holz geschickt, sogar die Bauarbeiter, die Davids Haus verziert haben.» «Unseres Königs, hast du gesagt? Ich gehe jetzt wirklich. Ich will ihn nicht sehen. Wir sind doch keine Israelitinnen. Warum mußte dieser David unsere Burg Zion erobern und zur Hauptstadt der Israeliten machen? Du wirst sehen, bald wird er sie noch Stadt Davids nennen!»

Batseba ist verwirrt; doch sie wartet weiter. Jetzt kommt der Umzug näher und näher. Festgeschrei erfüllt die Luft. «Die Lade! Die Lade!» jubeln die Menschen, die am Straßenrand stehen. Sechs Männer tragen den Holzkasten auf langen Stangen langsam vorwärts. Vor dem Wagen tanzen Männer in merkwürdigen kurzen Leinenkleidern. Sie sind halb nackt. Allen voran aber tanzt ein Mann mit rotblonden Haaren. Er tanzt wilder als alle anderen. Er tanzt und jubelt und dreht sich um sich selbst. «David! Es ist König David im Priesterrock!» ruft eine Frau, die neben Batseba steht. «David! Hoch lebe der König!» rufen jetzt alle.

Batseba fragt einige Frauen, die sich hinter der Lade in der Straße vorwärtsdrängen:

«Die Lade, dieser Holzkasten - was macht ihr damit?» «Unsere Gesetze sind darin. Die Gesetze, die Gott Mose gegeben hat.»

Immer wird in Jerusalem über König David geredet: Über die Kriege, in denen er befiehlt und siegt. Auch von seinen Liedern wird erzählt. Lieder, die er dichtet und die sein ganzes Volk nachsingt.

> Ich liebe dich, du starker Gott.
> Gott ist mein Fels und meine Burg.
> Bei Gott bin ich sicher.
> Wenn ich Angst habe, hört er
> meine Stimme.
> Vor den gefährlichen Feinden hat
> er mich beschützt;
> denn für mich waren die Feinde zu stark.
> Gott ist mein Licht;
> meine Nacht macht er hell.
> Mit Gott kann ich über Mauern
> springen.
> Wie ein Schild beschützt er alle,
> die ihm vertrauen.
> Wer ist ein starker Fels wie unser Gott?
> Dich, mein Gott preise ich.
> Gott, mein Fels.
> Denn du behütest David, der von
> dir gesalbt ist.
> David und sein ganzes Haus.
>
> nach Psalm 18

Auch Batseba hört König Davids Lieder. «Ein Licht in der Nacht ist der Gott Israels. Wie ein Schild ist er. Stark wie ein Fels. Man kann mit seiner Hilfe über Mauern springen» - das gefällt dem jungen Mädchen.

Es wird erzählt, daß David Merib-Baal, den Mann mit den lahmen Füßen, zu sich genommen hat und ihn wie einen Prinzen jeden Tag an seinem königlichen Tisch essen läßt. Batseba erzählt es ihrer Freundin: «Kennst du die Geschichte? Eine Dienerin ließ Merib-Baal als Kind fallen, als sie mit ihm fliehen mußte - damals, als sein Großvater Saul und sein Vater Jonatan in der Schlacht gegen die Philister starben. Ist David nicht ein guter König, daß er für den Enkel König Sauls so gut sorgt, obwohl Saul ihn töten wollte? Ich glaube, David ist nicht so schlecht, wie du denkst.»

Doch die Freundin läßt sich nicht überzeugen. «Was meinst du denn? Er stellt sich ja nur gut mit Merib-Baal, weil sein Großvater der letzte König war.» Wieder weiß Batseba nicht, was sie über diesen König denken soll. Aber sie sieht: Die Stadt Jerusalem wächst. Der König läßt schöne Bauten errichten. Er ist reich. Er hat mehrere Frauen und viele Kinder. Immer wieder führt er Kriege.

Inzwischen ist Batseba verheiratet. Ihr Mann heißt Urija. Er wohnt in der Nähe des königlichen Palastes. Immer wieder muß Urija als Soldat im Heer König Davids dienen. Immer wieder muß er seine junge Frau alleine lassen.

Einmal zieht er mit General Joab in den Krieg gegen die Ammoniter. David hat den Befehl gegeben. David selbst aber bleibt in Jerusalem.

Batseba wäscht sich jeden Abend auf dem Dach ihres Hauses. Sie salbt ihren Körper mit Öl ein, wie es alle Frauen tun. Batseba weiß nicht, daß König David sie eines Abends vom Dach seines Palastes aus beobachtet. Sie hat nur gemerkt, daß er sein Lied, das sie von weitem hört, unterbrochen hat.

Der König sieht, daß Batseba schön und jung ist. Sie gefällt ihm. Er möchte sie von nahem sehen. Er läßt sie durch einen Diener holen.

Batseba ist aufgeregt. Zuerst freut sie sich, daß sie vom König eingeladen wird. Sie darf den vornehmen Palast von innen sehen. Und David gefällt ihr. Doch dann erschrickt sie. David umarmt sie. Er will sie zu seiner Frau machen. Aber sie ist doch verheiratet. Sie weiß: Ich betrüge Urija, meinen Mann. Was soll sie machen? David ist König. Batseba kann sich nicht wehren. David holt sie heimlich jede Nacht.

Auch David weiß, daß es nicht erlaubt ist, was er tut. Was wird Urija sagen, wenn er aus dem Krieg zurückkommt? König David schickt einen Boten zu General Joab. «Laß Urija im Krieg gegen die Ammoniter an der gefährlichsten Stelle kämpfen!» schreibt David in einem geheimen Brief.

Bald erfahren alle in Jerusalem: Urija, der Mann Batsebas, der tapfere Urija, ist im Krieg gegen die Ammoniter gefallen.

Batseba trägt Trauerkleider. Mit anderen Frauen singt sie die Totenklage, traurige Lieder für ihren Mann. Sie ist sehr traurig. Sie verläßt das Haus nicht. Sie weiß nicht, daß König David ihren Mann in den Tod geschickt hat.

Schon nach vier Monaten Trauerzeit holt David sie für immer in seinen Palast. Sie wird seine Frau, und sie bekommt einen Sohn. Es ist Davids Kind.

Batseba liegt auf seidenen Decken im Palast. Während sie sich von der Geburt erholt und ihr Kind voller Freude im Arm hält, bekommt David einen wichtigen Besuch. Batseba hört es vom Nebenraum: Es ist der Prophet Natan. Alle Israeliten verehren ihn. «Gott schickt mich zu dir», sagt er zum König. «Ich soll dir eine Geschichte erzählen: Es lebten zwei Männer im gleichen Dorf. Der eine war reich. Er hatte Ställe mit vielen Schafen und Rindern, ganze Herden, auch Diener und Dienerinnen. Sein Nachbar aber war arm. Er hatte keinen Stall und besaß nur ein einziges Schäfchen; das lebte mit ihm und seiner Familie in seinem kleinen Wohnhaus. Alle streichelten es und hatten es lieb.

Als der reiche Mann Besuch bekam, wußte er: Ich muß ein Schaf schlachten, um meinem Gast ein gutes Essen vorzusetzen.

Aber alle Tiere seiner Herde reuten ihn. Er dachte: Die müssen noch größer werden, dann kann ich sie für viel Geld verkaufen. Und der reiche Mann nahm das Schäfchen seines Nachbarn, tötete es und machte daraus ein Essen für seinen Gast.»

Als David diese Geschichte hört, wird er sehr zornig. «Ein Mann, der so gemein handelt, muß getötet werden. Und vier Schafe soll er dem armen Nachbarn geben, um ihn zu trösten!»

Natan hört zu. Dann sagt er: «König, hast du nichts gemerkt? Du selbst bist dieser Mann der Geschichte. Du hast deinen Nachbarn Urija töten lassen, um Batseba als Frau zu bekommen. Kennst du die Gesetze Gottes nicht, die in der Lade aufbewahrt sind? Hast du Gott, der dich behütet hat und dich König werden ließ, vergessen? Gefällt es Gott, daß du Urijas Frau zu dir geholt und ihn in den Tod geschickt hast? Eigentlich müßtest jetzt du getötet werden. Doch Gott will nicht, daß du stirbst. In deiner Familie aber wird Streit herrschen. Und dein Kind, das Batseba geboren hat, wird sterben.»

Batseba hat alles gehört. Sie zuckt zusammen. Sie drückt das Kindlein an sich. Sie kann nicht glauben, was sie vernommen hat. Und sie ist hilflos: Sie muß zusehen, wie das Kind krank wird, schwer krank. Kein Arzt kann helfen. David klagt. Er betet und fastet. Er weint: Über sich selbst und über die Krankheit seines Kindes. Aber nach sieben Tagen ist das Kind tot.

Batseba weint erst jetzt. Sie schreit laut. «Das ist Gottes Strafe!» schreit sie. «Ich hätte nicht in Davids Palast gehen dürfen. Ich bin Urija untreu geworden. Gottes Strafe, Gottes Strafe!»

David versucht, Batseba zu trösten. «Du bist mir lieber als alle anderen Frauen. Immer sollst du den Ehrenplatz an meiner Seite haben und nahe bei mir sein.» Auch Batseba hat König David sehr lieb. Die Liebe ist stärker als die Trauer.

Und im nächsten Jahr bekommt Batseba wieder ein Kind. Ihre Freude ist groß. Das Kind ist der Lieblingssohn Davids. Der König ist überzeugt: Es ist ein besonderes Kind, ein Geschenk Gottes. Der Junge soll Gott nahe sein. Er soll Gottes Gesetze kennen lernen. Darum bringt David den Jungen später zum Propheten Natan; dort wird er erzogen.

David nennt seinen Sohn Salomo; Natan aber gibt ihm den Namen Jedidja. Das bedeutet: Liebling Gottes. David verspricht Batseba: «Dein Sohn Salomo soll mein Nachfolger werden. König über Israel.»

Batseba erfährt: David liebt auch seine anderen Söhne, die viele Jahre vor Salomo geboren wurden. Immer wieder hört sie von Davids Sohn Abschalom. Ihre Freundinnen erzählen es ihr: Abschalom ist der schönste Mann in ganz Israel, schön und kräftig. Er hat Haare wie ein Löwe und ist stolz darauf; nur einmal im Jahr läßt er seine Haare schneiden, und sie füllen einen großen Korb.

Abschalom aber ist für viele Jahre verbannt, weil er seinen Bruder Adonija getötet hat. Endlich darf er nach Jerusalem zurückkehren. Batseba sieht ihn zum ersten Mal und staunt über den kräftigen Mann. Aber sie hat Angst. Jetzt glaubt sie es: Dieser Mann will König werden. Er ist ehrgeizig.

Und wirklich: Abschalom sammelt immer mehr Soldaten um sich. Er läßt im ganzen Land Posaunen blasen und einen Ausrufer verkünden: Abschalom ist König. Er vertreibt David aus Jerusalem. Batseba, aber auch Natan und Salomo müssen die Stadt verlassen. Abschalom kämpft mit seinen Anhängern gegen die Soldaten des eigenen Vaters.

«Ich will siegen über die Truppen meines Sohnes», hört Batseba David immer wieder zu General Joab sagen. «Aber Abschalom, meinen schönen Sohn Abschalom sollt ihr am Leben lassen.» Davids Soldaten siegen. Abschalom flieht auf einem Maultier. Seine Haarmähne bleibt in einer Eiche hängen; das Tier reitet ohne ihn weiter. Wie er an der Eiche hängt, wird er von General Joab entdeckt und erstochen.

David schreit. Er weint. «Abschalom, mein Sohn, mein Sohn. O wäre ich an deiner Stelle gestorben!» Batseba hört es. Sie kann David nicht trösten. Ist nicht Salomo, ihr Salomo, der beste Sohn des Königs? Warum ist David so traurig? Batseba zieht sich zurück.

David wird alt. Jetzt geschieht, worauf Batseba so lange gewartet hat: Salomo wird vom Propheten Natan zur Quelle im Kidrontal außerhalb von Jerusalem geführt. Dort wird er zum König gesalbt - wie einst Saul und David.

Auf König Davids Maultier zieht Salomo nachher in Jerusalem ein. Und jetzt wird für ihn Musik gemacht: Mit Lauten, Trommeln und Harfen. Ein Jubelgeschrei ertönt, so laut wie damals, als David vor der Lade in die Stadt tanzte. «Jetzt ist es für Salomo, meinen Sohn!» Wieder steht Batseba am Straßenrand. Sie ist stolz und glücklich.

Später setzt sie sich neben David. Er weiß, daß er bald sterben wird. Und David, der große König und Sänger, singt sein letztes Lied für Gott:

> König war ich von Israel,
> mit Öl gesalbt,
> von Gott zum König bestimmt,
> vom Gott Jakobs.
> Von Gott singe ich in meinen Liedern.
> Ein guter König gehorcht Gott.
> Er ist wie die Morgensonne,
> die nach dem Regen scheint
> und das Grün der Erde glänzen läßt.
> Einen ewigen Bund hat Gott
> geschlossen:
> mit mir, meinem Sohn, meinem Enkel.
> So geht es weiter mit Israel.
> Gott hilft!

2. Samuel 5, 6, 9, 11-13, 15, 18, 22, 23

König Salomo - reich und weise

Der junge König Salomo reist nach Gibeon, um Gott ein Opfer darzubringen. «Ich will Gott dafür danken, daß ich König bin. Ich will dort zu ihm beten. Auf dem Berg von Gibeon, beim Heiligtum bin ich Gott nahe», sagt er zu seinem Diener, der immer bei ihm ist.

Der Junge ist glücklich, daß er Salomo begleiten darf. «Kann man Gott dort oben sehen und hören?» fragt er. Salomo schüttelt den Kopf und lächelt. «Ich glaube nicht, daß wir Gott selbst hören oder sehen können. Propheten, ja, die hören Gottes Stimme; Gott sagt ihnen, was sie tun sollen. Ich weiß es vom Propheten Natan, der mein Lehrer war. Er ist wie ein Vater für mich.»

Der Junge hört gut zu. Nach dem Opfer und vielen Gebeten legt er sich im Heiligtum neben Salomo schlafen. Er hat seinen Herrn zugedeckt. Salomo ist nicht viel älter als ich, denkt er. Ob es schwer ist, König zu sein?

Salomo wacht auf und wirft seine Schlafdecke in hohem Bogen weg. Der Diener erschrickt. «Ist dir nicht wohl, mein Herr?» fragt der Diener. Doch da sieht er ins freudige Gesicht des Königs. Und Salomo erzählt: «Stell dir vor, im Traum hat Gott mit mir geredet. Und er hat gesagt: Salomo, was soll ich dir geben? Und ich antwortete: Oh Herr, mein Gott. Ich soll über ein großes Volk regieren wie mein Vater David. Aber ich bin noch jung. Ich habe nicht gelernt, König zu sein. Laß mich verständig sein; gib mir ein Herz, das hört und erkennt, was gut und was schlecht ist. Und Gott hat mir im Traum geantwortet: Es gefällt mir, Salomo, daß du so bittest. Es gefällt mir, daß du nicht um Reichtum bittest oder um langes Leben oder um den Tod deiner Feinde. Darum will ich dir ein weises Herz geben. Weise wirst du sein wie kein König vor dir. Ich will dir aber auch schenken, was du nicht erbeten hast: Reichtum und Ehre. Und wenn du meine Gebote hältst, will ich dir auch ein langes Leben geben. So hat Gott mit mir gesprochen. Im Traum.»

Salomo seufzt vor Freude. «Komm», sagt er schnell zu seinem Diener, «wir wollen zurückkehren nach Jerusalem. Vor der Bundeslade wollen wir Gott nochmals opfern. Mit all meinen Dienern will ich ein Fest feiern.»

Später begleitet der junge Diener König Salomo in den Gerichtssaal. Er trägt für seinen Herrn das königliche Schwert. Und er sieht: Zwei Frauen treten vor den König. Sie klagen und weinen. «Richte du über uns», sagen sie. Eine der beiden Frauen erzählt: «Wir zwei wohnen im selben Haus. Ich habe ein Kind geboren. Und die da hat drei Tage nach mir auch ein Kind zur Welt gebracht. In der Nacht aber starb ihr Kind. Da stand sie mitten in der Nacht auf, nahm mir mein lebendes Kind weg und legte das tote Kind an meine Brust.»

Die andere Frau aber entgegnet sofort: «Nein, sie lügt. Ihr Kind ist gestorben. Das lebende Kind gehört mir.» Schnell schreit die erste Frau zurück: «Meinst du, ich kenne mein eigenes Kind nicht? Das Kind, das ich geboren habe, lebt!» «Nein, mein Kind ist das lebende.» So geht der Streit laut hin und her.

«Gib mir mein Schwert», flüstert der König seinem Diener zu. Laut sagt er dann zu den beiden Frauen und allen, die zuschauen: «Weil jede von euch behauptet, ihr gehöre das Kind, muß ich es mit meinem Schwert entzweischneiden. Gebt mir das Kind.»

Da schreit eine der beiden Frauen auf und ruft: «Nein, tu das nicht, König. Gib es lieber der anderen Frau - es darf nicht sterben.» Die andere Frau aber sagt: «Teile es, König, das ist gerecht.» Da entscheidet Salomo: «Die Frau, die gesagt hat: Das Kind soll nicht sterben - sie ist die richtige Mutter. Gebt ihr das Kind!»

Der junge Diener staunt. Alle, die dabei sind oder von Salomos Urteil hören, bewundern den König. «Der junge König ist weise. Er ist ein guter Richter. Gott ist bei ihm.»

Immer wieder begleitet der Diener den König, und immer wieder hört er ihm zu. Lange denkt er über die vielen Sprüche und Lieder seines Herrn nach. Und er sieht, wie die Menschen kommen, aus nahen und sehr fernen Ländern. Sie kommen, um den weisen Salomo zu hören. Denn er ist nicht nur gerecht. Er redet vom Wachsen der Bäume, aber auch von den Tieren; er kennt ihre Geheimnisse.

Auch Könige, die Salomo besuchen und ihm Fragen stellen, verneigen sich vor ihm und bringen ihm Geschenke.

Mit dem König von Tyrus schließt Salomo einen Vertrag: «Ich bekomme von dir, König Hiram von Tyrus, viele tausend Zedernstämme und Zypressenstämme, so viel ich will. Von Israel aber bekommt ihr Weizen und Öl. Denn unser Land ist fruchtbar. Ihr aber habt herrliche Wälder.»

Der junge Diener hat gut zugehört. «Verehrter König, wozu brauchst du das wertvolle Holz, auch glänzende Steine, die du bestellt hast, und das Gold, von dem du gesprochen hast?» «Für Gott will ich ein Haus bauen», antwortet der König feierlich. «Oben in der Stadt, auf dem nördlichen Hügel. Ein Tempel soll es werden - so prächtig, wie du noch keinen gesehen hast: Fest gebaut die Mauern, mit Holz umkleidet und mit Gold und Schnitzereien verziert. Eine Vorhalle wird es haben. Durch zwei prächtige Flügeltüren kommst du in den heiligen Raum: Hier wollen wir Gott opfern. Dahinter dann, durch eine kostbare Tür abgetrennt, ist das Allerheiligste: Ein Haus für die Bundeslade, voller Schnitzwerk; nur der oberste Priester soll es betreten.»

Salomo freut sich. Er zeichnet den Tempel für seinen Diener in den Sand. «In acht Jahren wird der Tempel fertig sein.»

Nach acht Jahren ist der Tempel wirklich gebaut. Ein großes Fest wird gefeiert. Die Bundeslade wird in den Tempel getragen. Salomo singt ein Festlied, in das alle einstimmen:

Gott, die Sonne hast du an den
Himmel gesetzt.
Du hast alles gemacht.
Aber du bleibst selbst immer verborgen,
versteckt hinter den Wolken.
Jetzt habe ich einen Palast
für dich gebaut.
Ziehe ein, Gott, ziehe ein!
Und sei bei uns!

In Israel herrscht viele Jahre Frieden. Salomos Soldaten müssen nicht kämpfen. Aber er braucht noch viel mehr Bäume: wertvolle, gerade Zedern aus dem Libanongebirge, alle gleich groß und gleich dick. Der Diener weiß: Jetzt will der König einen gewaltigen Palast bauen, größer noch als den Tempel.

Der Palast soll einen riesigen Saal mit Säulen aus Zedern haben: Libanon-Waldhaus soll dieser Saal heißen; denn wie ein Wald wird er sein, und die Zedern kommen alle aus dem Libanon. Dreizehn Jahre dauert der Bau dieses Palasts.

Seinen guten Diener hat Salomo zum Oberbaumeister und Aufseher über alle Bauleute gemacht. Zusammen mit fünfhundert Beamten muß er Tausende von Arbeitern beaufsichtigen. Die Arbeiter sind nicht immer zufrieden. Manche sagen: Endlich ist Frieden im Land, und dennoch dürfen wir nicht zu Hause sein bei unserer Familie. Was soll denn diese ganze Pracht?

Eines Tages kommt die Königin von Saba nach Jerusalem. Sie kommt in einem glitzernden Mantel. Sie sitzt auf einem Kamel. Vor ihr werden Räuchergefäße, die stark und süß duften, getragen. Hinter ihr folgt ein langer Zug von fremdländischen Männern und Frauen, die zu ihr gehören. Sie tragen Geschenke: Gewürze, Gold und Edelsteine, alles für König Salomo.

Die Königin von Saba stellt Salomo Fragen. Sie spricht mit fester Stimme. Zwei Dienerinnen halten für sie eine Schriftrolle. Denn in ihrem fernen Land hat sich die Königin die allerschwersten Rätsel für König Salomo ausgedacht. «Ich will wissen, ob du wirklich weise bist», sagt sie stolz. Dann hört sie, daß Salomo alles richtig beantworten kann. Und sie staunt. Die große, reiche Königin staunt, wie sie noch nie in ihrem Leben gestaunt hat.

Sie staunt auch über die Becher aus Gold, über Salomos Dienerinnen und Diener, über die köstlichen Speisen, über die prachtvollen Gebäude. «Ich wollte es mit eigenen Augen sehen – aber alles ist noch viel schöner, als man mir erzählt hat.» Die Königin bekommt wunderbare Geschenke von Salomo. Mit ihrem Gefolge kehrt sie in ihr Land zurück und erzählt, wo sie nur kann, von Salomo, dem weisen und reichen König in Jerusalem.

Ein zweites Mal aber hat Gott mit Salomo im Traum geredet. Wieder erzählt es Salomo dem Oberbaumeister und Freund: «Gott wird mich behüten, auch meine Frauen und Kinder. Ich soll seine Gebote halten – die Gebote, die er uns gegeben hat. Und vor allem soll ich keinen anderen Göttern dienen.» «Du bist unserem Herrn und Gott treu; ich wüßte niemanden, der ihm treuer ist als du, mein König und mein Freund», sagt der Oberbaumeister. Er freut sich, daß der König ihm von seinem Traum erzählt hat.

Vierzig Jahre regiert König Salomo. Immer wieder kommen neugierige Fürsten aus fernen Ländern. Denn man erzählt: Kein König ist weiser und reicher als Salomo. Sie erzählen auch: Er hat siebenhundert Frauen; seine erste und liebste Frau aber ist eine Tochter des Pharao.

Salomo wird alt. Um ihn sind junge Frauen, auch schöne Ausländerinnen, Prinzessinnen aus fernen Königreichen; sie glauben an andere Göttinnen und Götter. Da will der alte König den jungen Frauen etwas Gutes tun: Er läßt kleine goldene Götterbilder herstellen. Er läßt am Stadtrand von Jerusalem der Astarte, der Göttin der Sidonier, Opfer darbringen. Er läßt sogar eine Opferhöhle bauen für Kemosch, den Gott der Moabiter, und einen Altar für Moloch, den die Ammoniter verehren.

Jetzt hat der Oberbaumeister Angst um seinen Freund und König: Salomo ist Gott untreu geworden. Der Freund sagt aber nichts. Und Salomo erzählt dem Oberbaumeister nicht, was Gott ihm jetzt sagt: «Weil du mir untreu geworden bist, wird dein Reich nach deinem Tod nicht zusammenbleiben. Es wird geteilt werden. Und wieder werden Kriege kommen.»

1. Könige 3-12

Kurz darauf stirbt König Salomo. Zuerst wird sein Sohn Rehabeam König. Aber nur kurze Zeit regiert er über das ganze Reich. Zehn Stämme wollen ihn nicht als ihren König anerkennen und wählen Jerobeam, der kein Sohn Salomos ist, zum König. Für Rehabeam, Salomos Sohn, bleiben Jerusalem, der Stamm Juda und der Stamm Benjamin übrig.

Die Spaltung Israels bleibt bestehen. Während Jahrhunderten gibt es jetzt ein nördliches Reich mit einem eigenen König und ein südliches Reich mit einem eigenen König.

ELIJA, DER PROPHET

Bei der Witwe von Sarepta

Groß ist die Hungersnot in Israel und in den Ländern ringsum. Über zwei Jahre hat es nicht geregnet. Kein Korn wächst auf den Feldern; die Tiere haben nichts zu fressen. Die Menschen haben Hunger.

In einem Haus in Sarepta aber, im Lande Sidon, gibt es jeden Tag genug Brot. Es ist das Haus einer armen Witwe. Sie hat ein einziges Kind, einen Sohn. Ganz oben, in ihrem Dachzimmer, wohnt ein Mann aus Israel.

«Warum hält er sich bei uns versteckt?» fragt das Kind. Irgend etwas ist geheimnisvoll an diesem Mann! Und die Mutter erzählt: «Ja, seit Elija bei uns wohnt, geht der Mehlvorrat nicht aus in meinem Mehltopf, und das Öl im Krug wird nicht weniger. Darum kann ich jeden Tag Brot backen, für dich, für ihn, für mich.

Damals, als ich Holz sammelte und der fremde Mann zu mir trat, war er mir unheimlich. Hol mir Wasser, sagte er. Ich hörte es an seiner Aussprache: Der Mann kommt aus Israel. Und er rief mir nach: Bring auch ein Stück Brot mit. Aber ich hatte ja nur noch einen kleinen Rest Mehl im Mehltopf und wenige Tropfen Öl. Darum sagte ich: Für mein Kind und mich will ich das letzte kleine Brot backen. Dann haben wir nichts mehr zu essen. Und wir werden verhungern.

Elija hatte mir genau zugehört und sagte: Frau, du sollst keine Angst haben. Back für mich ein Brot, dann für dich und deinen Sohn. Und da reichte das Mehl. Auch das Öl reichte. Es reichte bis jetzt. Du weißt es, mein Kind.»

Der Junge denkt weiter nach über Elija. «Hat er Zauberkräfte, daß unser Mehl nicht ausgeht und unser Öl?» Die Mutter zuckt mit den Schultern. «Ich weiß es nicht. Aber ich höre: Er betet zu einem unsichtbaren Gott. Jeden Tag, oben auf dem Dach. Er hat gesagt: Der Gott Israels beschützt mich. Er ist stark. Und er erzählte: Bevor ich zu euch nach Sarepta kam, hielt ich mich versteckt am Bach Kerit. Da brachten mir Raben zu essen: Morgens Brot, abends Fleisch. Raben, von Gott geschickt. Wasser trank ich aus dem Bach. Erst als der Bach austrocknete, schickte mich Gott hierher, zu euch.»

Der Junge überlegt weiter. «Aber warum versteckt sich Elija, warum geht er nicht zurück in seine Heimat, nach Israel?» «Er versteckt sich vor Ahab, seinem König. Der König läßt ihn überall suchen. Denn Elija hat zu König Ahab Dinge gesagt, die der König nicht hören wollte: Es wird nicht regnen, Jahr um Jahr. Eine Hungersnot wird kommen. Denn du, König Ahab, bist Gott untreu geworden - deinem Gott, meinem Gott, dem Gott Israels. Warum hast du einen Tempel gebaut für Baal, den Gott deiner Frau Isebel? Jetzt wird weder Regen noch Tau kommen. Alles wird austrocknen. So redete Elija mit König Ahab. Und dann geschah, was Elija vorausgesagt hatte. Darum ist er jetzt bei uns, fern von seiner Heimat. Er versteckt sich vor dem König.»

Der Junge hat seiner Mutter gut zugehört. Immer wieder muß sie dasselbe erzählen, von Elija, von Ahab und Isebel, vom Baalstempel, vom Gott Israels. Der Junge denkt: Auch bei uns beten die Menschen, aber zu Baal. Sie beten um Wasser. Sie beten um Korn. Auch hier regnet es nicht, in Sarepta, im Lande Sidon. Wer ist mächtiger - Baal oder der unsichtbare Gott? «Träumer, was ist mit dir?» fragt die Mutter ihren Sohn immer wieder.

Eines Tages hat der Junge fiebrige Augen. Die Mutter erschrickt. Nein, jetzt träumt er nicht! Sie merkt: Er ist krank. Ein heftiges Fieber schüttelt ihn, immer stärker. Der Junge wird bewußtlos; er stirbt. Die Frau kann es nicht fassen: «Schon mein Mann ist tot - und jetzt auch du, mein Kind!»

Sie klopft mit beiden Fäusten an Elijas Kammertür. Sie schreit: «Bist du zu mir gekommen, damit dein unheimlicher allmächtiger Gott auch mich bestraft und mir mein Liebstes wegnimmt?»

Elija erschrickt. «Gib mir das Kind», sagt er. Er trägt den Jungen hinauf in seine Kammer. Er legt ihn auf seine Schlafmatte. Er beugt sich immer wieder über ihn. Er betet laut zu Gott: «Mein Gott, hilf dieser Frau, bei der ich als Gast wohnen darf. Rette das Kind – laß es wieder leben.» Und da beginnt der Junge wieder zu atmen. Seine Glieder bewegen sich langsam. Er öffnet die Augen und sieht Elija vor sich.

Elija aber trägt den Jungen, so schnell er kann, hinunter zu seiner Mutter. «Frau, dein Kind lebt», ruft er. Er stellt den Jungen vor seiner Mutter auf den Boden. Die Frau staunt. Sie schaut von Elija auf ihren Sohn und wieder auf Elija. Sie kann es kaum glauben. Schließlich sagt sie: «Du bist ein Gottesmann, Elija. Jetzt weiß ich es: Der Gott, der dich gesandt hat, ist ein mächtiger Gott. Er hat dich gesandt, um den Menschen die Wahrheit zu verkünden. Jetzt weiß ich es: Elija, du bist ein Prophet.»

Später verläßt Elija die Witwe von Sarepta und ihr Kind. Er bedankt sich. «Ich muß zurückkehren zu König Ahab», sagt er. «Gott hat mit mir gesprochen. Jetzt will er es regnen lassen, endlich, nachdem drei Jahre lang alles trocken war. Gott schickt mich zurück in meine Heimat.»

1. Könige 17

Auf dem Berg Karmel

Elija und König Ahab stehen sich gegenüber. «Da bist du ja, du Verderber Israels», ruft Ahab und schaut den Propheten mit bösen Blicken an. «Nicht ich bin schuldig an dieser Trockenheit, verehrter König. Warum sind du und dein Volk Gott untreu geworden und warum habt ihr Baal gedient? Höre, mein König: Das ganze Volk soll sich auf dem Berg Karmel versammeln. Dort will ich zu den Israeliten reden.»

Viele Menschen strömen oben auf dem Berg zusammen. «Elija ist wieder da», rufen sie sich zu. «Wo ist der Prophet? Was hat er uns zu sagen?» Manche lachen über ihn. Manche haben Angst. Wir sind Gott untreu geworden, denken sie.

Laut ruft Elija: «Wem wollt ihr eigentlich dienen: Dem Gott unseres Volkes oder Baal? Ihr seid wie Menschen, die auf beiden Seiten hinken. Ihr schwankt nach rechts, ihr schwankt nach links, weil ihr nicht wißt, auf welche Seite ihr gehen wollt. Weil ihr nicht wißt, welchem Gott ihr dienen wollt.»

Auf dem Berg Karmel stehen vierhundertfünfzig Baalspropheten in prächtigen Gewändern auf der einen Seite. Ihnen steht Elija ganz allein gegenüber; er ist nur in einen grauen Mantel gehüllt. Doch seine Stimme schallt mächtig: «Zwei Stiere wollen wir nun vorbereiten für ein Opfer. Wir wollen sie auf zwei Holzstöße legen: Ihr Baalspropheten den einen für euren Gott, ich den anderen für Gott, unsern Herrn. Niemand darf ein Feuer entfachen. Der wahre Gott wird sein Opfer selbst anzünden. Mit Feuer wird er antworten, und alle werden den lebendigen Gott erkennen – mächtig über Leben und Tod, über Sonne und Wind, über das Feuer, über Tau und Regen.»

Regen – ja auf Regen warten sie alle. Und das Volk schaut gespannt hin und her, von den Baalspropheten zu Elija und wieder zurück.

Die Baalspropheten beginnen mit ihrem Opfer. Sie schlachten den Stier und legen ihn auf den einen Holzstoß. Sie beten zuerst leise. Sie tanzen. Sie beten und rufen immer lauter. Sie schreien: «Baal, hör auf uns! Hilf uns!»

Elija lacht. Er spottet: «Schläft er, euer Gott?» Da ritzen die Baalspropheten mit Messern ihre Haut auf, daß es blutet. So wollen sie ihren Gott anlocken. Aber alles nützt nichts. Baal schickt kein Feuer. Viele Stunden haben die Propheten vergeblich gebetet und getanzt.

Jetzt ist Elija an der Reihe. Er hat das Holz aufgeschichtet, den geschlachteten Stier darauf gelegt. Er hat zwölf Eimer Wasser über sein Opfer gegossen. Und die Menschen flüstern sich zu: «Wie soll das brennen? Rund um den Holzstoß ist ja alles naß. Seht ihr es?» Dann hören sie, wie Elija ruft: «Du, Gott Abrahams, Isaaks und Jakobs, hilf! Erhöre mich! Komm, damit alle sehen: Du bist der wahre Gott.»

Kaum hat Elija gebetet, zuckt eine Feuerflamme aus dem blauen Himmel. Das Opfer brennt so hell und so schnell, daß die Menschen zusammenfahren. Sie werfen sich auf die Knie. «Gott, du bist in Wahrheit Gott. Du Gott Abrahams, Isaaks und Jakobs. Jetzt wissen wir es: Du bist unser Helfer.»

«Jahwe ist Gott. Jahwe ist Gott», schallt es laut vom Berg Karmel – so laut, daß auch Isebel, die Königin, es hört. Isebel aber stammt aus Sidon; sie betet zu Baal. Sie ist wütend auf den Propheten Elija; sie haßt ihn. «Das Volk soll an meinen Gott, an Baal, glauben. Bin ich nicht die Königin?»

Während sich Isebel in ihren Palast einschließt, steigt eine winzig kleine Wolke aus dem Meer auf – nicht größer als die Hand eines Mannes. Die Wolke wird schnell größer. Sie verdeckt die Sonne. In kürzester Zeit wird der ganze Himmel grau, dann schwarz. Es stürmt. Jetzt fallen die ersten Tropfen vom Himmel, nach drei Jahren die ersten Tropfen! Ein gewaltiger Regen rauscht nieder. Die Menschen lassen ihn über ihre Haare und Kleider strömen. Sie strecken die Arme empor, öffnen den Mund und spüren das Wasser auf ihren ausgetrockneten Zungen. Sie jubeln und singen ein altes Lied:

Gott, du bist Herr über das Wasser,
du bist Herr über die Feuerflammen.
Deine Stimme hören wir im Regen
rauschen.
Gib deinem Volk Kraft, Gott!
Segne uns.

nach Psalm 29
1. Könige 18

In der Wüste

Isebels Wut kennt keine Grenzen. Sie sendet einen Boten zu Elija: «Ich will dich töten; denn ich bin mächtiger als du. Mein Gott soll der Gott des ganzen Volkes Israel sein. Mein Gott ist Baal.»

Wieder muß Elija fliehen. Er wandert in die Wüste hinaus, ganz alleine. Niemand wird ihn hier finden.

«Gott, ich kann nicht mehr», seufzt der Prophet. «Ich habe gekämpft mit all meinen Kräften. Aber jetzt ist es genug. Gott, ich möchte sterben.»

Mitten in der Wüste legt sich der Prophet unter einen Strauch. Es ist heiß und trocken. Elija schließt die Augen.

Wie lange liegt er schon da? Hat er geschlafen? Hat ihn nicht jemand an seiner Schulter berührt? Elija hört eine Stimme: «Steh auf und iß!» Er öffnet die Augen. Da steht ein Mann, und Elija weiß: Das ist ein Engel, von Gott gesandt. Und wie Elija sich aufrichtet, sieht er ein geröstetes Brot vor sich liegen; auch ein Krug mit Wasser steht da. Elija ißt und trinkt. Er legt sich wieder hin und schläft weiter.

Nochmals weckt ihn Gottes Engel: «Steh auf und iß. Du hast einen langen Weg vor dir.» Jetzt steht Elija ganz auf. Er ißt. Er trinkt. Er ist wieder stark.

Vierzig Tage und vierzig Nächte wandert er weiter durch die Wüste. Er geht den Weg, den ihm der Engel gezeigt hat, bis er zum Berg Sinai kommt, dem Mose-Berg. Sie nennen ihn den Gottesberg.

Nachdem Elija in einer Höhle geschlafen hat, tritt er morgens hinaus. Er schaut in die Weite. Wo ist Gott? Kann ich ihn hier sehen? Bin ich ihm hier nahe, wo auch Mose Gott begegnet ist?

Da bricht ein gewaltiger Sturm los. Felsen rollen vom hohen Berg in die Täler. «Bist du es, Gott?» ruft Elija in den Sturm. Er bekommt keine Antwort.

Nach dem Sturm aber zittert die Erde. «Bist du im Erdbeben, Gott?» fragt Elija. Wieder erhält er keine Antwort.

Nach dem Erdbeben leuchtet ein großes Feuer auf. «Kommst du im Feuer zu mir, mein Gott - wie zu Mose?» Aber auch im Feuer zeigt sich Gott nicht.

Nach dem Feuer spürt Elija ein zartes Wehen; er hört ein leises Flüstern; er verhüllt sein Gesicht mit seinem weiten Mantel. «Bist du da, mein Gott?» Und jetzt hört er eine Stimme, die fragt: «Was machst du hier, Elija?» «Gott, mein Leben lang habe ich dafür gekämpft, daß sie dir dienen, nicht Baal. Ich kann nicht mehr. Alle in Israel dienen fremden Göttern. Ganz allein bin ich. Sie wollen mich töten.» Da antwortet Gott: «Ich brauche dich noch, Elija. Geh zurück! Du bist nicht allein. Es gibt siebentausend Menschen in Israel, die Baal nicht anbeten. Ich will sie beschützen. Zu ihnen sollst du gehen. Und auf dem Weg wirst du einem Mann mit Namen Elischa begegnen. Ihn sollst du zum neuen Propheten salben. Auch ihn brauche ich.»

Elija macht sich auf den Weg. Er trifft einen Bauern, der gerade sein Feld pflügt. Und er hört, wie die Knechte ihn bei seinem Namen rufen: Elischa. Es ist der neue Prophet! Elija wirft im Vorübergehen seinen eigenen Prophetenmantel über Elischas Schultern. Elischa versteht das Zeichen. Er erschrickt, denn er weiß: Jetzt bin ich Prophet wie Elija.

Alles muß er verlassen: Vater und Mutter, Rinder und Felder, seine Knechte und seinen Pflug. Er geht mit Elija fort und dient ihm.

1. Könige 19

Vor dem ungerechten König

Gott gibt Elija eine letzte schwere Aufgabe. Nochmals wird er zu König Ahab geschickt.

Ahab ist reich. Sein Palast ist groß. Er ist umgeben von bunten Blumengärten: Hier können der König und die Königin ihre Gäste empfangen; Prinzen und Prinzessinnen können hier spielen. Eine große Mauer umgibt den Park.

Aber auf einer Seite des Palasts ist ein Weinberg, der nicht dem König gehört. Es ist der Weinberg Nabots. «Nabot, gib mir deinen Weinberg», sagt König Ahab. «Ich brauche den Platz für einen Gemüsegarten. Ja, frisches Gemüse, gleich neben meiner Küche!» Nabot schüttelt den Kopf.

«Ich gebe dir einen anderen Weinberg, einen besseren», schmeichelt der König. Wieder schüttelt Nabot den Kopf. «Es ist der Weinberg meines Vaters, meines Großvaters, meines Urgroßvaters. Das Grundstück soll in meiner Familie bleiben. Hier sind wir zu Hause.»

Ahab ist schlechter Laune. Er sieht, wie Nabots Kinder im Weinberg spielen. Er versucht es immer wieder. «Ich gebe dir Geld, Nabot, sehr viel Geld – aber gib mir dein Land.» Immer wieder schüttelt Nabot den Kopf.

König Ahab ist wütend. Vor Ärger ißt er nichts mehr. Er ist gewöhnt, alles zu bekommen, was er will.

Noch schlimmer ist es für den König, daß die Königin ihn verspottet. «Was bist du für ein König? Ein Schwächling? Ein König, der schwächer ist als ein gewöhnlicher Weinbauer? Kannst du dich denn nicht durchsetzen?» Dann lacht die Königin böse. «Ich werde das schon in Ordnung bringen. Ich sage dir: Du wirst den Weinberg bekommen.»

Königin Isebel sucht Menschen, die bereit sind, für sie zu lügen. Sie werden bezahlt dafür. Sie lügen und sagen: «Nabot hat geflucht, über Gott und über den König. Wirklich, er hat über den König geflucht; wir haben es gehört.» Wie die Ältesten der Stadt davon erfahren, erschrecken sie. «Nabot? – das hätten wir nicht gedacht! Der Weinbauer Nabot?»

Und wieder wird erzählt: «Nabot hat geflucht, über Gott und den König.» Und jetzt sind sich alle einig: Nabot ist ein Verbrecher. Er muß sterben. Sie führen ihn vor die Stadt. Sie steinigen ihn. Isebel aber schaut von weitem zu. Mit erhobenem Haupt, stolz und strahlend geht sie dann zu König Ahab und sagt: «Nabot ist tot, König. Geh hinaus! Der Weinberg gehört dir.»

Wie nun Ahab hinausgeht, um Nabots Grundstück genau anzusehen, tritt ihm Elija entgegen. Ahab fährt zusammen. «Hast du mich wieder gefunden? Lebst du immer noch, mein Feind? Und was willst du hier?» «Du Mörder», ruft Elija, «du weißt genau, was deine Frau Isebel getan hat. Alles willst du für dich haben. Dein Gemüsegarten ist dir wichtiger als das Glück deines Nachbarn, ja als dein ganzes Volk. Gott hat deine Ungerechtigkeit gesehen. Er schickt mich zu dir. Aber Gott hast du längst vergessen. Baal ist dir wichtiger - und deine Palastgärten. Gott wird dich bestrafen.»

Elijas Stimme wird lauter und lauter. Es ist, als ob der alte Prophet wachsen, Ahab aber klein und häßlich würde vor lauter Scham. Nichts hat Ahab zu antworten. Gebückt geht er weg, hüllt sich in Trauerkleider und fastet.

Drei Jahre später wird Ahab in einer Schlacht getötet.

Elija ist sehr alt. Er hat Gott gedient, sein Leben lang. Jetzt soll Elischa, der neue Prophet, das Volk an Gott und seine Gebote erinnern. Elischa begleitet Elija wie einen alten Vater.

Eines Tages sieht Elischa einen feurigen Wagen mit feurigen Pferden daherkommen. Und plötzlich steht Elija nicht mehr neben ihm. Der Wagen fährt hinauf durch die Wolken zum Himmel. Und Elischa weiß: Jetzt ist Elija bei Gott. Elischa hebt den alten Prophetenmantel, der auf den Boden gefallen ist, auf und macht sich auf den Weg.

Ein neues Prophetenleben beginnt. Andere Könige kommen. Immer braucht Gott wieder Propheten, die das Volk an seine Gebote erinnern. Propheten, die verkünden, was Gott mit den Menschen vorhat.

1. Könige 21, 22; 2. Könige 2

DANIEL, ERZÄHL UNS VON BABYLON

Du heißt Daniel. Sie erzählen von dir seit über 2000 Jahren. Immer wieder erzählen sie von Daniel in der Löwengrube. Du wurdest zu den Löwen geworfen, weil du den mächtigen Herrscher Darius nicht anbeten wolltest. Denn du hast zu Gott gebetet. Zu Gott allein. Und Gott beschützte dich, so daß sich die Löwen ruhig neben dich legten und schliefen. Eine ganze Nacht lang. Immer wieder haben die Künstler dich so gemalt.

Doch damals, in der Löwengrube, warst du schon ein alter Mann. Deine weißen Haare leuchteten in der dunklen Grube. Und wir fragen dich, Daniel: Was hast du vorher erlebt? Wir wissen: Deine aufregende Geschichte hat schon begonnen, als du noch ein Junge warst. Erzähl uns selbst!

Jerusalem wird erobert

Meine Geschichte beginnt in der Stadt Jerusalem. In der großen, glänzenden Stadt. Dort wohnte ich mit meinen Eltern und Geschwistern in einer engen, aber vornehmen Gasse.

Das Wichtigste in Jerusalem war der Tempel. Der Tempel, den König Salomo in sieben Jahren hatte bauen lassen. Schon als ganz kleinen Jungen führte mich die Mutter dorthin. «Später wirst du hier in die Tempelschule gehen», sagte sie. Bei den zwei großen Säulen aus Metall blieben wir immer stehen. Durch den Vorhof und die große Halle sahen wir weit hinten den Tisch mit den goldenen und silbernen Schalen. Sie glänzten. «Die Opfergefäße, heilige Gefäße», flüsterte mir die Mutter zu.

Wir Kinder lachten und spielten jeden Tag auf der Gasse, in der wir wohnten. Dennoch war es eine dunkle Zeit damals. Wir hörten die ernsten Gespräche der Männer. Sie sprachen vom Krieg. Von den großen gefährlichen Völkern rund um unser kleines Volk Juda. Sie erzählten von unserem König Joschija, der im Kampf gegen die Ägypter getötet worden war. Ich hatte Angst vor dem Krieg.

Eines Tages stand in unserm Tor ein merkwürdiger Mann. «Hört mir zu, Männer! Hört mir zu! Gott hat mich geschickt. Paßt auf. Bereitet euch vor: Etwas Schreckliches wird geschehen. Die Babylonier werden diese Stadt erobern.» Immer wieder rief der Mann das Gleiche. «Jeremia, unser Prophet», sagten die Menschen. Manche lachten ihn aus. «Die Babylonier werden Jerusalem erobern», sagte er immer wieder.

Und dann sah ich, wie er einmal einen Tonkrug nahm. Er warf den Krug mit großer Kraft auf die Pflastersteine. «So wird es der Stadt Jerusalem gehen. Wie dieser Krug wird sie zerstört werden. Verlaßt die Stadt, bevor es zu spät ist!»

Die Männer und Frauen glaubten ihm nicht. Unser König wurde zornig. Er sperrte Jeremia ins Gefängnis.

Doch der Prophet hatte recht gehabt. Eines Nachts waren die Babylonier wirklich da. Ich wachte auf und hörte Waffenlärm, harte Schritte, schrille Rufe in einer fremden Sprache und lautes Schreien rund um mich.

Da wurde ich selbst gepackt. Dunkle Gestalten standen mitten in unserem Schlafraum. Ich war wie gelähmt vor Schreck; sonst hätte ich mich gewehrt, wäre weggerannt. Wo waren die Eltern und Geschwister? Meine Hände wurden auf dem Rücken zusammengebunden.

In einer langen Reihe mußten wir die Stadt verlassen. Es war Nacht, dann Tag, wieder Nacht und wieder Tag. Viele Tage. Heiße Tage. Eine unendliche Reise voller Hitze und Durst. Meine Eltern und Geschwister sah ich nicht mehr.

Im fremden Land

Endlich kamen wir in die große Stadt Babylon. Das blau glänzende Tor mit den Bildern von Ochsen, Löwen und Drachen spiegelte das Sonnenlicht und blendete mich. Und ich staunte über die breite Straße, an deren Rand künstliche Hügel mit Terrassen und wunderbaren Gärten standen. Schnurgerade führte sie mitten durch die Stadt. So etwas gab es in Jerusalem nicht. Erst später erfuhr ich, daß die breite Straße für Merodach, einen Gott der Babylonier, gebaut worden war. Für Merodach und seine Feste.

Als wir als Gefangene, erschöpft, schmutzig und zerlumpt, in die große Stadt geführt wurden, standen fremde Frauen und Kinder am Straßenrand und glotzten unserem Zug nach. Immer wieder geriet die lange Menschenkolonne ins Stocken. Immer wieder hörte man vorn laute Jubelrufe.

Da entdeckte ich, daß an der Spitze des Zuges zwei babylonische Soldaten glitzernde Gold- und Silberschalen herumzeigten. Ich erschrak. Waren dies nicht die heiligen Gefäße aus unserem Tempel?

Hananja, der Freund, der neben mir ging, hatte auch nach vorn geschaut. «Der Tempel in Jerusalem ist zerstört. Sie haben alles mitgenommen», sagte er traurig. Ich dachte an Jeremia und an den zertrümmerten Krug. Der Prophet hatte recht gehabt! Ich hielt mich an Hananjas zerrissenem Mantel fest. Ich war froh, einen Freund zu haben. Ich wollte ihn in der Menschenmenge nicht verlieren.

Bald darauf saßen wir eng zusammengedrückt in einem Lagerhaus: Hananja und ich, mit anderen Kindern, auch Frauen und Männern.

«Nebukadnezzar heißt der König», hörte ich eine Stimme sagen. «Er liebt die Pracht. Er liebt die weisen Männer.»

Ich wollte nichts hören von Nebukadnezzar. Seine ganze Pracht war mir gleichgültig. Ich hatte Heimweh nach meinen Eltern. Und ich setzte mich zusammen mit Hananja immer wieder neben einen alten Mann, der in Jerusalem als Tempeldiener gearbeitet hatte. Wir kannten ihn von früher. Wir erzählten uns gegenseitig die alten Geschichten: Von Abraham und Sara, von Josef und Benjamin.

Der Tempeldiener sagte: «Gott hat unsere Väter auf ihrem Weg behütet. Sollte er nicht auch uns helfen können?»

Und wirklich: Eines Tages wurden Hananja und ich, auch alle anderen größeren Jungen herausgerufen. Wir mußten uns im Hof des Lagerhauses in einer Reihe aufstellen. Von vorn und von hinten wurden wir angeschaut. Wir mußten lesen und schreiben, zeichnen und rechnen.

Noch am selben Tag wurden Hananja und ich in ein vornehmes Haus geführt. Wir trafen dort andere Freunde von früher, alles Buben und junge Männer, die wie wir die Tempelschule in Jerusalem besucht hatten. Ein hoher Beamter in einem goldbestickten Mantel sagte in feierlichem Ton: «Wir haben euch als die besten und gescheitesten unter den Knaben aus Juda ausgesucht. Ihr sollt die Sprache von Babylon lernen. Ihr sollt in drei Jahren alles über eure neue Heimat erfahren: über Steine und Pflanzen, über die Sterne und die Götter - und noch viel mehr. So werdet ihr in drei Jahren zu den Weisen dieses Landes gehören. König Nebukadnezzar wird euch an seinem Hof brauchen können. Das ist eine große Ehre für euch.»

Ich war wütend. «Ich will zurück nach Jerusalem. Diese Stadt ist keine neue Heimat. Einem fremden König werde ich niemals dienen!» Solche Worte flüsterte ich meinem Freund Hananja zu.

Doch dann begann ich zu lernen. Auch Hananja, Mischael und Asarja lernten. Wir kannten uns von früher. Wir steckten immer zusammen. Und eigentlich gefiel uns der Unterricht nicht schlecht.

Wir wohnten in der Nähe des königlichen Palasts und bekamen unser Essen aus der königlichen Küche: nur das Allerbeste! Jeden Tag Schweinebraten und dazu auch starken Wein. Doch wir wußten: Es ist uns Juden verboten, dieses Fleisch zu essen. Wein aber macht uns müde und dumm.

Da versuchten wir, den babylonischen Diener, der uns immer das Essen brachte, um den Finger zu wickeln. Wir bettelten: «Bring uns doch etwas anderes zu essen und zu trinken. Bring uns Gemüse statt Fleisch. Bring uns Wasser statt Wein.» Der Diener brachte nun wirklich Gemüse und Wasser. Jeden Tag. Nur für Hananja, Mischael, Asarja und mich. Die anderen Juden lachten darüber. Der Diener aber fürchtete sich und sagte: «Wenn der König sieht, daß ihr weniger kräftig seid als die anderen Schüler, kommt alles aus. Nur für zehn Tage erfülle ich eure Sonderwünsche.»

Aber nach zehn Tagen sah er: Es ging uns besser als allen anderen Jungen. Wir waren kräftig und lernten gut. Bald konnten wir die babylonische Sprache so gut wie unsere eigene. Wenn wir aber zu viert in einer Ecke unser Gemüse aßen, erzählten wir uns von Jerusalem, von früher.

Auch den alten Tempeldiener trafen wir manchmal. Er war Gärtner am Hof des Königs geworden. Er zeigte uns die wunderbaren Blumen der königlichen Gärten. Oft saßen wir mit ihm unten am Fluß, zwischen den Weiden. Wir erzählten uns die alten Geschichten. Die Geschichte von Josef gefiel uns besonders. Auch Josef mußte in Ägypten eine neue Sprache lernen. Und wie Josef hatten auch wir Heimweh.

Und diese Zeit, Daniel, kennen wir aus einem Lied, das bis heute gesungen wird. Einem Lied, das aufgeschrieben ist in den Psalmen. Wir denken dabei an dich! Es heißt:

*Am großen Fluß in Babylon,
da saßen wir und weinten.
Wir weinten vor Heimweh,
denn wir dachten an Jerusalem.
Wir hängten die Lauten und
Harfen in die Bäume,
als die Babylonier sagten:
«Singt doch eins der fröhlichen Lieder,
Lieder aus eurer Heimat.»
Wir wollten nicht singen
für die Zerstörer von Jerusalem.
«Ihr habt uns gefesselt und weggeführt.
Für euch singen wir die Lieder
unseres Gottes nicht.
Jerusalem aber wollen wir nicht
vergessen,
die Stadt, die ihr zerstört habt.»*

nach Psalm 137

Nebukadnezzars Traum

Daniel erzählt weiter:

Nach drei Jahren wurden wir Schüler alle vor den König gerufen. Die besten von uns wollte er für den Dienst am Hof aussuchen. Wir waren aufgeregt. Eigentlich wollten wir dem König gar nicht gefallen. Trotzdem: Zu den Soldaten wollten wir nicht gehören.

Und dann war der König ausgerechnet von uns, von Hananja, Mischael, Asarja und mir begeistert. «Ihr wißt zehnmal mehr als meine Wahrsager. Ihr sollt meine Berater sein.»

Der König schenkte uns ein Haus in der Nähe des Palasts. Wir konnten ihn jederzeit besuchen. Vielleicht merkte er nicht, daß wir den Gott Merodach und seine anderen Götterbilder nie anbeteten.

Eines Tages aber herrschte große Aufregung. Ein junger Diener rannte mit erhobenen Armen in unser Haus und schrie: «Rettet euch! Rettet euch! König Nebukadnezzar läßt alle Wahrsager, alle Weisen, alle seine Berater töten. Bringt euch in Sicherheit.»

Ich hielt den jungen Mann fest, schaute ihm ins Gesicht. Und er stammelte: «Seit Tagen schläft der König nicht mehr. Er hat einen Traum gehabt, einen fürchterlichen Traum. Aber niemand kennt den Traum. Der König hat ihn niemandem erzählt. Und trotzdem sollen ihn die Wahrsager erklären. Er läßt sie töten. Alle läßt er töten!» Der junge Diener zitterte vor Aufregung.

Ich aber nahm all meinen Mut zusammen. Ich rannte an den Leibwächtern des Königs vorbei, über Treppen, durch Gänge. Ich rannte in den Palast, warf mich vor dem König auf den harten Marmorboden und flehte: «Nur einen Tag und eine Nacht gib mir Zeit, großer König. Ich will versuchen, dir zu helfen.»

Auch mir wollte Nebukadnezzar den Traum nicht erzählen. Aber er ließ mich gehen, und ich eilte zurück zu den drei Freunden Hananja, Mischael und Asarja. Wir beteten zu Gott und riefen: «Hilf uns Gott, wir brauchen deinen Rat!»

In der Nacht darauf träumte ich selbst den Traum des Königs. Ich jubelte, als ich aufwachte. Mit meinen Freunden lobte ich Gott, und ich eilte zurück zum großen König.

Jetzt konnte ich ihm seinen Traum erzählen und ihm alles erklären. Und ich sagte: «Kein Weiser, kein Wahrsager, kein Traumdeuter kann, was du verlangst. Aber es gibt einen Gott im Himmel – er allein kann solche Rätsel lösen. Und jetzt sage ich dir, was du geträumt hast: Da war ein gewaltig großes Standbild. Der Kopf war aus Gold, die Brust und die Arme aus Silber, der Bauch aus Kupfer, die Beine aus Eisen und die Füße zur Hälfte aus Eisen und zur Hälfte aus Ton. Und da fiel ein riesengroßer Felsblock auf die Füße des

Standbilds und zertrümmerte sie. Der Felsblock füllte die ganze Erde und das Standbild war verschwunden.»

Der König staunte. Ich war ganz allein mit ihm. «Ja, so habe ich geträumt», sagte er leise zu mir. Sein verkrampftes Gesicht wurde weicher. Er fragte: «Aber was bedeutet der Traum?» Ich antwortete: «Der goldene Kopf - das bist du. Wie Gold so schön ist dein Königreich. Es kommen aber weniger glänzende Reiche. Sie sind wie Silber, wie Kupfer, wie Eisen. Und dann kommt die Kraft Gottes. Sie ist stärker als der Felsblock in deinem Traum. Gottes Reich wird stärker sein als alle anderen Reiche.»

Der König fiel vor mir auf die Knie: «Euer Gott ist der größte. Er ist ein Gott, der Rätsel löst und Geheimnisse aufdeckt. Erzähl mir mehr von ihm. Daniel, du sollst in meinem Palast wohnen, damit du immer in meiner Nähe bist. Und deine drei Freunde sollen über drei Teile meines Reichs regieren. Eurem Gott will ich von jetzt an dienen.»

Ich blieb beim König. Ich hatte keine Wahl; er hatte es befohlen. Aber ich konnte nicht verhindern, daß er ein riesiges Götterbild machen ließ, ganz aus Gold. Er wollte zeigen: So mächtig bin ich. Ich kann bestimmen, welche Götter verehrt werden.

Alle mußten das goldene Bild anbeten. Alle sollten auf die Knie fallen vor dem goldenen Götzen. Doch Hananja, Mischael und Asarja beteten das Götzenbild nicht an. Wie ich blieben sie unserm Gott treu. Sie fielen nicht auf die Knie. Mich ließ König Nebukadnezzar in Ruhe. Aber meine drei Freunde wollte er töten. Er ließ sie in einen Ofen sperren. Im Feuer sollten sie verbrennen.

Doch Gott rettete die drei Männer. Unverletzt und singend kamen sie aus dem Ofen. Und wieder sagte Nebukadnezzar: «Euer Gott ist der wahre Gott. Ich weiß es jetzt. Ich will ihm dienen.» Doch ich glaubte dem König nicht mehr.

Nebukadnezzar dachte vor allem an seine Macht. Er verstärkte die Stadtmauern. Er verschönerte die Paläste und Gärten. Er liebte die Pracht. Er wollte der größte König sein.

Und oft war der König lange Zeit krank und verwirrt.

Immer wieder mußte ich ihm seine Träume erklären. Oft dachte ich: Es geht mir wie Josef beim Pharao. Auch ich bin Traumdeuter geworden.

Immer noch waren wir alle Gefangene in Babylon. Wir erzählten uns die alten Geschichten von Jakob und Esau, von Josef und Benjamin.

Manche der Israeliten aber begannen, die babylonischen Götter anzubeten. Sie hatten kleine Häuser und Felder. Sie arbeiteten für babylonische Herren. Sie fanden es nicht schlimm. Sie wollten im fremden Land bleiben. Das machte mich traurig.

Mit den Freunden saß ich immer wieder zusammen. Wir wollten zurückkehren nach Jerusalem. Wir waren schon über dreißig Jahre in der Fremde. Aber wir gaben die Hoffnung nicht auf. Wir hatten unsere Heimat nicht vergessen und sangen wieder:

> Am großen Fluß in Babylon,
> da saßen wir und weinten.
> Wir weinten vor Heimweh;
> denn wir dachten an Jerusalem.
> Wir hängten die Lauten und
> Harfen in die Bäume,
> als die Babylonier sagten:
> «Singt doch eins der fröhlichen Lieder,
> Lieder aus eurer Heimat.»
> Wir wollten nicht singen
> für die Zerstörer von Jerusalem.
> «Ihr habt uns gefesselt und weggeführt.
> Für euch singen wir die Lieder
> unseres Gottes nicht.
> Jerusalem aber wollen wir nicht
> vergessen,
> die Stadt, die ihr zerstört habt.»

Belschazzar

Als dann Nebukadnezzar starb, wurde alles noch viel schlimmer. Belschazzar war grausamer als sein Vater. Seine Diener und alle anderen Leute im Land mußten sehr hart arbeiten.

Belschazzar liebte riesengroße Feste mit vornehmen Gästen, mit den schönsten Frauen des Landes, mit tausend verschiedenen Speisen. Die laute Festmusik hörte man an solchen Tagen in der halben Stadt.

Ich wohnte damals nicht mehr im Königspalast. Ich lauschte oft - und ich ärgerte mich über den Festlärm des neuen Königs.

Eines Nachts, als vom Palast her wieder laute Festmusik zu hören war, stand plötzlich ein königlicher Diener vor mir. Ich erkannte ihn an seinem glitzernden Kopfschmuck. Mit seiner Laterne leuchtete er mir ins Gesicht, daß es blendete. «Bist du nicht Daniel? Bist du nicht eine Art Prophet? Du hast doch damals König Nebukadnezzars großen Traum erraten!» Da nickte ich, und der Diener fuhr hastig fort: «So komm mit! König Belschazzar braucht dich. Ich habe dich überall gesucht.»

Durch die dunklen Gassen eilten wir zum Palast. Ich wurde in den großen Festsaal geführt. Auf einem langen Tisch standen Teller, Becher, Platten; halbleere Schüsseln waren umgekippt oder vom Tisch gerollt. Herrliche Früchte lagen auf dem Fußboden. Einige Gäste waren am Tisch eingeschlafen. Andere waren betrunken und sangen laute Lieder.

Mitten auf dem großen Tisch stand König Belschazzar mit einem verzerrten Gesicht, mit funkelnden Augen. «Schau dort, schau dort», schrie er mir zu. «Hilf mir! Was bedeutet diese Schrift?»

Jetzt sah ich die goldenen und silbernen Schalen, die neben Belschazzars Füßen auf dem Tisch glänzten und aneinanderstießen. Die Schalen aus unserem Tempel! Ich wollte schreien. Ich wollte fluchen.

Doch da sah auch ich die Schrift: Eine gespenstische Hand hatte riesengroße fremdartige Buchstaben auf die Mauer gegenüber geschrieben. «Was bedeutet das? Was bedeutet das?» fragte Belschazzar ungeduldig. Er zitterte. Er konnte nicht mehr von der gespenstischen Schrift wegblicken. «Schnell, schnell», sagte er mit rauher Stimme. «Wer die Schrift liest, darf mit mir herrschen. Ich schenke ihm einen purpurroten Mantel und eine goldene Kette.»

Ich antwortete: «Behalte den roten Mantel und die Kette - ich brauche sie nicht!» Aber ich las: «Mene, Mene, Thekel, Upharsin. Die Schrift sagt, daß das mächtige Reich Babylon untergeht. Du, Belschazzar, hast als König versagt. Dein Reich wird geteilt werden und wird zwei anderen großen Völkern gehören: Den Medern und den Persern.»

Jetzt sprang Belschazzar vom Tisch. Seine Diener hängten mir den roten Mantel und die goldene Kette um. Ich ließ es geschehen und verließ den Palast, so schnell ich konnte.

In der gleichen Nacht aber wurde Belschazzar von einem Diener getötet.

Bald wurde der Meder Darius König in Babylon.

Die Löwengrube

König Darius brauchte mich. Ich wurde immer gerufen, wenn er meinen Rat haben wollte. Und da ich schon alt war und das ganze Land Babylon gut kannte, konnte ich den König besser beraten als seine anderen Ratgeber. Darum wollte mich der König zum Fürsten machen. Er wollte, daß ich für ihn über Babylon regieren sollte. Doch da wurden alle anderen Beamten eifersüchtig. Sie waren jung und ehrgeizig. Sie überlegten, wie sie mich beim König anschwärzen könnten und dachten sich eine gemeine Sache aus.

«Verehrter König Darius», schmeichelten sie und verneigten sich tief. «Du bist groß und mächtig - wie ein Gott! Ja, du bist mächtiger als alle anderen Götter. Wir machen dir darum den Vorschlag: Laß ein Gesetz ausrufen, daß alle Menschen in Babylon nur dich anbeten dürfen. Wer aber einen anderen Gott anbetet, soll in die Löwengrube geworfen werden.»

Da war Darius stolz. Er dachte: Es ist schön, so mächtig zu sein. Mächtig wie ein Gott. Und er ließ das neue Gesetz ausrufen.

Ich aber betete weiter zu meinem Gott. Zum Gott Abrahams und Jakobs. Zum Gott Davids und Salomos. Darauf hatten die anderen Ratgeber des Königs nur gewartet. Sie holten den König zu meinem Haus und zeigten auf mich, als ich auf dem Dach meines Hauses betete. «Schaut, wie er zu seinem Gott betet. Jeden Tag dreimal. Und er wendet sich beim Beten nach Jerusalem, seiner fernen Heimatstadt.» Sie flüsterten Darius zu: «Er hat seinen eigenen Gott. Und er ist ein Fremder. Ein Jude. Wußtest du das nicht?»

Da erschrak der König. Erst jetzt merkte er, daß die Ratgeber dieses neue Gesetz nur wollten, um mich zu verderben. Darius war betrübt. Aber er mußte sein eigenes Gesetz halten. «Dein Gott, zu dem du betest, soll dich retten», sagte er.

Am selben Abend aber wurde ich in die Löwengrube geworfen.

Doch mir passierte nichts. Und am nächsten Morgen staunte der König. Er sah, daß ich unverletzt war. Er sagte: «Der Gott Daniels ist ein lebendiger, er ist ein wunderbarer Gott.»

Und dann, Daniel? Wie ging es weiter mit König Darius? Blieb er deinem Gott treu? Du gibst uns keine Antwort auf diese Frage. Später hast du deine Träume aufgeschrieben. Träume von einem Gottesreich, das größer ist als alle Königreiche der Welt.

Aber wir wissen: Du und dein Volk, ihr mußtet lange in Babylon bleiben. Wir wissen: Gott schickte Propheten zu euch, die euch trösteten und euch Mut machten.

Daniel, wir wissen nicht, ob du noch lebtest, als die Gefangenschaft der Juden in Babylon zu Ende war – damals, als der König von Persien Babylon eroberte. Aber wir hoffen es, Daniel. Wir hoffen, daß du als alter Mann zurückgekehrt bist nach Jerusalem. Traurig darüber, daß nicht alle Juden mitkommen wollten. Traurig auch, weil deine Heimat verwüstet war und euer berühmter Tempel völlig zerstört.

Aber vielleicht hast du dabei geholfen oder wenigstens zugeschaut, als sie den Tempel wieder aufbauten. Fast wie früher. Nach den alten Plänen, die von König Salomo stammen sollen. Und du wußtest: Es geht weiter mit meinem Volk. Gott hat uns nicht vergessen.

Die Geschichten von Daniel stehen im Buch «Daniel»

DIE MUTIGE KÖNIGIN ESTER

In der großen Stadt Susa regiert König Xerxes. Er ist ein mächtiger Herrscher. Er regiert über 127 Länder.

Seit drei Jahren ist er persischer König. Heute veranstaltet er ein riesengroßes Fest.

An den großen Säulen des Palasts hängen feine weiße und blaue Baumwolltücher. In goldenen und silbernen Gefäßen werden teure Speisen angeboten. Aus 127 Ländern sind die Gäste gekommen.

Aber nur Männer sind zum königlichen Fest eingeladen. Im Frauenpalast feiern die Frauen mit Königin Waschti ein eigenes Fest.

Am siebten Tag des Fests befiehlt König Xerxes seinen Dienern: «Holt meine Frau, Königin Waschti. Die Krone mit den Edelsteinen soll sie aufsetzen und in meinen Palast kommen. Allen Gästen will ich sie zeigen. Ich bin stolz auf meine Königin. Denn Waschti ist sehr schön.»

Königin Waschti aber läßt dem König sagen: «Nein, ich lasse mich nicht vorzeigen oder vorführen wie ein Tier. Ich komme nicht.»

Jetzt ist der König empört. Er unterhält sich mit seinen Ratgebern. Sie sagen: «Was würde geschehen, wenn es die anderen Frauen im Lande Waschti nachmachen? Wenn sie ihren Männern nicht mehr gehorchen?» Waschti darf nicht mehr Königin sein. Sie muß die Krone mit den Edelsteinen zurückgeben. Sie wird weggeschickt.

In alle 127 Länder aber wird ein Brief geschickt und überall wird dieser Brief auf den Marktplätzen vorgelesen. Darin heißt es: «Die Männer haben im Haus zu befehlen. Die Frauen müssen gehorchen.»

König Xerxes sagt schon bald: «Sucht für mich eine neue Königin. Jung und schön soll sie sein. Sucht in allen Teilen meines Reichs.»

Aus seinen vielen Ländern werden die schönsten Mädchen gebracht. Alle wohnen für ein Jahr im Frauenpalast. Dort werden sie bedient. Sie bekommen gutes Essen. Ihre Haut wird mit wertvoller Salbe eingerieben. Sie lernen tanzen und singen. Sie lernen alles, womit eine Königin ihren König erfreuen kann. Auch Ester ist eines der schönen Mädchen.

Ester ist in der großen Stadt Susa aufgewachsen. Esters Eltern sind gestorben. Sie waren Juden. Mordechai, ihr Onkel, hat sie zu sich genommen und immer für sie gesorgt. Alle wissen, daß auch Mordechai Jude ist.

Mordechai liebt Ester wie sein eigenes Kind. Jeden Tag geht er jetzt vor dem Frauenpalast auf und ab, bis er Ester gesehen hat und weiß, daß es ihr gut geht.

Immer wieder macht sich Mordechai Sorgen. Er denkt: «Hoffentlich erzählt Ester niemandem, daß sie wie ich zum jüdischen Volk gehört. Sie sollen nicht wissen, daß sie mit mir verwandt ist.»

Ausgerechnet Ester gefällt dem König am besten von allen Frauen. Xerxes wählt sie nach einem Jahr aus den schönen jungen Mädchen aus. Ester wird Königin. An ihrer Hochzeit wird ein Ester-Fest gefeiert. Alle Armen bekommen ein Geschenk an diesem Tag. Der jungen Ester wird die Krone mit den Edelsteinen aufgesetzt.

Eines Tages hört Mordechai beim Tor des Palasts zwei Türhüter miteinander reden. Die beiden haben einen Plan. Sie wollen König Xerxes umbringen.

Doch sofort erzählt Mordechai Ester alles, was er gehört hat. Und Ester warnt den König. Der König kann sich schützen. Die zwei Mörder, die sich in die königlichen Privaträume schleichen, werden abgefangen.

In die Chronik, ein dickes Buch des Königs, wird geschrieben: «Der gute Jude Mordechai hat dem König das Leben gerettet.»

Am Hof des persischen Königs Xerxes ist Haman der wichtigste aller Fürsten. Xerxes hat ihn zu seinem obersten Beamten gemacht. Auf Befehl des Königs müssen sich alle Menschen vor Haman verbeugen - so tief, daß sie mit ihrer Stirn den Boden berühren.

Einzig Mordechai verbeugt sich nicht. «Ich bin Jude», sagt er, als man ihn zwingen will. «Ich verbeuge mich vor keinem Menschen. Ich verbeuge mich nur vor Gott.» Da wird Haman sehr böse auf Mordechai. Haman haßt nicht nur Mordechai; er haßt jetzt alle Juden. «Alle Juden müssen sterben. Alle Juden im ganzen Reich.» So beschließt er es. Sein Haß ist groß. So groß, daß er zum König geht und sagt: «Verehrter, lieber Herr. Die Juden, die zerstreut in deinem ganzen Reich leben, müssen sterben. Sie haben eigene Gesetze. Sie wollen keine richtigen Perser sein. Und hör, König, hör! Wenn du sie töten läßt, alle Juden, dann bekommt deine Palastkasse zehntausend Säcke voller Silbertaler - das ganze Vermögen der Juden. Lieber König, erlaube mir, Briefe in alle 127 Länder deines Reichs zu schicken, daß die Juden umgebracht werden.»

Der König hat nicht genau zugehört. «Du machst es schon richtig», sagt er. Er gibt Haman seinen Siegelring. Das königliche Siegel kann Haman jetzt unter alle Briefe setzen. Im Namen des Königs sendet er Briefe in alle 127 Länder. Und der König sagt nur: «Tu, was du willst. Das Geld kannst du behalten.»

Haman lacht. Er freut sich. Er läßt seine Diener ein Los ziehen. Auf diesem Los steht ein ganz bestimmter Tag. Es ist der 13. Tag des Monats Adar. An diesem Tag sollen ohne Wissen des Königs alle Juden gleichzeitig getötet werden. So bestimmt es Haman, der oberste Fürst am königlichen Hof.

Die Juden im ganzen Reich fürchten sich. Sie tragen Trauerkleider.

Mordechai zerreißt in großer Trauer seinen Mantel und streut Asche auf seinen Kopf. Er weiß: Wir haben nur noch eine Hoffnung: Ester. Ja, Königin Ester könnte uns alle retten. Ist sie nicht selbst Jüdin und gleichzeitig Königin?

Mordechai darf in seinen Trauerkleidern den Palast nicht betreten. Aber durch eine Dienerin läßt er Ester sagen, was geschehen ist. Erst jetzt erfährt Ester im Palast von der schrecklichen Gefahr für alle Juden. «Bitte den König für alle Juden. Das läßt Mordechai dir sagen», flüstert ihr die Dienerin zu.

Ester hat Angst. «Niemand geht zum König, wenn er nicht gerufen wird, auch ich nicht», sagt sie. «Schon dreißig Tage hat er mich nicht mehr zu sich gerufen.»

Doch dann wird Ester mutiger. Sie läßt Mordechai sagen: «Drei Tage und drei Nächte werde ich nichts mehr essen und nichts mehr trinken. Tut dasselbe außerhalb des Palasts, ihr alle, ihr Juden von Susa. Fastet mit mir. Und betet für mich. Wenn ich drei Tage gefastet habe und ihr alle mit mir, dann werde ich zum König gehen und ihn bitten.»

Nachdem Ester drei Tage nichts gegessen und getrunken hat, geht sie in ihrem schönsten königlichen Kleid in die Halle vor dem Thronsaal. Der König sieht sie. Er freut sich und streckt ihr sein goldenes Zepter entgegen. Das heißt: Komm zu mir! Und er sagt: «Alles kannst du dir wünschen, und sei es ein halbes Königreich. So lieb bist du mir.»

Ester bittet den König: «Komm doch mit Haman für ein Festessen zu mir in den Frauenpalast. Ich lade euch freundlich ein.»

Der König nimmt Esters Einladung an. Beim Mahl im Frauenpalast sagt König Xerxes wieder: «Wünsche dir, was du willst. Es kann ein halbes Königreich sein.» «Kommt morgen

nochmals zu mir», antwortet Ester, «dann will ich euch meinen Wunsch sagen.»

Haman ärgert sich über den Juden Mordechai: Er trifft ihn auf dem Rückweg nach dem Essen im Frauenpalast. Mordechai verbeugt sich nicht vor Haman. Haman wird immer wütender auf Mordechai. Zusammen mit seiner Frau läßt er einen Galgen aufstellen. «Morgen schon soll Mordechai sterben. Vor allen anderen Juden. Wir werden den König darum bitten.»

In der gleichen Nacht kann der König nicht schlafen. Er läßt sich vorlesen aus der Chronik, dem dicken Buch, in dem alle wichtigen Ereignisse, die im großen Reich geschehen, aufgeschrieben werden. Der Vorleser liest von Mordechai, der den König vor den zwei Türhütern gewarnt und ihm dadurch das Leben gerettet hat. «Mordechai muß endlich für diese Tat belohnt werden», sagt Xerxes.

Bald darauf wird es Tag, und der König ruft Haman zu sich und sagt: «Gib mir einen Rat. Sag mir: Was soll ich mit einem Mann tun, den ich ganz besonders ehren möchte?» Haman freut sich. Mich will der König ehren, denkt er und schlägt vor: «Gib dem Mann deine Festkleider, deine Krone und dein Pferd. Laß ihn so mitten durch die Stadt reiten. Ein Fürst soll ihn begleiten und überall ausrufen: Diesen Mann will der König ehren.»

«Danke für deine gute Idee, Haman», sagt der König. «Mordechai ist der Mann, den ich ehren möchte. Geh und laß ihn in den schönsten Kleidern auf meinem Pferd reiten. Genau so, wie du es vorgeschlagen hast. Du selbst aber sollst Mordechai ankleiden, aufs Pferd heben und als Ausrufer begleiten.»

Wütend tut Haman, was er tun muß. Wütend und eifersüchtig. Durch die ganze Stadt begleitet er Mordechais Festzug.

Abends aber gehen König Xerxes und sein oberster Fürst Haman wieder zu Königin Ester in den Frauenpalast. Und wieder fragt der König die Königin nach ihrem Wunsch. «Es darf ein halbes Königreich sein.»

Jetzt hat Ester Mut und sagt: «Lieber, guter König. Du weißt: Am dreizehnten Tag des Monats Adar sollen alle Juden in deinem Reich getötet werden. Der Befehl ist von Haman in alle 127 Länder gegangen. Die Juden sind verloren, wenn du nicht sofort hilfst. Auch ich muß sterben; denn auch ich bin Jüdin. Mordechai, den du geehrt hast, ist mein Onkel. Der Jude Mordechai. Er hat mich aufgezogen.»

Der König ist zuerst stumm vor Schreck. Entsetzt schaut er Ester an und sagt: «Warum habe ich damals zu Haman gesagt: Tu, was du willst? Ich habe Haman zu sehr schalten und walten lassen. Aber es ist noch Zeit, die Juden zu retten. Haman aber soll hart bestraft werden.»

Jetzt nützt Haman alles Betteln und Bitten nichts mehr. Er wird an dem Galgen getötet, den er selbst für Mordechai errichtet hat.

Der König aber läßt Mordechai kommen und steckt den großen Siegelring an Mordechais Hand. Der jüdische Mann soll von nun an sein Berater sein.

Seine Frau, die kluge Königin Ester, hat der König immer noch lieb. Und in allen Ländern des Reichs herrscht bei den Juden große Freude. Königliche Reiter haben in alle Städte einen Brief mit dem königlichen Siegel gebracht. Die Juden wissen: Wir sind gerettet.

Seither feiern alle Jüdinnen und Juden den vierzehnten Tag des Monats Adar, des 12. Monats. Es ist ein Ruhetag, nach dem dreizehnten, der als Todestag bestimmt worden war vom Bösewicht Haman, der alle Juden umbringen wollte. Den Tag hatte Haman durch das Los bestimmt. Darum heißt das Fest Purim, Tag der Lose.

Der Tag ist zu einem Freudentag geworden, nicht zu einem Trauertag. Es ist der Tag der mutigen Königin Ester.

Das Buch Ester

IJOB IN SEINER NOT

Von Ijob wird eine Geschichte erzählt: Er war ein guter und gerechter Mann. Ijob war reich. Er hatte sieben Söhne und drei Töchter. Er hatte Herden, Felder und Häuser. Es ging ihm gut. Und er diente Gott mit Opfern und Beten.

Eines Tages kam der Teufel zu Gott und sagte: «Als ich auf der Erde umherstreifte, habe ich Ijob gesehen, deinen lieben Ijob, der dir so brav opfert und immer zu dir betet. Aber ich sage dir: Nur weil es ihm so gut geht und du ihn so gut beschützt, ist er dir treu. Ich bin sicher: Sobald es ihm schlecht geht, wird er auf dich fluchen.»

Da erlaubte Gott dem Teufel, Ijob seinen Reichtum wegzunehmen. Zuerst wurden seine Rinder und Eselinnen geraubt. Die Knechte wurden zusammen mit den Schafen, die sie hüteten, vom Blitz getroffen und getötet. Die Kamele wurden geraubt. Ein Haus Ijobs stürzte durch einen heftigen Sturm ein, so daß seine Söhne und Töchter unter den Mauern begraben wurden und starben.

Ijob blieb Gott dennoch treu und sang ein Gebet:

Der Herr hat's gegeben,
der Herr hat's genommen;
der Name des Herrn sei gelobt.

Es ging Ijob aber noch schlechter. Viele Jahre lang plagte ihn eine schwere Krankheit: Von den Fußsohlen bis zum Scheitel war sein Körper mit Beulen bedeckt, die wie riesengroße Mückenstiche juckten. Ijob kratzte sich mit einer Tonscherbe. Abseits der anderen Menschen setzte er sich in einen Aschenhaufen.

Da sagte seine Frau: «Ijob, jetzt kannst du Gott verfluchen. Es wäre besser, du könntest sterben.» Ijob aber sang weiter seine Gebete und sagte zu seiner Frau: «Das Gute nahmen wir an von Gott - und das Schlechte sollten wir nicht annehmen?»

Ijob blieb Gott trotz allem Übel treu. Der Teufel hatte nicht recht gehabt. Die schwere Prüfung hatte Ijob bestanden.

Gott machte Ijob wieder gesund. Er wurde wieder reich und hatte neue Knechte und Mägde, neue Schafe und Kamele, neue Häuser. Gott schenkte ihm wieder zehn Kinder: Sieben Söhne und drei Töchter.

So einfach kann die Geschichte von Ijob erzählt werden. Und man kann sich ärgern; man kann fragen: «War er wirklich so brav, dieser Mann? Klagte er nicht? War er nicht wütend und verzweifelt?» Ist Ijobs Geschichte nicht auch deine Geschichte und meine Geschichte? Mir fällt es schwer, Gott zu loben, wenn es mir schlecht geht, wenn alles schief läuft. Ich frage dann: «Warum denn? Warum gerade ich? Bestrafst du mich, Gott - aber wofür denn? Bin ich schlechter als die

anderen?» Ich klage, ich frage, ich will wissen, warum es mir schlecht geht und warum ich bestraft werde.

Und ich werde wütend, wenn die anderen sagen: «Hast du nicht doch Böses getan, ganz im Geheimen? Denk nach! Und vergiß nicht: Gott sieht alles Schlechte und bestraft es.» Genau so redeten auch Ijobs Freunde, als sie den kranken Mann besuchten. Und da wurde Ijob wirklich wütend. Er klagte, jammerte, schimpfte und fragte - so, wie auch du oder ich es tun würden. Ijob dichtete lange Klagelieder. Immer wieder. Erst lange nach der einfachen Erzählung von Ijob wurden sie aufgeschrieben. Ijob dichtete:

Gott, deine Hände haben mich
wunderbar geschaffen.
Warum zerstörst du denn diesen Körper,
dein kunstvolles Werk?
Wie eine Blume, die abgehauen wurde,
verwelke ich.
Meine Kraft vergeht,
so schnell wie der Schatten
verschwindet,
wenn die Sonne höher steigt
oder sich hinter einer Wolke versteckt.

Für jeden Baum gibt es noch Hoffnung:
Wenn er umgehauen wird,
kommen neue Triebe aus dem
Baumstrunk,
die Wurzeln schlagen wieder aus.
Wenn ich aber sterbe,
ist nichts mehr übrig von mir,
rein nichts.

Wie in einem Netz hat Gott
mich gefangen.
Meinen Weg hat er verbaut;
es geht nicht weiter.
Warum denn, warum?

Meine Haut ist zerfetzt
von der Krankheit.
Meine Verwandten kennen mich
nicht mehr.
Nichts mehr wollen sie von mir wissen.
Warum denn, warum?

Warum bleiben die Gottlosen
gesund und kräftig?
Sie werden alt.
Sie schauen ihren Kindern und Enkeln zu.
Sie freuen sich am Spiel von Laute
und Harfe.
Aber sie beten nicht zu Gott.
Ja, sie sagen: Von dem wollen
wir nichts wissen.
Warum geht es ihnen gut,
mir aber schlecht?
Warum denn, warum?

Ich schreie zu dir, Gott,
doch du erhörst mich nicht.
Ich stehe vor dir, Gott,
aber du siehst mich nicht an.
Du behandelst mich,
als wäre ich dein Feind.
Warum denn, warum?

Ich dachte: Gott, du bist mein Licht.
Aber um mich ist alles dunkel.
Niemand hilft mir.
Wie ein Schakal schreie ich:
Ein einsames wildes Tier in der Wüste.
Allein läßt du mich.
Warum denn, warum?

Gott, ich habe nichts Böses getan.
Arme sind bei mir satt geworden.
Freunde habe ich bei mir aufgenommen.
Gott, erhöre mich, erhöre mich endlich!
Ich will Antwort von dir!

Endlich hörte Ijob Gottes Stimme. Im Sturm kam Gott zu ihm. Ijob hörte Gottes Stimme. Aber Gott antwortete nicht auf Ijobs Fragen. Hatte er nicht gehört, daß Ijob immer wieder gefragt hatte: «Warum denn, warum?»

Gott sagte nicht: «Darum, darum also.»
Er sagte nichts über Krankheit, Elend und Leid. Aber Gott sang sein eigenes Lied: ein Lied von der Schöpfung, von Licht und Dunkel, von Bergen und Tälern, von Sonne und Wasser.

Ijob wurde still. Ijob fragte nicht mehr: Warum? «Du bist bei mir Gott», sagte er. «Vorher habe ich zugehört, wenn sie von dir erzählten. Jetzt habe ich dich selbst gehört. Mit meinen Augen habe ich dich gesehen. Du bist da, mein Gott. Das soll mir genügen.»

Gott, warum hast du Ijob nicht geantwortet? Auch ich möchte es wissen: Woher kommen Krankheit und Not? Gott, du sagst es auch mir nicht.

Ich werde wütend. Ich klage. Ich frage immer wieder: Wo bist du, Gott? Machst du nichts gegen den Krieg? Siehst du nicht, daß Menschen hungern? Sie können nichts dafür.

Gott, siehst du nicht, daß viele Menschen traurig sind? Warum gerade sie? Sie sind nicht böse. Andere leben in Saus und Braus; sie denken nur an sich selbst; sie haben dich vergessen.

Du bist ein Gott voller Geheimnisse.
Du machst es den Menschen
nicht leicht.
Es ist schwer, dich zu verstehen.
Du geheimnisvoller Gott,
hilf mir.
Wie Ijob möchte ich dich spüren,
dich sehen, dich hören.
Damit ich weiß: Du bist da.
Sei wirklich da,
du geheimnisvoller Gott!

Das Buch Ijob

JONA UND DIE GROSSE STADT NINIVE

Das ist Gottes Stimme!

Jona erschrickt. Gott sagt zu ihm: «Jona, mach dich auf den Weg! Geh in die große Stadt Ninive! Geh und predige dort; denn die Menschen sind sehr böse. Sie sollen sich bessern. So will ich es.»

«Gott verlangt zu viel von mir!» Jona hat Angst. Und er denkt: Was gehen mich die bösen Menschen in der fernen Stadt an?

Jona tut nicht, was Gott von ihm verlangt. Er reist nicht nach Ninive, sondern wandert von seiner Heimat in die entgegengesetzte Richtung. Er kommt ans Meer. In Joppe, einer Hafenstadt, zahlt er den Fahrpreis und steigt in ein Schiff, das nach Tarschisch fährt. Da bin ich weit weg von Gott, denkt Jona. Gott wird mich nicht mehr sehen, er wird mich vergessen.

Jona legt sich ganz unten in den Schiffsbauch. «Ich fliehe vor meinem Gott», sagt er. Die Schiffsleute verstehen nicht, was er meint. Und Jona schläft neben den Wassertonnen fest ein. Die lange Reise hat ihn müde gemacht.

Bald aber schickt Gott einen gewaltigen Sturm aufs Meer. Das Schiff wird von den Wellen hin und her geschlagen. Es biegt sich tief nach rechts und nach links. Die Matrosen haben Angst. Sie beten zu ihren Göttern. Sie schreien ihre Gebete in den Sturm. Sie werfen Säcke, Kisten und Wassertonnen ins Meer, damit das Schiff leichter wird. Aber alles nützt nichts.

Da weckt der Kapitän Jona: «Schläfst du einfach weiter? Bete auch. Bete zu deinem Gott - vielleicht kann er helfen?»

Der Sturm wird immer heftiger.

Die Matrosen sind sicher: Einer von uns hat Böses getan. Einer ist schuld an diesem Sturm. Aber wer? Jeder muß ein Los ziehen. Eines ist länger. Und Jona zieht das längere Los. «Du bist schuld!» rufen sie entsetzt.

«Warum bist du vor deinem Gott geflohen?» fragen sie. «Was sollen wir tun? Wer bist du überhaupt? Und wer ist dein Gott?» «Ich komme aus Israel», sagt Jona. «Mein Gott hat Himmel und Erde gemacht, das Meer und das Trockene. Er ist mächtig. Ich habe ihm nicht gehorcht. Ich bin schuld an diesem Sturm. Werft mich ins Meer.»

Wer ist dieser mächtige Gott des Jona? Nein, sie wollen Jona nicht einfach töten. Sie rollen die Segel ein. Sie versuchen es mit den Rudern. Sie rudern mit voller Kraft. Sie wollen ans Land zurückfahren. Aber der Sturm wird stärker und stärker. Das Schiff wird gerüttelt, daß es kracht.

Die Matrosen haben große Angst vor dem Ertrinken. Sie haben Angst vor dem mächtigen Gott des Jona. Sie rufen hinein in den heulenden Wind und die hochaufspritzenden Wellen: «Unbekannter Gott, bestrafe uns nicht, wenn wir Jona töten!» Dann werfen sie Jona ins Meer.

Sofort ist das Meer ruhig.

Wieder fragen die Matrosen: «Wer ist dieser Gott?» Sie versuchen, zu ihm zu beten. Sie danken dem unbekannten Gott. Sie opfern. Mitten auf dem Meer.

Gott aber läßt Jona nicht ertrinken. Er schickt einen großen Fisch, der Jona verschlingt. Drei Tage und drei Nächte bleibt Jona im Bauch des Fisches. Er ist hier geborgen wie in einem kleinen Haus. Jetzt weiß er: Auch hier bin ich bei Gott. Gott hat mich nicht ertrinken lassen. Und Jona betet:

Gott, du hast mich gerettet.
Ich dachte: Es ist aus mit mir.
Ich sah nur noch den Sturm, die Wellen,
das tiefe Meer -
und ich hatte große Angst.
Ja, du hast mich ins Meer geworfen.
Aber du wolltest mich nicht töten.
Laut will ich dir danken, mein Gott.
Ich will dir gehorchen.

Der riesengroße Fisch aber spuckt Jona wieder aus. Jona steht in einem fremden Land.

Und wieder hört er Gottes Stimme: «Jetzt geh endlich nach Ninive! Ich werde dir sagen, was du predigen sollst auf den Plätzen der Stadt.»

Ninive ist riesengroß, größer als alle Städte, die Jona gesehen oder von denen er gehört hat. Drei Tage dauert es, das Häusermeer von Ninive zu Fuß zu durchqueren. Drei Tage von einem Stadtrand zum anderen.

Jona sieht die vornehmen Häuser, die Blumengärten, die reichen Leute mit ihren prunkvollen Wagen, mit ihren dicken Hunden, in ihren bunten Mänteln. Er sieht den König vor seinem Palast.

Jona sieht die Bettler, die Hinterhöfe, schmutzige Kinder, Diebe, die sich verstecken, auch halbverhungerte Katzen.

Und Jona predigt auf den Plätzen und vor den Palästen, was Gott ihm befiehlt: «Noch vierzig Tage, dann wird Ninive zerstört werden. Denn euer Leben gefällt meinem Gott, der Himmel und Erde gemacht hat, nicht. Er wird euch bestrafen.»

Die Menschen in Ninive haben gut zugehört. Sie werfen ihre bunten glitzernden Kleider ab und fasten. Sie hüllen sich in graue Trauerkleider und sagen: «Wir wollen uns bessern. Wir wollen Gott dienen. Wir wollen den Armen helfen und ein neues Leben beginnen.» Auch der mächtige König von Ninive wirft sich in einem Trauergewand auf die Knie und betet: «Du großer Gott, bestrafe uns nicht! Wir wollen uns ändern.»

Jona hat alle Ungerechtigkeit der Stadt gesehen: die Diebe und Betrüger, den Schmutz, die Armut und die Abfälle der Reichen. Jona sieht auch, daß die Menschen sich bessern wollen. Aber er denkt: Sie sollen dennoch sterben. Es geschieht ihnen recht. Gott soll jetzt tun, was ich gepredigt habe: Ganz Ninive soll er vernichten. Darum hat er mich schließlich hierher geschickt.

Von einem Hügel sieht Jona auf die Stadt hinunter. Er wartet darauf, daß Ninive zerstört wird. Er wartet vierzig Tage lang. Doch nichts geschieht. Da wird Jona zornig. Warum sollte mein Gott, der Gott Israels, diesen fremden bösen Menschen helfen?

Jona ist allein. Er ärgert sich immer mehr und sagt: «Gott, laß mich sterben – mein Leben hat keinen Sinn mehr.»

Da läßt Gott eine Rizinuspflanze neben Jonas Ruheplatz wachsen. In einer einzigen Nacht wächst sie und breitet am nächsten Morgen ihre saftigen handförmigen Blätter wie einen Schirm über Jona aus, so daß er vor der stechenden Sonne geschützt ist.

Jona lacht wieder. Es geht ihm gut. Er vergißt seinen Zorn und sagt: «Gott ist bei mir. Er hilft mir.»

Doch in der Nacht schickt Gott einen gefräßigen Wurm, der unten am Stamm der Rizinuspflanze nagt, so daß sie am nächsten Morgen schnell verdorrt. Jetzt brennt die Sonne heiß auf Jonas Kopf. Wieder jammert er und sagt: «Jetzt laß mich wirklich sterben! Meine schöne Pflanze ist verdorrt – nun hat mein Leben wirklich keinen Sinn mehr.»

Gott aber sagt: «Du jammerst wegen einer einzigen Pflanze, die verdorrt? Und alle Menschen in Ninive, sogar die 120'000 Kinder sollen sterben? Sind sie dir gleichgültig? Soll ich ihnen nicht vergeben und ihr Leben retten?

Hörst du mich, Jona? Bin ich dein Diener – oder bin ich ein Gott, der als Retter zu allen Menschen kommt?»

Niemand weiß, was Jona geantwortet hat.

Das Buch Jona

Neues Testament

Warten auf eine neue Zeit

Den Menschen in Israel geht es schlecht. Hinter vorgehaltener Hand sagen die Männer zueinander: «Die Römer müßten vertrieben werden! Warum haben sie diesen König Herodes eingesetzt? Wir möchten frei sein!»

«Wir sind arm, weil wir Zölle bezahlen müssen, auch Steuern, alles für diese Römer!» fügen andere hinzu.

Manche denken: Gott hat uns verlassen. Sie fragen: «Wo ist er, dieser Helfer, der Messias, den die Propheten uns versprochen haben?»

Wenn die Kinder nach dem Spielen unter dem Olivenbaum zusammensitzen, kommt es vor, daß sie sich eine wunderbare Geschichte erzählen, die sie von ihren Vätern und Großvätern gehört haben: «Ein mächtiger König wird kommen, er wird eine glänzende Krone tragen und einen bunten Mantel; allen Menschen wird es gutgehen, und der König wird Friedefürst heißen.»

Die Mütter aber seufzen, wenn sie die Kinder reden und lachen hören. «Wenn wenigstens ein Bote Gottes zu uns armen Menschen käme, ein Engel - wie damals zu Sara und Abraham, zu Elija in der Wüste!» Sie wissen nicht, daß Gott den Engel Gabriel zu Elisabet und Maria gesandt hat. Sie wissen nicht, daß ihr Retter bald kommen wird.

Aber er kommt nicht so, wie die Kinder ihn erwarten.

Zacharias und Elisabet

Zacharias steigt langsam den Weg in sein Bergdorf hinauf. Sein Gesicht hat Falten. Er ist schon alt. Wer ihn aber von nahe anschaut, sieht das Lachen in seinen Mundwinkeln, das Leuchten in seinen Augen.

Auf der Schulter trägt er den zusammengerollten Priestermantel. Er kommt aus der großen Stadt Jerusalem, aus dem Tempel. Unter allen Priestern ist er ausgelost worden. Ganz allein durfte er ins Innere des Tempels gehen, um das Räucheropfer auf dem goldenen Altartisch anzuzünden: Weihrauch und wohlriechende Gewürze.

Wenn Zacharias stehenbleibt, sieht er wieder alles vor sich, was er in Jerusalem erlebt hat. Er riecht alles, er hört alles. Ja, er stand im Tempel ganz allein vor dem Altartisch, vor dem Opferfeuer. Doch plötzlich war ein unbekannter Mann da, rechts vom Altar. Und da erschrak Zacharias. Er hatte große Angst, als der Unbekannte mit ihm sprach und sagte: «Fürchte dich nicht, Zacharias! Gott hat dein Gebet erhört. Deine Frau Elisabet und du - ihr werdet einen Sohn bekommen. Du sollst ihm den Namen Johannes geben. Und du wirst dich über seine Geburt freuen. Auch viele andere Menschen in Israel werden sich freuen; denn Gott hat mit Johannes etwas Großes vor. Johannes wird vom Retter verkünden, bevor der Retter selbst zu den Menschen kommt.»

Zacharias denkt: Ich glaubte ihm zuerst nicht, diesem Unbekannten. Erst ganz langsam merkte ich, daß es ein Engel war, ein Bote von Gott. Gabriel. Er sagte mir seinen Namen. «Wie kann ich dir glauben?» fragte ich. «Wie können wir noch ein Kind bekommen, jetzt, wo wir beide alt sind? Gib mir ein Zeichen», bat ich ihn, «damit ich weiß, daß du die Wahrheit sagst.» Und da machte mich der Engel stumm: «Kein Wort kannst du reden», sagte er, «bis alles geschehen ist. Das ist das Zeichen.»

Zacharias wandert langsam weiter. Er ist wirklich stumm. Merkwürdig haben sie ihn

angeschaut, als er aus dem Tempel kam. Er konnte nichts sagen, auch wenn er den Mund bewegte. Auch jetzt kann er nicht reden.

Er geht auf das Dorf zu. Er sieht seine Frau Elisabet. Sie kommt ihm entgegen. Er möchte ihr einen Gruß zurufen wie immer. Doch er hat keine Stimme. Er winkt. Immer noch leuchten seine Augen. Und Elisabet umarmt ihn. Sie schaut ihn lange an. Und er zeigt auf seinen fest zugepreßten Mund. Elisabet ahnt, daß im Tempel etwas Wunderbares geschehen ist.

Wenige Tage später leuchten Elisabets Augen. Sie spürt ein Kindlein in sich wachsen. Sie freut sich. «Gott hat unser Gebet erhört, Zacharias.» Er nickt. Er weiß ja schon alles.

Aber Elisabet versteckt sich. Sie schämt sich. Bin ich nicht eine alte Mutter? Zusammen mit dem stummen Zacharias bleibt sie fünf Monate lang im Haus. Erst als ihr Bauch schon groß und rund ist, geht sie hinaus. Jetzt staunen alle Nachbarn.

Den Jungen, der dann geboren wird, nennt Elisabet Johannes. Die Verwandten wundern sich wieder. Was soll dieser Name - warum heißt er nicht Zacharias wie sein Vater? Sie holen Zacharias. «Wie willst du deinen Sohn nennen?» fragen sie ihn. Und er schreibt den Namen Johannes auf eine kleine Wachstafel, denn er ist immer noch stumm.

Aber jetzt, nachdem das Kind einen Namen hat, öffnet sich der Mund des Vaters plötzlich. Seine Zunge bewegt sich wieder und Zacharias singt ein Loblied:

Gott, unser Herr,
du befreist dein Volk.
Du vergißt auch heute nicht,
was du Abraham versprochen hast:
Du bist bei uns.
Dieses Kind hast du uns geschenkt;
es wird ein Prophet werden.
Vor unserem Retter wird es hergehen
und den Weg für ihn bereit machen.

Die Nachbarn und Freunde fragen sich: Was wird aus diesem Kindlein werden? Sie erzählen die Geschichte von der wunderbaren Geburt des Johannes weiter im ganzen Bergland von Judäa.

Für Zacharias und Elisabet beginnt ein neues Leben. Sie sind glücklich und wissen: Gott hat mit unserem Kind etwas Großes vor.

Lukas 1, 5-25 u. 57-80

Der Engel besucht Maria

Gott schickt den Engel Gabriel auch nach Galiläa, ins Städtchen Nazaret zu einem jungen Mädchen, das Maria heißt.

Plötzlich steht er unter der Tür. Er steht vor dem Mädchen und sagt: «Sei gegrüßt, Maria! Gott hat dich auserwählt. Gott ist bei dir.» Maria erschrickt. Ist dieser Mann ein Engel? «Warum sprichst du mit mir, als ob ich wichtig und vornehm wäre?» fragt sie ängstlich. Der Engel antwortet: «Fürchte dich nicht, Maria! Ich bin Gabriel. Du wirst ein Kind bekommen, einen Jungen; den sollst du Jesus nennen. Er wird Sohn Gottes heißen. Er wird ein guter König werden für alle Zeiten. Auf dem Thron Davids wird er sitzen, denn von David stammt er ab.»

Maria erschrickt nochmals. «Wie ist das möglich?» fragt sie. «Ich habe noch keinen Mann.» Sie ist mit Josef verlobt. Aber sie kann sich nicht vorstellen, daß sie schon bald ein Kind bekommen wird.

Doch Gabriel, der Engel, sagt: «Der heilige Geist, Gottes Kraft wird auf dich kommen. Darum wird dein Kind Sohn Gottes heißen. Nichts ist Gott unmöglich. Auch deine alte Verwandte Elisabet, die so lange kinderlos war, wird bald einen Sohn bekommen.»

Erstaunt verneigt sich Maria. Sie sagt: «Ich danke dir, daß du gekommen bist. Ich will deinen Worten glauben. Ich möchte Gott dienen.»

Da verläßt der Engel Maria.

Maria aber wandert bald darauf ins Bergland von Judäa zu Elisabet und Zacharias. Sie will ihre Verwandten besuchen. Drei Tage braucht sie für diese Reise.

Als Elisabet den Gruß der jungen Maria hört und sie sieht, zappelt das Kindlein in ihrem Bauch. Mit lauter Stimme ruft sie: «Die Mutter unseres Retters ist da. Maria, unter allen Frauen hat Gott dich auserwählt!»

Maria setzt sich zu Elisabet und singt ein Lied für Gott:

> Gott danke ich, meinem Retter,
> ich bin zwar jung und arm,
> aber mich hat er auserwählt.
> In allen Zeiten werden die Menschen
> mich glücklich nennen;
> denn Großes hat Gott an mir getan.

> Großes tut Gott für alle Menschen:
> Die Mächtigen stößt er von den Thronen,
> die Niedrigen erhöht er.
> Gott macht Hungrige satt und glücklich,
> Reiche schickt er mit leeren Händen weg.
> Gott hat sein Volk Israel nicht vergessen.
> Er wird helfen.

Drei Monate bleibt Maria bei Elisabet und Zacharias. Dann kehrt sie nach Nazaret zu ihrem Verlobten Josef zurück.

Josef ist Zimmermann. Er stammt vom berühmten König David ab.

Lukas 1, 39-56

In Betlehem

Es ist Winter. In Israel sind viele Menschen unterwegs - durch die Wüste, über felsige Berge, auf den Straßen. Sie reisen in kleinen Gruppen. Sie sind erschöpft. Wenn sie sich am Wegrand ausruhen und miteinander reden, hört man sie sagen: «Was soll denn dieser Befehl des Kaisers Augustus? Warum will er unser ganzes Volk zählen? Unsinn, Unsinn!»

Alle gehorchen dem römischen Kaiser, weil sie Angst haben. Alle ziehen in das Dorf oder in die Stadt, aus der ihre Familie stammt. Dort müssen sie ihre Namen in Listen eintragen.

Auch der Zimmermann Josef ist unterwegs. Zusammen mit Maria hat er sich aufgemacht, von Nazaret nach Betlehem, denn aus Betlehem stammt die ganze Familie Davids. Lang ist die Reise. Staubig ist der Weg.

Maria erwartet ihr erstes Kind.

Kurz nachdem sie in Betlehem angekommen sind, wird das Kind geboren. Nur in einem leeren Stall außerhalb der Stadt haben Maria und Josef Platz gefunden. Dort wickelt Maria den kleinen Jungen in Windeln und bettet ihn in eine Futterkrippe. «Jesus soll er heißen, so hat es mir der Engel Gabriel gesagt.»

In der Nähe von Betlehem hüten Hirten ihre Herden; nachts bleiben sie auf dem Feld, um auf die Schafe aufzupassen. So ist es auch in dieser Nacht, in der Jesus geboren wird. Die Hirten sind eingeschlafen. Sie liegen neben dem Feuer; die Reste der Glut wärmen sie.

Doch da schrecken sie aus dem Schlaf auf. Ein heller Schein umgibt sie mitten in der Nacht. Ein Engel Gottes steht vor ihnen und sagt: «Habt keine Angst. Ich bin gekommen, um euch eine gute Nachricht zu bringen. Diese Nacht ist eine Freudennacht für alle Menschen der Erde. In der Stadt Davids ist heute euer Retter geboren worden, Christus, auf den ihr alle wartet. Ihr werdet ihn in einem Stall finden und werdet ihn sofort erkennen: Als kleines

Kind kommt er zu euch; er ist in Windeln gewickelt und liegt in einer Futterkrippe, nicht weit von hier.»

Und plötzlich steht ein ganzes Heer von Engeln bei den Hirten. Sie loben Gott und singen:

Ehre sei Gott in der Höhe
und Friede auf Erden
für alle Menschen.
Denn Gott hat die Menschen lieb.

Dann verschwinden die Engel. Es wird wieder dunkel.

Die Hirten aber zünden ihre Laternen an und sagen zueinander: «Kommt schnell, wir wollen den Stall suchen. Wir wollen das Kind sehen, von dem der Engel erzählt hat.»

In der Dunkelheit lassen sie die Schafe zurück. Mitten in der Nacht gehen sie über Hügel und Felder, bis sie das Kind mit Maria und Josef finden. Es liegt in der Futterkrippe, genau wie der Engel es ihnen gesagt hat.

«Jesus heißt er», sagt Maria leise zu den Hirten, die niederknien. Und die Hirten antworten, nachdem sie das Kind lange angeschaut haben und eng zusammengerückt sind: «Wir wissen, dieses Kind ist unser Retter. Darum sind wir gekommen. Und jetzt wollen wir auf den Weiden, in den Dörfern und Städten weitersagen, was wir gesehen haben: Unser Helfer ist geboren worden! Und wir armen Hirten, denen niemand traut, wir haben ihn als erste gesehen.»

Und während die Hirten wieder zurückkehren zu ihren Schafen, über Hügel und Felder, in der dunklen Nacht, denkt Maria nach über alles, was die Männer gesagt haben. Sie weiß: Dieses winzige Kind heißt Sohn Gottes. Ein guter König wird es sein. So hat es ihr der Engel Gabriel verkündet.

Maria ist voller Freude.

Lukas 2, 1-20

Zwei alte Menschen freuen sich

In einer Ecke des Tempelhofs in Jerusalem sitzt eine alte Frau. Sie hat sich in eine Decke gehüllt. Es ist kalt. Die Lippen der Frau bewegen sich stumm. «Jeden Tag sitzt sie da», sagt ein Priester, der durch den Hof geht, zu einem Fremden. «Vierundachtzig Jahre alt, die Witwe Hanna! Sie wartet und wartet. Ich weiß nicht worauf.» Die Männer verschwinden im Tempel.

Doch an diesem Morgen springt die Frau plötzlich auf. Ihre alten Beine bewegen sich. Sie tanzt durch den ganzen Tempelhof. Sie folgt einem jungen Paar: Der Vater hält zwei Tauben in seinen Händen, die Mutter trägt ein kleines Kind. Eingewickelt in ein warmes Tuch. Es sind Eltern, die ihr erstes Kind in den Tempel bringen. Sie wollen Gott opfern, sie wollen Gott für das Kind danken. Was ist Besonderes daran?

Hanna tanzt und singt weiter. Und laut sagt sie: «Unser Erlöser ist geboren worden. Der Helfer ist da! Der Helfer ist da! Ich muß nicht mehr länger warten und fasten. Ich habe ihn gesehen.» Hanna lehnt sich an eine Säule.

Neben Hanna aber beginnt ein alter Mann laut zu sprechen. Es ist Simeon, der hier Tempeldienst tut. Auch er hat auf den Retter gewartet, viele Jahre lang. Er geht auf die Eltern mit dem kleinen Kind zu. Er nimmt das Kindlein auf seine Arme und betet so laut, daß es alle rundum hören: «Jetzt kann ich in Frieden sterben, guter Gott, wie du es mir versprochen hast. Denn meine Augen haben den Messias gesehen, den Retter, das Licht, das in die Finsternis kommt.»

Viele schütteln den Kopf. Manche lachen über Hanna und Simeon. Was ist denn Besonderes an dieser jungen Familie? Immer voller wird der Tempelhof.

Die Eltern mit dem Kind sind im Innern des Tempels verschwunden. Es sind Maria und Josef mit dem kleinen Jesus.

Hanna, die alte Frau, aber geht mit leichten Schritten aus dem Tor in die Stadt, durch die Straßen. Jetzt hat das Warten ein Ende. Sie will weitersagen, daß Jesus geboren ist. Sie will es allen erzählen, daß sie das Kind gesehen hat.

Lukas 2, 25-39

Sternforscher suchen das Kind

Wenige Monate später bewegen sich bunte Gestalten durchs Gebirge auf die Stadt Jerusalem zu. Es sind Männer mit Turbanen, die hinter einem voll bepackten Kamel herziehen. Sie tragen buntbestickte Kleider. Sie scheinen müde. Ihre Füße sind staubig. Immer wieder schauen sie nach vorn, auf die Türme der fernen Stadt.

Nachts, wenn sie sich in ihre Decken gehüllt am Straßenrand ausruhen, zeigen sie nach oben zum Himmel. «Ja, der Königsstern! Er ist immer noch da. Er zeigt uns den Weg. Er begleitet uns», sagen sie zueinander, bevor sie erschöpft einschlafen.

In der Nähe der Stadt Jerusalem mit den goldenen Dächern beginnen die Männer zu fragen. Sie fragen immer wieder: «Könnt ihr uns den Weg zum Königspalast zeigen? Dort soll der neue König der Juden geboren sein. Wir möchten das Königskind sehen.» Warum antwortet ihnen niemand?

Ein junger Mann tritt nahe an die Fremden heran. Er will die Tuchsäcke und die Pakete auf dem Kamel betasten. Er streicht über die bestickte Satteldecke und antwortet den Fremden schließlich: «Unser König Herodes ist ein grausamer Herrscher. Wir haben alle Angst vor ihm. Und ein Königskind gibt es hier nicht. Aber wer seid denn ihr? Woher kommt ihr?»

Jetzt erzählt ein Diener der Fremden in seiner rauhen Sprache: «Wir kommen aus Babylon. Sternforscher sind diese Herren, weise Männer. Sie haben einen großen Stern am Himmel gesehen. Sie folgen ihm.» Ein anderer Diener fährt fort: «Es ist der Königsstern. Ja, wir suchen den neugeborenen König der Juden. Für ihn sind die Geschenke, die das Kamel trägt.»

Inzwischen stehen immer mehr Menschen um die Sternforscher herum. «Auch wir warten auf einen neuen König, einen guten König, der den Frieden bringt. Einen König, der die Armen reich macht», sagt eine Frau, die aus dem Stadttor tritt. «Die Propheten haben von diesem König gepredigt», fügt ein alter Mann hinzu. «Aber manchmal denke ich: Das sind Märchen. Ja, König Herodes ist grausam - dort oben ist sein Palast.» Die Sternforscher gehen trotzdem auf den Palast zu.

Herodes aber hat bereits von den fremden Männern mit ihren Turbanen gehört. Er hat plötzlich Angst. Ist nicht er alleine König? Was reden diese Fremden von einem neuen König? Ist der Retter, auf den alle Menschen in Israel warten, geboren worden? Und ich weiß nichts davon? Ich, der König?

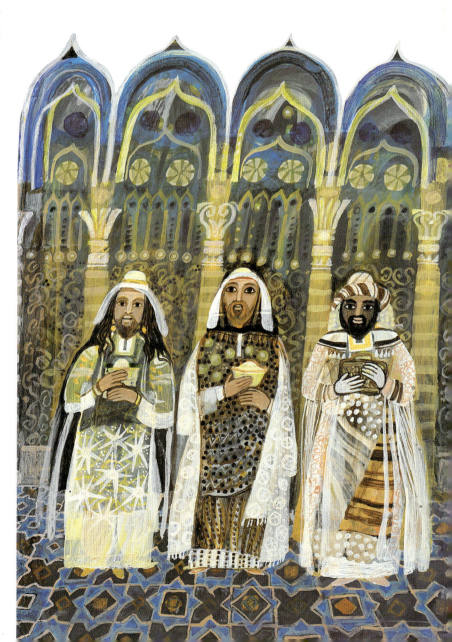

Herodes schaut mit bösen Blicken um sich. Dann ruft er alle Gelehrten und auch die Priester aus dem Tempel zu sich. Sie kommen. Und wie sie noch unter der Tür stehen, ruft Herodes ihnen ungeduldig zu: «Ihr kennt die alten Schriften. Sagt schnell, sagt es mir schnell: Wo soll der Retter, auf den das Volk wartet, geboren werden? Sagt es schnell! Sagt es schnell!» Die Gelehrten verbeugen sich, einer nach dem anderen. Und jeder gibt dieselbe Antwort: «In Betlehem, großer Herr, so sagen es die Propheten.» «In Betlehem, in Betlehem», sagt einer nach dem anderen. Und alle verbeugen sich.

Herodes hat die Sternforscher vor dem Palast warten lassen. Aber jetzt ruft er sie zu sich. Und er schickt sie nach Betlehem. «Dort werdet ihr den neuen König finden», sagt er freundlich. «Wenn ihr ihn dann gesehen habt, kommt wieder zu mir und erzählt mir von ihm. Auch ich möchte hingehen und das Kind anbeten.»

Die Sternforscher ziehen weiter auf Betlehem zu. Es ist Abend. Es wird dunkel. Und plötzlich jubeln sie: «Der Stern, der Königsstern, da steht er immer noch am Himmel! Er ist mit uns gekommen! Über einem kleinen Haus ist er stehengeblieben! Hier wohnt der neue König der Juden.»

Leise treten die Sternforscher ein. Dichtgedrängt stehen sie um Maria und das kleine Kind. Sie fallen auf die Knie. Alles ist ganz anders, als sie es sich vorgestellt haben. Doch sie wissen: Wir sind am richtigen Ort. Wir sind beim kleinen König, der ein großer Retter werden wird. Sie legen ihre Geschenke vor Maria und dem Kind auf den Boden: Gold, duftende Weihrauchkörner und einen Topf mit wohlriechender Salbe.

Dann schlafen sie neben dem kleinen Stall, unter dem freien Himmel, unter dem großen Stern. Und in einem Traum sagt ihnen Gott: «Geht nicht zurück zu König Herodes. Erzählt ihm nichts von diesem Kind.»

So ziehen die Sternforscher auf kleinen Wegen zurück in ihre Heimat; um die Stadt Jerusalem haben sie einen großen Bogen gemacht.

Auch mit Josef spricht Gott im Traum: «Herodes will das Kind töten. Flieh mit dem Kind und Maria nach Ägypten. Bleibe dort, bis Herodes gestorben ist.»

So machen sich auch Josef und Maria auf den Weg. Sie fliehen nach Ägypten.

Herodes ist zornig, weil die Sternforscher nicht zu ihm zurückkommen. Er hat Angst vor dem neuen König. Er läßt durch seine Soldaten alle kleinen Jungen in Betlehem töten, weil er das Jesuskind töten will. Maria und Josef aber sind mit ihrem Kind schon weit weg, schon beinahe in Ägypten.

Später kehren sie mit dem kleinen Jesus aus Ägypten zurück. König Herodes lebt nicht mehr. Maria und Josef wohnen wieder in Nazaret, wo Josef seine Schreinerwerkstatt hat.

Matthäus 2

Ein Junge wird gesucht

Voll ist die Stadt Jerusalem, voller Menschen, voller bepackter Esel, voller Musik, voller Blumen. Wie jedes Jahr wird das Passafest gefeiert. Immer neu erzählen sich die Menschen, wie Gott die Hebräer befreite, wie Mose das Volk Israel aus Ägypten führte. Daran wollen sie in diesen Festtagen denken. Hier im Tempel wollen sie beten und danken. Alle bringen im Tempel Opfer dar. Manche tragen das Lamm, das sie opfern wollen, auf ihren Schultern. Die Opfertiere, die man vor dem Tempel kaufen kann, schreien laut.

Nach den Festtagen strömen die Leute, die aus dem ganzen Land hierher gekommen sind, wieder nach Hause. Aus allen Stadttoren sieht man sie wegziehen, lachend, glücklich, singend.

Auf einer der Straßen, die von Jerusalem wegführen, bleiben gegen Abend einige Menschen plötzlich stehen. «Vorwärts, vorwärts», rufen andere, die nicht wissen, was los ist. Eine Frau und ein Mann kommen ihnen aufgeregt entgegen. Sie rufen, sie fragen: «Hat denn niemand unser Kind gesehen, unseren Sohn? Er ist zwölf Jahre alt. Mit der ganzen Gruppe aus Nazaret sind wir schon seit heute morgen von Jerusalem her unterwegs. Und plötzlich haben wir gemerkt: Das Kind ist nicht mehr da!» Die Frau schreit: «Das Kind ist nicht mehr da!» Sie drängt sich durchs Stadttor zurück in die Stadt. Der Mann folgt ihr.

Das Fest ist zu Ende. Das Gedränge in den Gassen der Stadt ist jetzt weniger groß. Durch die Straßen, durch die kleinsten Gassen eilen die Frau und der Mann aus Nazaret und fragen nach ihrem Sohn. In allen Gasthäusern fragen sie, an den Marktständen.

Zuletzt kehren sie in den Tempel zurück. Am Eingang einer der Hallen aber bleiben sie erstaunt stehen: Da sitzt ihr Junge mitten unter den Gelehrten, die in den alten Schriften lesen. «Er fragt wie ein Erwachsener», flüstert der Vater. «Und er antwortet den weisen Männern, wie wenn er selbst ein Rabbi wäre», sagt ein Mann, der daneben steht und lauscht.

Die Frau aber eilt auf ihr Kind zu. Sie drückt es an sich und sagt: «Jesus, du hast uns große Angst gemacht. Überall haben wir dich gesucht.»

Da steht der Junge auf und sagt: «Wißt ihr denn nicht, daß ich im Haus meines Vaters sein muß, in Gottes Tempel?»

Erstaunt schauen ihn die Eltern an. Sie verstehen ihn nicht.

Doch zusammen wandern sie wieder zurück und bleiben in Nazaret: Jesus mit Maria und dem Zimmermann Josef.

Immer wieder aber denken die Eltern über die Worte nach, die Jesus im Tempel gesagt hat.

Lukas 2, 41-52

Johannes der Täufer

Schon lange ist der große Augustus tot. Seit fünfzehn Jahren ist Tiberius römischer Kaiser.

«Was ist da vorne los?» fragt ein römischer Soldat seinen Begleiter. Die beiden nähern sich dem Jordan. «Sieh dort, auf der Straße von Jerusalem kommen immer mehr Menschen. Was wollen sie am Fluß unten?» Neugierig nähern sich die zwei Soldaten der Menschenmenge.

Männer, Frauen und Kinder stehen im Kreis um einen merkwürdigen Mann. «Schau, er ist nur mit einem Fell bekleidet! Und wie mager er ist, aber er hat eine kräftige Stimme.» Die Soldaten drängen sich nach vorn.

Eine Gruppe von Frauen hat ihnen Platz gemacht. Sie haben Angst vor den Soldaten. Doch sie unterhalten sich leise weiter: «Es ist Johannes, der Sohn des Zacharias, ich kenne die Familie», sagt eine Frau. «Ja, er soll ein Prophet sein. Lange hat er allein in der Wüste gelebt. Nur Heuschrecken und wilden Honig hat er gegessen. Darum ist er so mager.» «In der Einsamkeit der Wüste wollte er Gottes Stimme hören», fügt eine andere Frau hinzu.

«Warum steht er denn plötzlich im Wasser?» ruft ein Kind laut dazwischen. Da verstummen die Gespräche. Alle schauen jetzt hin und hören zu, wie Johannes predigt: «Ich bin gekommen, um den Weg unseres Herrn und Helfers bereit zu machen. Euch alle aber will ich bereit machen für ihn. Ich will euch taufen. Mit dem Wasser des Jordan-Flusses will ich das Böse von euch abwaschen, denn Gott vergibt euch eure Sünden. Ihr müßt euch bessern. Euer ganzes Leben müßt ihr ändern!»

«Was sollen wir denn tun?» fragen die Menschen von allen Seiten.

Johannes zeigt zuerst auf eine der Frauen: «Hast du nicht zwei Mäntel, sprich!» Die Frau zuckt zusammen. Sie nickt. «Dann verschenke einen einer armen Frau, die keine Kleider hat. Und auch zu essen gib ihr.»

Da fragt ein Zöllner: «Meister, was soll ich denn tun, damit du mich taufen kannst?» «Du sollst nicht mehr Zoll verlangen, als dir erlaubt ist. Nichts sollst du in die eigene Tasche stecken.»

«Und wir?» Die Soldaten sind nahe an Johannes herangetreten. «Seid zufrieden mit eurem Lohn! Ihr wißt doch, daß es verboten ist, Menschen mit Waffen zu bedrohen, um Geld von ihnen zu bekommen.»

Die Soldaten schauen zur Erde. Sie wissen: Sie haben unrecht getan. Sie lassen sich taufen. Vor Johannes stehen sie im Fluß. Johannes füllt seine hohlen Hände mit Wasser und gießt es über ihren Kopf.

Hinter sich hören sie wieder die Frauen miteinander reden: «Ist er der Retter, auf den wir alle warten? Ist er der Christus?» Johannes hat sie gehört. Er antwortet auf ihre Fragen. Er sagt: «Nein, ich bin nicht der Christus. Aber der Christus kommt nach mir, und er ist stärker als ich. Ich taufe euch nur mit Wasser. Er wird euch mit dem heiligen Geist taufen.»

Die beiden Soldaten bleiben stehen. Sie blicken immer weiter auf Johannes, der viele Menschen tauft.

Da sehen sie, daß er seine Arme plötzlich sinken läßt und zu einem Mann, der vor ihm steht, sagt: «Bist du es, mein Herr? Warum willst du dich von mir taufen lassen? Du solltest doch mich taufen.» Doch der Mann, der vor Johannes steht, antwortet: «Gott will es so.»

Und wie Johannes den Mann tauft, erscheint ein großes Licht über ihnen. Aus dem offenen Himmel kommt eine Taube geflogen und setzt sich auf den Mann, der im Fluß steht. «Das ist Gottes Geist», ruft Johannes. Und aus dem Himmel erklingt eine Stimme: «Du bist mein Sohn. Ich habe dich lieb.»

Die beiden Soldaten verstummen und staunen. Erst später, nachdem noch viele andere Menschen getauft worden sind, beginnen sie zu fragen: «Wer war der Mann? Wer war der Mann? Habt ihr das Licht gesehen? Es war, als ob ein Fenster des Himmels offen wäre. Und da war eine Taube, eine Taube!»

Die Soldaten schauen sich um. Ein alter Bauer ist neben ihnen stehen geblieben, wie angewurzelt. «Das war Jesus, ja, Jesus von Nazaret. Der Sohn des Zimmermanns.»

Dann ist auch der Bauer verschwunden.

Matthäus 3, 1-17

Die Jünger Jesu

Am Ufer des Sees Gennesaret sitzen drei Fischer. Die Morgensonne blendet sie. Sie sind schlechter Laune, denn sie haben nichts gefangen, keinen einzigen Fisch, den sie auf den Markt bringen könnten. Sie zerren Algen, Schilfhalme, kleine Äste aus den Maschen des Netzes. «Nur Abfall, nichts zum Verkaufen!» seufzt einer der drei Männer. Ein anderer ist eingeschlafen, nachdem er die sauberen Netze wieder ins Boot gelegt hat.

Nicht weit von den Fischern entfernt aber drängen sich viele Menschen um einen Mann. Meister, Rabbi nennen sie ihn. Sie hören ihm zu. «Ich habe ihn am Sabbat in der Synagoge gehört, darum bin ich ihm gefolgt», flüstert ein alter Mann seinem Nachbarn zu. «Wie kein anderer kann er die alten Schriften vorlesen und erklären. Er ist gewaltig. Hör nur, wie er redet.» «Und mich hat er gesund gemacht», sagt ein anderer Mann, «ja, schaut mich nur an! Ihr kennt mich doch. Aber ich bin nicht mehr krank, nicht mehr wahnsinnig wie früher. Dieser Lehrer hat den bösen Geist aus mir ausgetrieben. Er hat mich geheilt. Jesus heißt er. Es ist Jesus aus Nazaret, der Sohn des Zimmermanns Josef.»

«Jesus?» Jetzt wissen alle, wie er heißt. Er predigt. Er erzählt. Alle hören ihm zu. Kranke, die sie auf Bahren gebracht haben, legen sie vor ihm auf den Boden.

Jetzt kommt Jesus ans Seeufer. Er hat die Fischer, die ihre Netze sauber machen, entdeckt. Er schiebt die Menschen, die sich um ihn drängen, zur Seite und geht auf die Fischer und ihre Boote zu. Schon steigt er in eines der kleinen Schiffe und fragt: «Wem gehört das Boot? Willst du mir helfen? Ich möchte ein kleines Stück weit hinausfahren.»

Der Mann, der vorher geschlafen hat, ist jetzt wach. Während er sein Boot vom Land abstößt, sagt er: «Meister, das Boot gehört mir. Ich bin Simon Petrus.» Eigentlich möchte er weiterreden. Er möchte dem Mann erzählen,

daß er nichts gefangen hat. Doch da sieht er die vielen Menschen, die am Ufer stehen und auf Jesus schauen. Und schon beginnt Jesus zu reden; er predigt vom Boot aus. Ist er ein Lehrer, ein Rabbi? denkt Petrus. Er staunt und horcht. Seine schlechte Laune ist verschwunden. Ja, so können alle Jesus verstehen. Erst jetzt weiß Petrus, warum sein Boot für den Meister wichtig ist.

Nachdem Jesus aufgehört hat zu reden und wieder am Ufer steht, will Petrus sein Boot anbinden. Doch der Rabbi hält ihn am Arm fest und sagt: «Nein Petrus, du brauchst dein Boot nochmals. Fahr hinaus auf den See, dorthin, wo er ganz tief ist, und wirf dein Netz aus.» «Jetzt das Netz auswerfen?» Zuerst lacht Petrus. «Wir haben die ganze Nacht nichts gefangen - und jetzt, mitten am Tag, da fängt man doch keine Fische.» Aber dann wird er ernst. «Jesus, weil du es sagst, will ich es versuchen.»

Petrus springt in sein Boot und fährt hinaus. Auch die beiden Freunde fahren in ihrem Boot auf den See und werfen ihr Netz aus. Und schon bald ruft Petrus: «Mein Netz ist voll, es ist schwer, es wird immer schwerer, helft mir, Freunde! Ich kann es nicht allein aus dem Wasser ziehen.»

Aber auch das Netz der Freunde ist übervoll; ihr Boot schwankt. Dennoch helfen sie Petrus. Zu dritt füllen sie beide Schiffe. Petrus kann kaum noch stehen inmitten der zappelnden Fische. Aber mit beiden Booten kommen sie glücklich ans Ufer. Da steht Jesus.

Und Petrus wirft sich vor Jesus auf die Knie und ruft: «Geh weg, Herr, denn ich habe Angst. Ich bin doch ein schlechter Mensch, ich bin klein und schwach. Du aber bist mächtig, wenn du solche Dinge tun kannst.» «Fürchte dich nicht, Petrus!» sagt Jesus. «Komm mit mir. Von nun an wirst du nicht mehr Fische fangen. Mit mir wirst du Menschen fangen. Bleibe bei mir und hilf mir.» Da steht Petrus auf. Er läßt das volle Boot einfach stehen und geht mit Jesus. Auch seine beiden Freunde folgen Jesus nach; es sind die Brüder Jakobus und Johannes, die Söhne des Zebedäus. Auch sie verlassen ihr Boot, ihre Häuser und Äcker; sie verlassen sogar ihre Familien. Sie sagen: «Wir werden Menschenfischer. Jesus braucht uns.»

Mit der Zeit ziehen noch mehr Freunde oder Schüler mit Jesus durch Galiläa. Sie sind arm. Jeder hat nur einen einzigen Mantel. Oft schlafen sie unter dem freien Himmel. Sie brauchen kein Haus.

Zwölf Männer aber macht Jesus zu seinen Jüngern. Sie bleiben immer bei ihm: Simon Petrus und sein Bruder Andreas; die Brüder Jakobus und Johannes; Philippus und Bartolomäus; Matthäus und Thomas; Jakobus, der Sohn des Alphäus, und Simon, den man Eiferer nennt; Judas, der Sohn des Jakobus und Judas Iskariot, der Jesus verraten wird.

Lukas 4, 14-15; 5, 1-11; 6, 12-16

Woher hat der solche Macht?

Vier Männer haben sich in den Schatten eines Olivenbaums gesetzt, um auszuruhen. Der gelähmte Mann, den sie jeden Tag auf der Tragbahre mit aufs Feld nehmen, ist froh, daß sie nahe zu ihm rücken. Der lederne Wasserbeutel geht von Hand zu Hand, von Mund zu Mund. Einer der Männer lacht vor sich hin und sagt: «Stellt euch vor, unser Wasser wäre plötzlich Wein – herrlicher Wein mitten am Tag!» Dann wird er ernst und fährt fort: «Wirklich, Freunde: Das ist vor kurzem geschehen, im Dorf Kana, da oben in den Bergen. An einem Hochzeitsfest soll einer Wasser zu Wein gemacht haben. Jesus heißt er, Jesus von Nazaret.» «Ich kenne zwei seiner Jünger! Sie kommen hier aus dem Städtchen», sagt ein anderer der Männer und zeigt hinüber zu den weißen Häusern von Kafarnaum. «Und Kranke soll er heilen», fügt er leise hinzu.

Bald machen sich die Männer wieder an die Arbeit. Der Gelähmte liegt auf seiner Tragbahre. Er langweilt sich.

Vor dem Mittag gehen die Männer wieder zurück ins Städtchen. Sie sind müde von der Feldarbeit. Die Bahre mit dem Gelähmten ist schwer. Sie kommen nur langsam voran.

Da schlägt ihnen Stimmengewirr aus einer Gasse entgegen. So viele Menschen in der Mittagshitze? «Was ist denn hier los?» fragen sie. Alle eilen auf das gleiche Haus zu. Es ist schon voller Menschen. «Was ist hier los?» fragen die Männer jetzt lauter. «Jesus von Nazaret ist da. Er predigt!» ruft ihnen eine Frau zu; sie drängt sich durch die Tür in das überfüllte Haus.

Die vier Männer stellen die Tragbahre mit dem Gelähmten ab. Sie wischen sich den Schweiß von der Stirn. Einer von ihnen schaut plötzlich auf den kranken Freund. «Er könnte dich gesund machen. Ja, Jesus kann es, er kann es. Helft doch! Wir müssen uns auch hineindrängen zu ihm.» Doch da stehen, drücken und drängen so viele Menschen, daß sie mit der Bahre nicht weiterkommen. Beinahe wird der Lahme von der Bahre gestoßen. Die Männer müssen umkehren, den Lahmen wieder abstellen. Es ist sehr heiß. Erschöpft bleiben sie im Schatten eines nahen Hoftors stehen und schauen hinüber. Schwer geht ihr Atem.

Doch sie behalten das Haus, in dem Jesus zu Besuch ist, fest im Blick. «Er kann dir helfen, er kann es», sagen sie. Und plötzlich zeigt einer von ihnen hinüber – sein Finger deutet auf eine kleine Treppe, die an der Seitenwand des Hauses aufs flache Dach führt. «Kommt hinauf, Freunde! Aufs Dach! Wir müssen zu Jesus kommen! Vielleicht können wir von oben ins Haus eindringen.» Mühsam schleppen sie die Bahre auf das flache Dach. Hier liegen Feigen, die an der Sonne trocknen, auch die Schlafmatten der Hausbewohner. Wie herrlich muß es hier nachts unter dem kühlen Sternenhimmel sein! Aber jetzt ist das flache Dach glühend heiß.

Während die vier Männer auf dem Dach die Schlafmatten zur Seite schieben und nach einem Loch suchen, hat Jesus im Haus mit seiner Predigt begonnen. Alle hören gespannt zu. Auch Schriftgelehrte sind gekommen. Sie kennen die alten Schriften; sie sind Lehrer und sagen: «Wir wissen Bescheid über Gott. Wir wollen wissen, was dieser neue Lehrer erzählt.» Die Leute haben den Schriftgelehrten Platz gemacht und ihnen die einzige Sitzbank angeboten. Der Raum hat nur kleine Fenster, aber auf der Feuerstelle brennen zwei Öllampen. Daneben steht Jesus.

Plötzlich entsteht Unruhe im Haus. Dicker Staub fällt von oben auf die Köpfe der Menschen, dann sogar Steine. Durch ein kleines Loch in der Decke dringt jetzt helles Licht mitten in den Raum. Jesu Zuhörer bilden dort einen Kreis, wo die Lehmbrocken auf den Boden fallen. Das Loch in der Decke wird immer größer. Oben sieht man kräftige Hände, die sorgfältig, aber schnell Ziegel für Ziegel wegbrechen und das Loch größer und größer machen. Der Besitzer des Hauses wird zornig. «Halt da, hört auf, hört auf - ihr zerstört mein ganzes Haus!» ruft er aufgeregt.

Doch dann beginnt er wie alle anderen zu staunen. Im Loch seines Daches wird eine Tragbahre sichtbar. An jeder der vier Ecken ist ein Leinenmantel festgeknüpft, der die Bahre wie ein Seil trägt. Sie gleitet nach unten, bis der gelähmte Mann genau vor Jesus liegt. Der Mann kann vor Aufregung nichts sagen. Er schaut zu Jesus auf, dann zu seinen vier Freunden, die durch das Loch hinunterblicken; ihre Gesichter sind angespannt. Sie tragen nur noch ihr Unterhemd. Auch Jesus schaut hinauf: «Ihr habt gewußt, daß ich helfen kann. Euer Glaube ist groß.» Zum Gelähmten aber sagt er: «Deine Schuld ist dir vergeben.» Alle haben es gehört. Warum sagt er: Deine Schuld ist dir vergeben? Alle sind plötzlich still.

Die Schriftgelehrten werden aufgeregt. Sie ärgern sich. Was meint denn dieser Jesus? Die Schuld vergeben, das kann doch nur Gott. Meint Jesus vielleicht, er sei Gott? Unerhört! Sie murren. Jesus weiß, was sie denken und sagt: «Was ist leichter, zu sagen: Deine Schuld ist dir vergeben oder: Steh auf und werde gesund?» Alle hören gespannt zu. Niemand weiß eine Antwort. Jesus fährt fort: «Gott hat mir die Macht geschenkt, Schuld zu vergeben. Er hat mir auch die Macht geschenkt, Kranke gesund zu machen. Darum sage ich: Lahmer Mann, steh auf, nimm die Bahre - du kannst sie selbst nach Hause tragen.» Da steht der Gelähmte auf, zuerst vorsichtig. Dann tritt er fest mit dem Fuß auf; er stampft; er hüpft. Er winkt seinen Freunden. Seinen Arm, seine Hand, alles kann er jetzt bewegen. Die Tragbahre ist leicht. Er nimmt sie unter den Arm. «Gott, ich danke dir. Jesus, ich danke dir», sagt er scheu und geht zum Ausgang. Alle machen ihm Platz.

Die Menschen sehen sich voller Staunen an. «Woher hat er solche Macht?» fragen sie. «Wunderbare Dinge haben wir erlebt. Dafür wollen wir Gott loben.»

Am nächsten Tag aber arbeiten fünf Männer auf dem Feld. Als sie den Wasserbeutel herumgehen lassen, von Hand zu Hand, von Mund zu Mund, reden sie immer wieder neu von Jesus, der von Gott solche Macht bekommen hat.

Markus 2, 1-12; Lukas 5, 17-26; Johannes 2, 1-11

Ein Herr gegen die Angst

Wieder warten viele Menschen auf Jesus. «Seht, da kommt das Schiff», rufen die Kinder. «Wir kennen es - er kommt von der anderen Seite des Sees!» Doch die Erwachsenen schütteln den Kopf. «Sehen nicht alle unsere Segelboote gleich aus?» Doch die Kinder, die ganz vorn auf der Hafenmauer stehen, sind sicher. «Ich erkenne Petrus!» «Ich erkenne Johannes!» «Sicher, wir sehen seine Jünger!» rufen sie laut in die Gassen des Städtchens hinauf. Und nun sind plötzlich viele Menschen da: Männer, Frauen und Kinder. «Welcher ist Jesus? Ich möchte ihn sehen!» «Fallt nicht ins Wasser!» «Was ist hier eigentlich los?» So schreien sie durcheinander.

Die Männer steigen aus. Sie werden umringt. «Was ist geschehen? Ihr seid ganz weiß im Gesicht! Seid ihr seekrank geworden?» Stockend erzählen die Jünger: «Es war entsetzlich. Wir sind in einen gewaltigen Sturm geraten. Hohe Wellen wie Berge. Auf und ab ging unser Boot. Und Wasser spritzte hinein. Das Wasser blieb im Boot liegen, und das Boot wurde geschüttelt wie bei einem Erdbeben.»

Ein Fischer beugt sich über die Hafenmauer. Ja, da ist immer noch Wasser im Schiff! «Aber ihr seid trotzdem gut ans Land gekommen, zum Glück!» Die Jünger nicken eifrig; sie sind froh, auch wenn ihre Gesichter immer noch bleich sind. Und sie erzählen weiter: «Ja. Als der Sturm stärker und stärker

tobte, entdeckten wir, daß Jesus ruhig schlief. Einfach schlief. Ganz hinten im Schiff, auf einem Kissen. Wir rüttelten ihn wach und schrien in sein Ohr: Herr, hilf doch, hilf doch! Siehst du es nicht? Wir gehen unter! Endlich erwachte Jesus. Er stand auf im schwankenden Schiff. Er streckte die Hände aus gegen den Wind. Und er rief den mächtigen Wellen zu: Hört auf, seid still! Da wurde der See glatt. Das Schiff schwankte nicht mehr, ganz plötzlich. Jesus sah uns an und sagte: Warum habt ihr denn Angst? Habt ihr vergessen, daß ich bei euch bin? Ihr wißt doch, daß Gott, mein Vater, stärker ist als Wind und Wetter.» Hier hören die bleichen Jünger mit ihrer Erzählung auf. Sie schauen zu Boden.

Einige Männer und Frauen im Hafen haben gut zugehört. Sie fragen zuerst leise, dann immer lauter: «Wer ist eigentlich dieser Jesus, daß Wind und Wellen ihm gehorchen?» Sie schauen sich um. Eine der Gassen ist voller Menschen. Ja, dort ist Jesus!

Auch die Jünger folgen ihrem Meister.

Plötzlich geht ein vornehmer Mann neben ihnen her. Es ist Jaïrus. Alle kennen ihn, weil er Vorsteher der Gemeinde ist. In der Synagoge steht er immer ganz vorn. Er ist es, der die Schriftrollen bereit macht und nach dem Sabbat wieder im Schrank verschließt. Jaïrus ist ein wichtiger Mann, der allen etwas Angst macht.

Die Jünger möchten ihm aus dem Weg gehen. Doch Jaïrus hat sie erkannt: «Ihr gehört doch zu ihm, zu diesem Jesus! Wo ist er? Ich brauche ihn!» Und schon hat er Jesus entdeckt. Er geht schnell auf ihn zu, wirft sich auf die Knie und bittet laut: «Jesus, komm doch zu mir! Meine Tochter liegt im Sterben. Ich habe große Angst. Komm, Jesus! Ich weiß, du kannst helfen. Mach mein Kind gesund!» Jesus hat genau zugehört. «Ich komme mit, zeig mir den Weg.» Zusammen gehen sie in die Gasse, in der Jaïrus wohnt. Viele Menschen folgen ihnen.

Jaïrus hat Angst, Jesus im Gedränge zu verlieren. Er bleibt nahe bei ihm. Von allen Seiten werden sie gestoßen. Plötzlich bleibt Jesus stehen. Er blickt zurück. Er dreht sich um. Er fragt: «Wer hat mich angefaßt?» Seine Jünger antworten: «Siehst du nicht, daß alle drücken, weil sie nahe bei dir sein wollen?» Doch Jesus sagt: «Ich habe gespürt, daß gerade jetzt eine Kraft von mir ausgegangen ist.» Nochmals blickt er um sich. Da wirft sich eine Frau vor ihm auf den Boden. Sie zittert und sagt: «Ja, Jesus, ich habe mich von hinten an deinem Mantel festgehalten. Denn schon zwölf Jahre bin ich krank. Ich habe all mein Geld für die Ärzte gebraucht. Keiner konnte helfen. Aber du hast mir geholfen, Jesus. Ich wußte es. Als ich dich anfaßte, fühlte ich, daß ich gesund werde. Sei mir nicht böse, Jesus!» Jesus sieht die Frau an und sagt: «Du hast geglaubt, daß ich von Gott komme. Du hast geglaubt, daß ich helfen kann. Darum bist du gesund geworden. Jetzt wird dein Leben gut und neu.»

Alle rundum staunen. Viele wollen nahe bei Jesus sein. Andere wollen die Frau ausfragen. Doch Jaïrus möchte mit Jesus weitergehen. Er denkt an sein krankes Kind. Sie kommen nicht voran. Und plötzlich zuckt Jaïrus zusammen. Seine Diener kommen auf ihn zu. «Dein Kind ist gestorben!» rufen sie. «Was soll dieser Prediger jetzt noch helfen? Tot ist tot.» Doch Jesus nimmt Jaïrus an der Hand. Viele rundum hören ihn sagen: «Hab keine Angst, glaube nur!»

Beim Eingang des Hauses von Jaïrus hören sie, daß Klagelieder gesungen werden; eine zarte Flötenmelodie wird dazu gespielt; einige schlagen auf kleine Handpauken. Es ist die Trauermusik für das tote Mädchen. Laut ist das Weinen. «Warum weint ihr denn?» fragt Jesus. «Das Kind ist nicht tot, sondern es schläft.» Da lachen sie ihn aus. «Meinst du, wir können lebendig und tot nicht unterscheiden?» Jesus hört nicht zu. Er schickt die

Nachbarn, die Knechte und Mägde hinaus. Er geht ins Innere des Hauses. Hier liegt das Kind in seinem Bett. Es bewegt sich nicht. Jesus faßt die Hand des Mädchens und sagt: «Mädchen, ich sage dir, steh auf!» Und jetzt bewegt sich das Kind. Es schlägt die Augen auf. Es steht auf. Es geht umher. Es ist gesund. Zwölf Jahre alt ist das Kind.

Die Eltern des Kindes, aber auch die Jünger staunen. «Du hast uns in größter Not geholfen, Jesus», sagt Jaïrus. «Du machst möglich, was unmöglich ist», fügt die Mutter des Kindes hinzu. Jesus aber sagt: «Gebt dem Kind zu essen und erzählt nicht weiter, was jetzt geschehen ist. Niemand soll es erfahren.» Jaïrus staunt noch mehr: «Wer bist du denn, Jesus? Du bist stärker als die Angst, stärker als der Tod.»

Für Jaïrus hat an diesem Tag ein neues Leben begonnen. Er weiß: Jesus hat Macht. Er kommt von Gott.

Jesus aber zieht mit seinen Jüngern weiter, in andere Städte und Dörfer, um zu predigen, um zu heilen. Viele warten auf ihn.

Markus 4, 35-41; 5, 21-43

Unser Vater im Himmel

Jesus wandert durch ganz Galiläa. Häufig predigt er nur für seine Jünger. Sie hören ihm zu. Sehr genau hören sie ihm zu. Denn Jesus schickt sie immer wieder aus, um seine Geschichten von Gott weiter zu erzählen.

Immer, wenn Jesus ausruht und erzählt, kommen aber auch andere Menschen. Sie wollen von ihm lernen.

Heute möchte Jesus allein sein. Die Jünger sehen, daß er unter einem Baum niederkniet. Er betet. Mit den Jüngern warten am Fuß des Hügels auch Frauen und Kinder. «Was betet er wohl?» fragen sie einander. Da murmelt ein Junge: «Gepriesen seist du, Herr, unser Gott, König der Welt, der du Brot aus der Erde wachsen läßt.» Es ist das Tischgebet, das sie alle kennen. «Ja, Gott ist ein König - und von ihm kommt alles Brot», flüstert die Mutter des Jungen.

«Schaut, Jesus kommt! Er kommt hierher», rufen andere Kinder. Sie stehen auf. Alle schauen auf Jesus. Einer der Jünger sagt: «Jesus, hilf uns doch. Sag uns, wie wir beten sollen. Du kannst es. Wir aber können es nicht.» Jesus sagt: «Ich gebe euch ein neues Gebet, das ihr immer beten könnt. Mehr müßt ihr nicht beten, denn Gott kennt euch; er weiß, was ihr braucht.» Und Jesus betet:

Vater unser im Himmel!
Geheiligt werde Dein Name.
Dein Reich komme.
Dein Wille geschehe, wie im Himmel,
so auf Erden.
Unser tägliches Brot gib uns heute.
Und vergib uns unsere Schuld,
wie auch wir vergeben unsern
Schuldigern.
Und führe uns nicht in Versuchung,
sondern erlöse uns von dem Bösen.
Denn Dein ist das Reich und die Kraft
und die Herrlichkeit in Ewigkeit.
Amen.

Zuerst ist es sehr still. «Wie ein Vater ist Gott», sagt eine Stimme. «Wie ein guter, ein sehr guter Vater», sagen andere. «Er hat uns lieb wie unser Vater.» «Er hat mich so lieb wie eine Mutter», ruft ein Kind dazwischen. Zuerst lachen einige Leute. Jesus aber lacht nicht. «Ja, das ist das Wichtigste, daß Gott euch lieb hat.»

«Vater unser, du hast mich lieb wie meine Mutter, wie ein guter Vater», das können auch die Kinder beten. Vieles andere verstehen sie nicht. Doch sie fragen Jesus: «Um Brot darf man Gott doch bitten. Darf man ihn immer bitten?» «Immer!» Jesus nickt. «Ich erzähle euch eine Geschichte, damit ihr mich besser versteht.»

Und Jesus erzählt: Mitten in der Nacht bekam ein Mann Besuch. Ein Freund, den er lange nicht gesehen hatte, war abends spät zu ihm gekommen und hatte gefragt: «Darf ich bei dir essen und schlafen? Ich bin auf der Reise und ziehe morgen weiter.» Der Mann machte die Tür weit auf; er freute sich über seinen Freund. «Du bist mein Gast, tritt ein.» Doch jetzt entdeckte er mit Schrecken: Er hatte kein Brot im Haus, keinen Bissen. Alles war aufgegessen. Erst morgen früh wollte seine Frau wieder backen. Was sollte er tun? Mein Nachbar hat heute gebacken, dachte er. Er könnte mir Brot leihen. Aber mitten in der Nacht? Der Nachbar schläft. Alles ist schon still nebenan. Seine Tür ist fest verriegelt.

Doch der Mann nahm allen Mut zusammen. Er klopfte an die Tür seines Nachbarn. Zuerst leise, dann heftig, ungeduldig, unverschämt, immer stärker. «Leih mir bitte drei Brote! Ein Freund hat mich besucht.» Der Mann klopfte weiter. Endlich wachte der Nachbar auf. «Mach mir keine Mühe, du unverschämter Kerl. Die Tür ist verschlossen, wir wollen schlafen. Laß uns in Ruh.» Doch plötzlich hörte man, daß eine schwere Stange zur Seite geschoben wurde. Die Tür öffnete sich einen Spalt breit. Nur ein kleines Öllämpchen flackerte. Da lagen die Kinder des Nachbarn und schliefen; die Frau hatte sich erschreckt aufgerichtet. Und der Nachbar - holte drei Brote und gab sie dem Mann. Schon wurde die Tür wieder mit der Stange verriegelt. Dunkel und still war die Nacht. Der Mann aber drückte die drei Brote an sich. Er stürzte hinüber in sein Haus. Er war glücklich.»

Jesus unterbricht seine Erzählung. Alle lauschen. Was will Jesus mit dieser Geschichte sagen? Jetzt spricht er weiter: «Wie dieser Mann dürft ihr klopfen und bitten, ihr dürft auch schreien und betteln, wenn ihr betet. Gott hört euch. Er macht euch immer die Tür auf. Wie ein guter Vater. Wie eine gute Mutter, die sich über ihr Kind freut. So ist es beim Gebet.»

Immer mehr Menschen haben sich bei Jesus versammelt und hören ihm zu. Die kleinen Kinder sind eingeschlafen oder nach Hause gelaufen. Für sie ist es schwierig, alles, was Jesus sagt, zu verstehen. Jesus erzählt von den Vögeln: Sie sind schön und bunt, sie haben genug zu essen, sie müssen nicht arbeiten; Gott sorgt für sie. Und Jesus erzählt auch von den Lilien in ihrem wunderbaren Kleid; schöner sind sie als König Salomo in seinem seidenen Mantel. Auch für die Blumen sorgt Gott. Sie müssen nicht arbeiten. Sie bekommen alles, was sie brauchen. «Gott weiß auch, was wir Menschen brauchen. Er sorgt für euch noch besser als für die Vögel und die Blumen. Macht euch darum keine Sorgen.»

Viele, die zugehört haben, denken nach. Was will er nun, dieser Jesus? Sollen wir betteln, schreien und klopfen wie der Mann in der Nacht, damit Gott uns hilft? Oder sollen wir geduldig warten wie die Blumen auf der Wiese? Weiß Gott wirklich, was wir brauchen? «Dieser Jesus gibt uns Rätsel auf», sagen sie.

Doch den Anfang des Gebets Jesu, das er sie gelehrt hat, vergißt keiner. «Vater unser im Himmel», dürfen sie bitten. Sie alle sind Gottes Kinder: Großeltern, Mütter, Väter und Kinder. Für alle sorgt Gott.

Matthäus 6, 9-15; Lukas 11, 1-10, Lukas 12, 22-31

Eine Frau in Samaria

Auch Frauen gehören zu Jesus. Sie können nicht immer bei ihm bleiben und mit ihm durchs Land ziehen. «Sie sollen für ihre Kinder sorgen oder für ihre alten Eltern. Frauen gehören ins Haus, nicht auf die Straße», sagen die Jünger und wundern sich, daß Jesus lange mit Frauen spricht. Sie wundern sich, daß Jesus den Frauen besonders aufmerksam zuhört. Was will er von ihnen erfahren?

Immer wieder gibt es auch reiche Frauen, die Jesus und seine Jünger mit Geld unterstützen. Andere Frauen laden Jesus und seine Jünger zum Essen ein oder lassen ihn in ihrem Haus übernachten. Jesus nämlich hat kein eigenes Haus; er verdient kein Geld. Immer ist er mit seinen Freunden unterwegs.

Eines Tages wandern sie durch die Gegend von Samaria. Den Jüngern wird es ungemütlich. Sie möchten schnell weiterziehen. «Immer wieder fangen die Leute in Samaria Streit an», sagt einer von ihnen. Ein anderer fügt leise hinzu: «Ich habe gehört, daß sie hier Götzenbilder anbeten - sie kommen auch nicht in den Tempel von Jerusalem. Sie sind keine richtigen Juden.»

Doch Jesus läßt sich nicht drängen. Gerade in dieser gefährlichen Gegend will er sich ausruhen. Er setzt sich neben einen Brunnen außerhalb des Städtchens. Es ist Mittag. Die Menschen haben sich in ihre kühlen Häuser zurückgezogen. Die Hitze flimmert über der leeren Straße. Jesus schickt seine Jünger in den Ort und sagt: «Kauft etwas zu essen.» Neben dem Brunnen wartet er.

Da kommt eine Frau aus dem Städtchen. Sie kommt ganz allein. Mitten am Tag. Sie kommt nicht wie die anderen Frauen, die in der Abendkühle zum Brunnen gehen und dabei lachen und schwatzen. Auf der Schulter trägt die Frau einen großen Krug. Sie stellt ihn auf den Brunnenrand und schaut Jesus erstaunt an. Noch mehr staunt sie, als er sagt: «Gib mir aus deinem Krug zu trinken.» Sie sieht es an seinen Kleidern, und sie hört es an seiner Sprache: Jesus kommt vom See Gennesaret; er ist nicht von hier. Und sie fragt: «Du bist Jude - und du bittest eine Samariterin um Wasser? Ich dachte, ihr wollt nichts mit uns zu tun haben!» Jesus antwortet: «Wenn du wüßtest, wer ich bin, so würdest du sagen: Gib doch du mir zu trinken! Denn ich kann dir Lebenswasser geben.» «Lebenswasser?» Die Frau stutzt. Sie schaut Jesus genau an. «Du hast ja nicht einmal einen Wasserkrug; wie willst du mir Wasser geben?» fragt sie und schüttelt den Kopf, während sie ihren Krug an einem Seil in den tiefen Brunnen gleiten läßt.

Jesus sagt: «Wer vom Wasser in diesem Brunnen trinkt, hat immer wieder Durst. Wer aber von meinem Wasser trinkt, wird nie mehr Durst haben.» Hat dieser jüdische Wanderer ein Wunderwasser? Die Frau zieht den vollen Krug nach oben; sie lächelt und sagt: «Herr, dann gib mir doch von deinem Wasser, dann muß ich nicht mehr zum Brunnen gehen und den schweren Krug nach Hause tragen.»

Wie Jesus dann weiterspricht, erschrickt sie. Dieser Mann weiß alles über sie! Er weiß, daß sie schon fünfmal verheiratet war. Sie schämt sich. Und sie denkt: Ist er ein Prophet?

Er ist mächtig, dieser Jude! Aber sie hat keine Angst vor ihm. Sie bleibt beim Brunnen sitzen.

«Ich weiß, daß ein Retter von Gott zu den Menschen kommen wird», sagt sie später. «Sie nennen ihn den Messias, den Christus. Weißt du etwas über ihn?» Jesus sieht die Frau an. «Ja, ich selbst bin der Retter. Ich komme von Gott. Wer mich kennt, hat das Wasser des Lebens.»

Jetzt springt die Frau auf. Sie hüpft vor Freude. Sie hat nicht gemerkt, daß die Jünger mit dem Essen zurückgekommen sind. Vor Aufregung läßt sie ihren Krug auf dem Brunnenrand stehen. Mit großen Schritten eilt sie ins Städtchen. Plötzlich schämt sie sich nicht mehr. Sie weckt die Leute aus ihrem Mittagsschlaf und ruft: «Kommt hinaus zum Brunnen, kommt schnell! Der Christus ist da. Er kommt von Gott. Er hat das Lebenswasser. Kommt hinaus zum Brunnen!»

Zuerst verstehen die Leute sie nicht. Dann werden sie neugierig. Viele kommen zu Jesus. Sie hören ihm zu. «Bleib bei uns», sagen sie. «Wir tun dir nichts. Denn wir glauben es: Du bist der Helfer, auf den alle warten.»

Nach zwei Tagen aber zieht Jesus weiter. Bald ist er wieder in Galiläa.

Johannes 4, 1-42

Zwei Schwestern

Wieder haben Jesus und die Jünger einen heißen Wandertag hinter sich. Sie kommen in ein Dorf. Jesus sagt: «Das ist Martas Haus. Susanna hat es mir beschrieben. Ich will sie heute besuchen. Sucht auch ihr euch einen Ort, wo ihr übernachten könnt.» Schon klopft Jesus ans Tor des Hofes.

Langsam geht die Tür auf. «Bist du Marta? Ich soll dich von Susanna grüßen. Darf ich heute dein Gast sein?» sagt Jesus ruhig. Schnell verschwindet die Angst aus dem Gesicht der Frau. «Sicher bist du Jesus, der Prediger! Tritt ein! Susanna hat mir viel von dir erzählt.» Marta freut sich. Sie ist aufgeregt. Sie möchte Jesus ein gutes Essen vorsetzen. Sie wäscht die staubigen Füße Jesu. Sie holt Mehl und Milch, Fleisch und Gemüse aus dem Vorratsraum. Sie gibt sich große Mühe. Sie geht hin und her.

Wo ist denn Maria, meine Schwester - die könnte mir helfen, denkt Marta. Da entdeckt sie Maria: Sie kniet in einer Ecke des großen Raums neben Jesus. Sie sieht nicht, wie Marta sich abmüht. Sie hört nur zu. Sie hört auf Jesus, der erzählt. «Meister», ruft Marta empört, «siehst du nicht, daß Maria alle Hausarbeit mir überläßt? Sag ihr doch, sie solle mir helfen.» Jesus aber sagt: «Laß Maria sitzen. Sie tut das Richtige.»

Zuerst erschrickt Marta. Hat nicht sie Jesus die Tür geöffnet, die Füße gewaschen? Hat nicht sie das ganze Essen vorbereitet? Ist das nichts Richtiges? Sind Essen und Trinken nicht die Hauptsache, wenn ein Gast kommt?

Jesus hat ihre Gedanken erraten. «Setz dich zu uns, Marta. Maria hat mir zugehört - das ist jetzt wichtiger als alles andere. Hör auch du zu und mach dir keine Sorgen mehr.» Marta staunt. Auch sie setzt sich. Sie wird ruhig. Sie erinnert sich an alles, was Susanna ihr früher von Jesus erzählt hat: «Du spürst Gott ganz nahe, wenn Jesus von Gottes Reich erzählt.»

Auch Marta hört jetzt zu. Ja, Zuhören ist die Hauptsache - Jesus hat recht.

Immer wieder besucht Jesus auch später die beiden Schwestern Marta und Maria. Sie kochen für ihn und für seine Jünger, sie waschen seine Füße, vielleicht waschen sie auch seine Kleider. Vor allem aber hören sie ihm zu. Sie hören seine Geschichten vom Gottesreich.

Lukas 10, 38-42

Jesus erzählt vom Gottesreich

Zwei Brüder sitzen auf dem Gemüsemarkt. Schon früh morgens sind sie in die Stadt gekommen und haben ihre Kürbisse und Melonen kunstvoll aufgetürmt. Wenn der Marktlärm etwas weniger laut ist, rufen sie mit kräftiger Stimme: «Schöne Melonen! Süße Melonen! Die besten Kürbisse von Galiläa!»

Der Tag wird immer heißer. Die beiden jungen Männer sitzen am Boden. Sie lehnen sich aneinander. Ihre Augen sind halb geschlossen. Dennoch hören sie alles, was auf dem Markt geschieht.

Plötzlich hören sie eine kräftige Stimme: «Da vorn an der Ecke steht er, dieser Jesus von Nazaret. Wenn ihr ihm zuhören wollt, beeilt euch! Seine Geschichten sind gut.» Da sind die beiden Brüder hellwach. Sie sehen sich an. Auf dem Weg in die Stadt hat ihnen ein Freund von Jesus erzählt. Auch zu Hause im Dorf haben die Nachbarn schon von Jesus geredet. Sie wollen Jesus sehen und hören.

An der Ecke des Marktplatzes stehen die Menschen dicht gedrängt. Alle hören zu. «Unmöglich, er sagt, er sei Gottes Sohn», murmelt ein alter Mann. «Still», flüstern andere, «laßt ihn reden. Eine Geschichte vom Gottesreich will er erzählen.»

Jetzt stehen die beiden Brüder nahe vor Jesus. Jesus streckt seine leere Hand aus und sagt: «Hier auf meiner Hand liegt ein kleines Senfkorn. Wie ein Pünktchen so klein. Ihr seht es nicht. Aber ihr seid ja alle Gemüsebauern und kennt den Senfsamen. Ich könnte das Körnchen in die Luft blasen - da wäre es verloren. Wenn es einer von euch in seinen Gemüsegarten steckt, vergißt er es vielleicht. Aber plötzlich sieht er: Aus dem winzigen Samen wird ein Strauch, fast ein Baum, größer als alle anderen Pflanzen des Gartens, ein Busch mit Ästen, die sich weit ausstrecken, mit Blättern, die Schatten spenden, mit Ästen, so dicht, daß Vögel ihre Nester bauen und sich verstecken können.»

Während Jesus erzählt, ist es sehr still. Die Bauern denken an ihren Gemüsegarten. «Wie dieses Senfkorn ist das Gottesreich», fährt Jesus fort. «Winzig klein. Unsichtbar. Und plötzlich groß und herrlich.» Ein Mann spottet: «Gott in einem Gemüsegarten - was soll das eigentlich?» Ein anderer sagt mit strenger Stimme: «Dieser Prediger meint, er verstehe mehr von Gott als wir Schriftgelehrten. Wir haben die alten Schriften studiert. Wir wissen es besser.»

Jesus fährt mit seiner Erzählung fort. Er winkt einige Frauen zu sich. «Auch euch will ich vom Gottesreich erzählen. Wenn ihr euer Brot backt, so schüttet ihr das gemahlene Mehl in einen Backtrog. Dann mischt ihr eine Handvoll Sauerteig und Wasser darunter. Ihr knetet und knetet, bis der Sauerteig ganz mit dem Mehl vermischt ist. Der Sauerteig verschwindet, er wird unsichtbar, er ist im Mehl verborgen. Doch er verändert das ganze Mehl in eurem Backtrog. Euer Teig geht langsam auf, und euer Brot schmeckt gut, weil ihr den Sauerteig gebraucht habt. So ist es mit Gott und seinem Reich.»

Während Jesus weiter mit den Frauen spricht, gehen die beiden Brüder zurück zu ihrem Marktstand. «Wie gerne würde ich Gott sehen», sagt der eine. «Aber unsichtbar ist er, wie der Sauerteig. Und klein wie ein Senfkorn.» «Und trotzdem ist große Kraft in ihm», fügt der andere hinzu. «Ich möchte noch mehr Geschichten vom Gottesreich hören.»

Und wirklich: Abends, nachdem die Brüder alle Kürbisse und Melonen verkauft haben, begegnen sie Jesus nochmals. Mit

seinen Jüngern sitzt er in einem Hof, der zur Straße hin offensteht. Die Brüder bleiben stehen und hören Jesus erzählen: «Mit dem Gottesreich ist es wie mit einem Schatz, der in einem Acker verborgen ist. Ein Knecht pflügt die Erde. Der Pflug stößt plötzlich auf etwas Hartes und bleibt stecken. Zuerst ärgert sich der Knecht. Dann staunt er. Er findet eine Schatzkiste. Schnell vergräbt er sie wieder, und schnell verkauft er alles, was er hat: Sein Häuschen, seine Weinpresse, seinen kleinen Garten. Für das Geld, das er bekommt, kauft er den Acker, in dem der Schatz versteckt ist. Seine Freude ist groß.

Mit dem Gottesreich ist es auch wie mit einem Kaufmann, der schöne Perlen sammelt. Er entdeckt bei einem Händler die größte und kostbarste Perle, die er je gesehen hat. Da leuchten seine Augen. Und schnell verkauft er alles, was er hat: Seine anderen Perlen, auch alle Edelsteine. Für das Geld, das er bekommt, kauft er die große kostbare Perle. Seine Freude ist groß.»

Es dämmert. Die Jünger schließen das große Hoftor. Die beiden Brüder aber beeilen sich, vor der Dunkelheit nach Hause zu kommen. Der eine sagt: «Die Perle war dem Kaufmann wichtiger als alles andere. Merkwürdig. Am Schluß hatte er die eine Perle, aber alle anderen Perlen waren fort!» Der andere fügt hinzu: «Und erst dieser Knecht: Sogar sein Häuschen hat er weggegeben. Nichts mehr hatte er. Er war arm wie die Männer, die mit Jesus durchs Land ziehen. Aber er war voll von Freude!»

Nachdem sie in der Dunkelheit schon fast zu Hause angelangt sind und lange von Jesus geredet haben, spüren sie: Freude ist die Hauptsache. Die Freude gehört zum Gottesreich. Die Freude gehört auch zu Jesus.

Zu Hause erzählen sie alles, was sie mit Jesus erlebt haben.

Matthäus 13, 31-35. 44-46

Der barmherzige Samariter

«Was will dieser Gelehrte bei Jesus? Warum fragt er ihn aus über die heiligen Schriften? Will er ihn prüfen?» So reden die Jünger miteinander, während der Schriftgelehrte mit Jesus in ein Haus tritt und sich hinsetzt. Neugierig bleiben die Jünger im Eingang stehen und hören zu. «Was muß ich tun?» fragt der Gelehrte, «damit ich nach dem Tod zu Gott komme?» «Du weißt doch selbst, was darüber in den Schriften steht! Sag es mir!» Der Gelehrte nickt. «Ich soll Gott von ganzem Herzen liebhaben. Und meinen Nächsten soll ich liebhaben wie mich selbst. Aber sag mir, Jesus: Wer ist denn mein Nächster?» Da erzählt Jesus eine Geschichte:

Stellt euch einen Mann vor, der eine Reise machte. Er wanderte von Jerusalem nach Jericho, durch die gefährliche Gegend, die ihr kennt, vorbei an kahlen Felsen, auch durch einsame Schluchten. Lange begegnete der Wanderer niemandem. Aber plötzlich waren Räuber da. Sie stürzten sich auf den Mann, warfen ihn zu Boden. Alles rissen sie ihm weg, auch seine Kleider. Der Mann war verletzt und blutete. Halbtot ließen ihn die Räuber liegen.

Da sah der Verletzte, daß sich ein vornehmer Herr auf dem Weg näherte. Er kommt auch von Jerusalem, er ist Priester, ich sehe es seinen Kleidern an, dachte der Verletzte. Sicher wird er mir helfen. Aber der Priester ging vorbei.

Später hörte der Verletzte wieder Schritte. Er war zu schwach, um zu rufen. Aber er sah, daß ein Tempeldiener näher kam. Er sieht mich, sicher hilft er mir, dachte der Mann am Straßenrand. Er wartete. Er stöhnte. Doch der Tempeldiener schaute auf die andere Seite. Er ging vorbei.

Der Verletzte konnte sich nicht bewegen. Es war heiß. Er hatte große Schmerzen, er drückte seine Augen zu und dachte: Jetzt in der Mittagshitze kommt niemand mehr vorbei.

Ich muß sterben. Doch leise, dann immer lauter hörte er Tritte; es war das Trappeln eines Esels. Die Tritte wurden langsamer, und dann hielt der Esel an. Der Verwundete hörte, daß jemand absprang; er spürte Hände, die ihn unter den Schultern faßten, die ihn auf eine Decke betteten. Jemand netzte seine ausgetrockneten Lippen mit Wasser. Sein blutverschmiertes Gesicht wurde gewaschen, seine Wunden mit Tüchern verbunden. Erst jetzt öffnete der Verwundete die Augen und schaute auf: Vor ihm stand ein Samariter. Ein Mann aus Samaria. Auch ihn kannte der Verletzte an den Kleidern. Er ist kein Jude, dachte er. Aber er war so schwach, daß seine Augen immer wieder zufielen.

Nachdem der Samariter ihn auf seinen Esel gesetzt hatte, wurde der Verwundete im Sitzen bewußtlos. Sein Retter stützte ihn und führte den Esel vorsichtig auf dem Weg nach Jericho, bis er ein Gasthaus fand. Dort bettete der Samariter den Verwundeten auf eine Schlafmatte. Er salbte die Wunden. Er gab ihm zu trinken und zu essen und wachte die ganze Nacht neben dem Kranken.

Wenn der Verwundete aufwachte, sah er den Samariter neben sich im Schein der kleinen Öllampe. Er wunderte sich. Immer hatte man ihm gesagt: «Nimm dich in acht vor den Samaritern. Sie gehören nicht zu uns Juden. Sie sind anders als wir.» Und jetzt hatte ihm ausgerechnet ein Mann aus Samaria geholfen. Er hätte gerne gefragt. Aber er war zu schwach zum Reden. Immer wieder schlief er ein.

Dann wurde es Morgen. Der Samariter mußte weiterreisen. Er gab dem Gastwirt Geld und sagte: «Sorge gut für diesen Mann, bis es ihm wieder besser geht. Wenn das Geld nicht reicht, will ich dir später alles bezahlen. Ich komme auf meiner Rückreise wieder hier vorbei.»

Hier ist Jesu Geschichte fertig. Alle sind still. Der Schriftgelehrte sitzt vor Jesus auf dem Boden und schaut zu ihm auf. In die Stille hinein aber sagt Jesus: «Du hast mich gefragt, wer denn dein Nächster sei. Ich frage nun dich: Du hast von drei Männern gehört, die auf der Straße an dem Mann vorbeikamen, den die Räuber verletzt und ausgeraubt hatten: ein vornehmer Priester, ein Tempeldiener, ein Samariter. Welcher von ihnen war der Nächste für den Verwundeten?» «Der Samariter war's! Dieser barmherzige Samariter, der nicht vorbeiging», antwortet der Schriftgelehrte leise. Er schaut zu Boden. Es ist ihm unangenehm; denn sonst sagt er nur Schlechtes über die Samariter. Mit denen will man doch nichts zu tun haben. «Deine Antwort ist richtig», sagt Jesus. «Mach es wie der Samariter.»

Da drückt sich der Schriftgelehrte durch alle Zuhörer hinaus; er verläßt das Haus. Er sagt nichts mehr. Sicher, denkt er, Jesus hat recht. Aber es paßt ihm nicht, daß nur der Samariter geholfen hat.

Auch die Jünger sind still geworden. Sie möchten weiterfragen. Gott lieben, den Nächsten lieben - das ist für Jesus die Hauptsache. Aber wie tut man das? Es ist so schwer. Jeder von ihnen denkt weiter darüber nach, während sie mit Jesus auf der Landstraße weiterziehen.

Lukas 10, 25-37

Fünf Brote und zwei Fische

Ein Junge ist unterwegs ins Städtchen. Er soll dort Brot und Fisch verkaufen. Fünf Gerstenbrote und zwei Fische. Die Mutter hat die Brote gebacken, der Vater hat die Fische gefangen. Der Junge trägt den Korb auf seinem Kopf.

Auf dem Weg in die Stadt kommen ihm immer wieder Menschen entgegen. Zuerst einige Frauen, dann ein Bettler, auch ein Blinder, der von zwei Kindern geführt wird. Wohin gehen sie? Dieser Weg hinaus aus dem Städtchen ist sonst fast leer. «Was ist denn los hier draußen?» fragt der Junge schließlich zwei Frauen, die am Wegrand ausruhen. Schnell antwortet eine von ihnen: «Dort ist Jesus!» Die andere fügt hinzu: «Er predigt, er macht Kranke gesund - hast du nicht von ihm gehört?» Schon machen sich die beiden Frauen wieder auf den Weg.

Der Junge bleibt stehen. Er soll doch zum Markt gehen, nicht hinaus zur Seebucht. Nein, von Jesus hat er noch nie gehört. Er ist neugierig. «Komm doch mit», rufen ihm einige Kinder zu. Auch sie sind unterwegs.

Langsam wandert nun auch der Junge in der gleichen Richtung wie alle anderen, weg vom Städtchen. Dann geht er schneller. Er geht neben drei Männern her, die von Jesus reden. Er will zuhören. Er muß große Schritte machen. «Schaut, da draußen fährt er. Im Boot des Simon Petrus», sagt einer der Männer. Der zweite fügt hinzu: «Jesus wollte allein sein; er war müde. Er hat gesagt: Ich will hinüber zu dieser einsamen Wiese am See fahren.» Und der dritte Mann sagt schnell: «Ja, beeilt euch! Vielleicht sind wir noch vor Jesus am See unten. Wir wollen auf der Wiese auf ihn warten.»

Der Junge hat vergessen, daß er zum nahen Städtchen gehen sollte, in die andere Richtung. Er ist gespannt auf diesen Jesus. Der Korb auf seinem Kopf ist immer noch voll.

Plötzlich liegt die große Wiese am See vor ihm. Die vielen Menschen sehen aus wie eine riesengroße Schafherde. Das Boot des Simon Petrus hat gerade angelegt, vorn am See. Man sieht von oben, daß alle dorthin drängen. «Er ist wie ein guter Hirte, der für seine Schafe sorgt», sagt eine Frau neben dem Jungen. «Ich habe gehört, wie er gestern gepredigt hat. Er kommt nicht nur zu den Frommen und Reichen. Er erzählt allen vom Gottesreich.»

Frauen, Männer und Kinder drängen sich um Jesus. Alle wollen ihm nahe sein. Doch langsam wird es kühl. Nebel kriecht über den See. Einer von Jesu Jüngern sagt: «Schicke doch die vielen Menschen weg. Es ist Zeit zum Essen. Siehst du nicht, daß sie Hunger haben? Sie sollen sich im Städtchen etwas zu essen kaufen.» «Gebt ihr ihnen doch zu essen!» antwortet Jesus. Die Jünger schütteln den Kopf. «Herr, wie sollen wir ins Städtchen gehen und Brot kaufen? Wir haben ja gar kein Geld!

Zweihundert Silberstücke müßten wir haben!» «Wieviel Brot ist denn da?» fragt Jesus. Da gehen die Jünger durch die Menschenmenge und rufen: «Wer hat Brot? Wer hat Brot?» Alle schütteln den Kopf. Sie strecken ihre leeren Hände in die Höhe. «Nichts haben wir, nichts!»

Der Junge trägt immer noch seinen Korb auf dem Kopf. Er hat Herzklopfen. Und plötzlich schiebt ihn einer von Jesu Jüngern nach vorn, ganz nahe zu Jesus. «Fünf Brote und zwei Fische – das ist alles, was wir gefunden haben. Nichts als den Marktkorb dieses Jungen, das können wir ihm abkaufen!» sagen sie. Jesus aber winkt die Menschen zusammen und ruft ihnen zu: «Macht es euch im Gras bequem. Setzt euch in Gruppen zusammen. Wir wollen essen.» Der Junge hat seinen Korb vor Jesu Füße gestellt. Er hört Jesus beten, so wie sie alle vor dem Essen beten: «Gepriesen seist du, Herr, unser Gott, König der Welt. Du läßt das Brot aus der Erde wachsen.»

Jetzt blickt der Junge auf die Hände Jesu. Die Hände brechen die Brote, die seine Mutter gebacken hat. Dann gibt Jesus die großen Brotbrocken und die kleinen Fischstücke den Jüngern. Und auch die Jünger teilen Brot und Fisch: Viele Hände, die teilen und brechen,

teilen und brechen. Alle Hände werden voll, Hände von Kindern, Frauen und Männern. Alle bekommen Brot. Und die Menschen setzen sich wieder. Es wird still. Alle essen. Alle werden satt. «Fünftausend Menschen sind es», sagt einer der Jünger.

«Sammelt die Brotbrocken und die Fischstücke, die übrig sind», sagt Jesus. Die Frauen, die vorher auf dem Markt ihr Gemüse verkauft haben, bringen ihre leeren Körbe. Zwölf Körbe werden mit Resten gefüllt. Auch der Korb des Jungen wird wieder voll.

Die Menschen staunen und sagen: «Jesus hat uns alle satt gemacht, uns alle.»

Dann stehen sie auf. Es ist fast dunkel geworden. Alle, die dabei waren, wollen weiter erzählen, was Jesus getan hat. «Unsere Hände waren leer, und sie wurden voll», werden sie sagen. «Er kommt von Gott; er ist ein Prophet», sagen die einen. «Er sollte unser König sein», sagen andere.

Der Junge setzt seinen Korb wieder auf den Kopf. Mein Korb ist schwerer als vorher, denkt er. Ganz langsam trägt er ihn nach Hause. Ins Städtchen muß er jetzt nicht mehr gehen. Aber er wird erzählen, von Jesus erzählen. Er freut sich.

Johannes 6, 1-15; Markus 6, 30-44

Eingeladen zum Festessen

Es ist Sabbat. Alle ruhen sich aus. In den Häusern ist das Sabbatessen schon vorbereitet.

Auch bei einem reichen Pharisäer ist der Tisch festlich gedeckt. Lauter vornehme Gäste sind eingeladen. Warum ist Jesus in seinem einfachen Reisekleid auch dabei? Wollen die strengen Pharisäer ihn prüfen? Wollen sie Jesus kennenlernen und Geschichten von ihm hören?

Einer der Gäste sagt: «Jesus, erzähl uns doch vom Himmelreich!» Wieder antwortet Jesus mit einer Geschichte. Er erzählt:

Ein Herr hatte zu einem Festessen viele Leute eingeladen. Reiche Leute natürlich, vornehm und reich wie er selbst. Als der Tisch gedeckt und das Essen vorbereitet war, schickte er einen Knecht aus. Der Knecht ging zu allen eingeladenen Gästen und sagte: «Mein Herr schickt mich zu euch. Kommt! Alles ist bereit. Das Fest beginnt. Kommt mit!» Plötzlich sagte nun jeder der eingeladenen Gäste: «Tut mir leid. Ich kann doch nicht kommen.»

Der erste sagte: «Ich habe gerade ein Stück Land gekauft - das ist wichtig für mich und hat viel Geld gekostet; jetzt muß ich das neue Land genau ausmessen. Tut mir wirklich leid, ich kann nicht kommen.»

Ein anderer der Eingeladenen sagte: «Ich habe für mein großes Landgut gerade fünf Paar Ochsen gekauft - ich brauche sie für meine Fuhrwerke und muß die Tiere unbedingt genauer untersuchen. Es eilt. Ich habe darum keine Zeit. Tut mir wirklich leid.»

Noch ein anderer, der eingeladen war, hatte gerade geheiratet und sagte: «Ich kann meine Frau am ersten Tag nach unserer Hochzeit wirklich nicht allein lassen. Das wirst du verstehen. Ich kann nicht kommen. Tut mir leid.»

Als der Knecht zurückkam, wurde der Hausherr sehr zornig. Er schickte seinen Knecht nochmals aus: «Geh wieder in die Stadt, aber diesmal nicht zu den vornehmen reichen Leuten. Geh in die kleinen Gassen, in die engen Wohnungen. Hole Leute, die nichts haben, auch Blinde, Kranke und Lahme, die an den Straßenecken betteln müssen.» Alle Bettler, die der Knecht jetzt einlud, kamen. Sie freuten sich.

Aber es waren immer noch freie Plätze am gedeckten Tisch. Der Hausherr schickte seinen Knecht nochmals aus: «Hol auch die Armen, die außerhalb der Stadt betteln, an den Landstraßen und am Rande der Weinberge. Hol sie, damit mein Haus ganz voll wird. Für die Männer, die ich als erste eingeladen habe, soll kein Platz mehr sein an meinem Tisch.»

Hier hört die Geschichte Jesu auf. Die Pharisäer, auch die anderen vornehmen Gäste schütteln den Kopf. Was hat diese Geschichte mit ihnen zu tun? Sie sind zu diesem Sabbatessen eingeladen worden. Und sie sind auch pünktlich gekommen. Ist bei ihnen nicht alles in bester Ordnung? Bettler würden hier nur stören, denken sie.

Im dunklen Hoftor des vornehmen Hauses aber hat ein Mann gelauscht. Auch er ist reich. Er besitzt das prachtvolle Haus mit dem schönsten Blumengarten der Stadt. Aber er wird nie eingeladen in den anderen vornehmen Häusern; bei ihren Sabbatessen wollen sie ihn nicht dabei haben. «Er arbeitet für die Römer, die über uns herrschen - und er verdient viel damit», sagen die einen. «Er ist ein Betrüger, er verlangt zu viel Geld», sagen andere. «Im Gottesdienst soll er nicht dabei sein, er ist ja ein halber Römer.» Denn der Mann, der hier im Dunkeln horcht, ist Zöllner. Er heißt Zachäus.

Tag für Tag steht Zachäus in seinem Zollhaus beim Stadttor. Er ist sogar Oberzöllner. Alle, die in die Stadt kommen, müssen bei ihm Zoll bezahlen: Für die Früchte, die sie zum

Markt bringen, auch für sich selbst müssen sie Zoll bezahlen im Zollhaus des Zachäus. «Die Römer haben euch Straßen gebaut, auch Burgen, damit das Land sicher ist» - so versucht Zachäus zu erklären, warum er das Geld einziehen muß. Aber alle, die zur Zollstelle kommen, schimpfen. «Ach was, diese Römer wollen uns nur beherrschen! Sie wollen uns nicht helfen - und überhaupt: Zachäus, du Gauner, du knöpfst uns ja noch viel mehr Geld ab, als die Römer verlangen. Darum bist du so reich. Du mit deinem Blumengarten...»

Tag für Tag steht Zachäus in seinem Zollhaus in Jericho. Tag für Tag aber denkt er an Jesus und die Geschichte, die Jesus erzählt hat. Zachäus ist einsam. Würde Jesus mich einladen? fragt er sich. In seiner Geschichte vom Festessen gehören sogar die Bettler dazu. Und schlechte Menschen wie ich - dürfen sie auch dabei sein?

Eines Tages ist die Straße vor dem Zollhaus besonders voll. Das gibt gute Geschäfte für den Zöllner! Viele Menschen verlassen die Stadt, rufen und drängen vorwärts. Was ist los? Zachäus tritt auf die Straße. «Jesus kommt. Er kommt auf unsere Stadt zu. Jesus! Jesus!» rufen die Stimmen durcheinander. Jesus? Zachäus verriegelt sein Zollhaus. Die Menschen, die in die Stadt ziehen, freuen sich, weil sie keinen Zoll bezahlen müssen. Zachäus folgt den Menschen, die auf Jesus warten. Er möchte ihn sehen. Er drängt vorwärts. Die Straße ist verstopft. Überall stehen oder drängen Menschen, die größer sind als er. Zachäus nämlich ist ein sehr kleiner Mann. Was soll er tun?

Zachäus verläßt die Straße. Auf dem Acker rennt er an allen vorbei und klettert auf einen Maulbeerbaum am Straßenrand. Hier kann er von oben alles überblicken, obwohl er so klein ist.

Und wirklich: Von hier sieht Zachäus alles. Er sieht nach kurzer Zeit, daß Jesus kommt. Ja, das ist er! Die Jünger umringen ihn. Die Menschen winken ihm zu. Zachäus aber hält sich still. Er will ihn nur anschauen. Von ganz nahe. Doch Jesus bleibt unter dem Baum stehen; er schaut hinauf, er steht genau unter Zachäus. Und er sagt: «Zachäus, steig schnell herab vom Baum. Denn heute will ich dein Gast sein.» «Zu mir kommst du?» Zachäus kann es fast nicht glauben. Er springt vom Baum. Er lacht. Er ist froh. Er führt Jesus in seinen Blumengarten, dann in sein großes Haus. Er ruft seine Diener herbei. «Macht ein Festessen bereit! Jesus ist da!» Er bietet Jesus alles an, was er hat. Jesus bekommt den Ehrenplatz an seinem Tisch.

Die anderen Menschen von Jericho, die auf Jesus gewartet haben, murren. Sie sind wütend. «Ausgerechnet zu einem Gauner, zu einem Römerfreund geht Jesus! Zu diesem Zachäus!»

Zachäus aber sitzt glücklich neben Jesus. Er denkt an das große Festessen, von dem Jesus erzählt hat. Dort ließ der Hausherr Arme und Kranke an seinen Tisch holen, Menschen, die sonst nie eingeladen werden. So will auch ich es machen!

Und Zachäus sagt: «Jesus, du weißt es, ich bin zwar reich. Ich habe viel Geld. Doch niemand hat mich gern. Jetzt will ich die Hälfte von allem, was mir gehört, den Armen geben. Vielen Menschen habe ich zu viel Geld abgenommen. Ich will ihnen viermal so viel zurückgeben. Jesus, das will ich tun.»

Jesus neigt sich zu Zachäus. Er rückt nahe zu ihm, wie wenn er sein bester Freund wäre. Und er sagt: «Heute hat Gott dich neu gemacht. Gottes Liebe ist in dein Haus gekommen und hat alles verändert. Denn dazu bin ich in die Welt gekommen: Die Verlorenen will ich suchen und retten.»

Von diesem Tag an ist Zachäus glücklich. Er ist ein Freund Jesu. Er sagt: «Ich war einsam und verloren. Ich war wie ein Schaf, das sich verirrt hat. Jesus aber hat mich gerettet.»

Lukas 14, 15-24; Lukas 19, 1-10

Verloren und wiedergefunden

Die Pharisäer und Schriftgelehrten ärgern sich über Jesus und murren: «Er hat den Zöllner Zachäus in seinem Haus besucht.» «Du willst ein Gotteslehrer sein», sagen sie, «und bist gleichzeitig ein Freund von Sündern. Das ist unmöglich.» «Hört zu», antwortet Jesus, «ich will euch dazu eine Geschichte erzählen:

Stellt euch einen Hirten vor, der hundert Schafe hat. Er kennt sie alle. Er ruft sie bei ihrem Namen. Aber eines Abends zählt er sie. Er zählt sie immer wieder. Es sind nur noch 99 Schafe. Ein Schaf ist verschwunden. Der Hirt hat ein Schaf verloren, und ihr wißt, was er tut: Er sucht und sucht, in den Felsen und im stachligen Gebüsch. Er läßt die 99 anderen Schafe in der Wüste in einem Pferch zurück. Er sucht, bis er das verlorene Schaf findet. Als er es aber entdeckt, drückt er es vor Freude an sich. Dann legt er es über seine Schultern und trägt es zurück, über Felsen, durch stachliges Gebüsch, zurück zu den anderen 99 Schafen. Wie er später mit allen hundert Schafen wieder nach Hause kommt, ruft er seine Freunde und Nachbarn zusammen und sagt: «Freut euch mit mir. Feiert mit mir. Denn das Schaf, das verloren war, habe ich wiedergefunden. Schaut, hier liegt es auf meinen Schultern.»

Jesus macht eine Pause. Geht die Geschichte weiter? Jesus fügt hinzu: «Wie dieser Hirt mit seinem Schäfchen, so ist Gott mit uns Menschen. Der Hirt sucht jedes Schäfchen, das verlorengeht. Wenn er es gefunden hat, ist seine Freude groß. So freut sich Gott über einen einzigen Menschen, der sein Leben ändert und zu ihm zurückkehrt. Ein einziger Mensch, der sich verirrt hat, ist ihm wichtiger als alle anderen, die seine Hilfe nicht brauchen.»

Auch Zachäus hat zugehört. Er steht im Hintergrund. «Ja, ich bin der Mensch, der sich geändert hat und der sich vorher verirrt hat.»

Am liebsten möchte Zachäus laut rufen: «Ich bin's! Ich bin das Schaf. Jesus ist zu mir gekommen.» Aber Zachäus schweigt. Er will die Schriftgelehrten nicht noch mehr ärgern. Jesus aber erzählt nochmals eine Geschichte. Er will, daß ihn die Pharisäer und Schriftgelehrten noch besser verstehen:

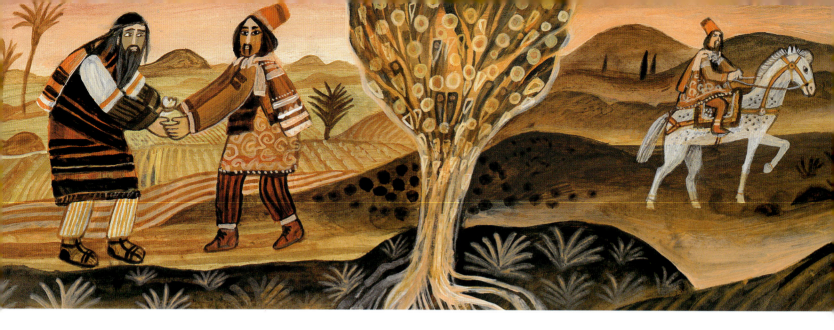

Ein Mann hatte zwei Söhne. Beide Söhne halfen dem Vater auf dem Bauernhof. Da sagte der jüngere Sohn zu seinem Vater: «Ich bin jetzt groß. Ich kann für mich selber sorgen. Laß mich hinausziehen in die Welt und gib mir Geld. Gib mir die Hälfte von deinem Vermögen - das würde ich nach deinem Tod ohnehin erben.» Der Vater erschrak. Aber er ließ den Sohn ziehen. Er gab ihm Geld. Einen ganzen Sack voll. Viele Goldstücke.

Der Sohn aber packte alles zusammen, was ihm gehörte, und zog in ein fremdes Land. Dort hatte er ein lustiges Leben. Er kaufte sich schöne Kleider, er aß und trank mit seinen neuen Freunden und verbrauchte viel Geld.

Aber plötzlich wuchs in dem fremden Land kein Korn mehr. Es hatte lange nicht mehr geregnet. Das Brot wurde sehr teuer. Der Bauernsohn jammerte: «Ich habe Hunger! Ich

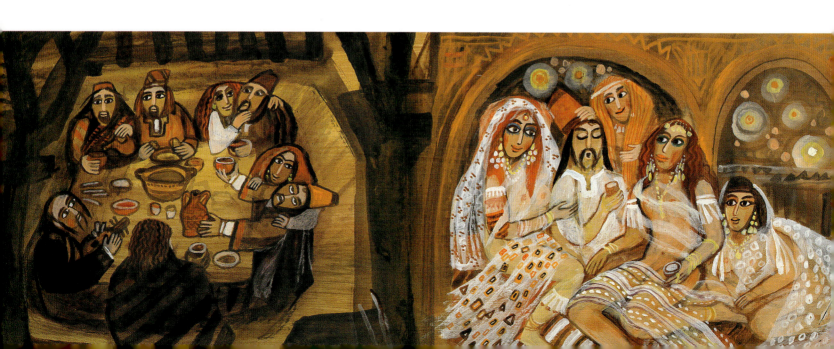

habe Durst! Ich habe kein einziges Goldstück mehr. Ich kann nichts zu essen kaufen.» Er ging zu einem Bauern und fragte: «Darf ich bei dir arbeiten? Bezahlst du mich dafür?» Der Bauer schickte ihn aufs Feld: «Dort kannst du auf meine Schweine aufpassen.» So saß dann der Bauernsohn neben dem Futtertrog. Er war Schweinehirt. Die Schweine schmatzten neben ihm. Aber er hatte nichts zu essen und konnte auch nichts kaufen.

Da dachte der junge Mann an seinen Vater: Die Knechte meines Vaters bekommen Brot und Milch! Sie haben es gut! Bevor ich hier vor Hunger sterbe, will ich heimgehen. Bei meinem Vater will ich arbeiten. Ich will zu ihm sagen: Es war dumm von mir wegzulaufen. Von deinem Geld ist nichts mehr übrig. Ich bin ein schlechter Mensch. Gott sieht es. Aber auch du siehst es, Vater. Stelle mich an wie deinen untersten Knecht. Und der Sohn machte sich auf den Weg nach Hause.

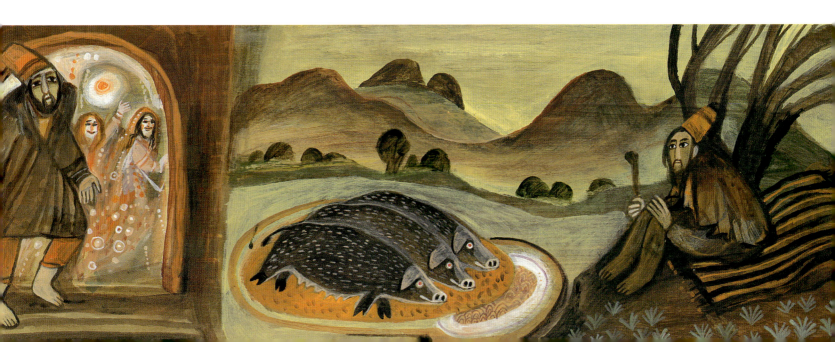

Von weitem sah er den Bauernhof seines Vaters. Stand da nicht jemand? Ein Mann kam auf ihn zu. Er breitete seine Arme aus. Da erkannte er ihn. Es war der Vater! Er umarmte seinen Sohn. Er gab ihm einen Kuß. Er war ihm nicht böse. Und der Vater rief den Knechten zu: «Bringt ihm das beste Kleid! Steckt ihm einen goldenen Ring an die Hand und gebt ihm neue Schuhe. Schlachtet das gemästete Kalb und bratet es! Freut euch mit mir, denn mein Kind ist wieder da. Ich bin glücklich, daß es noch lebt. Ich habe meinen Sohn verloren - jetzt habe ich ihn wiedergefunden.» Auf dem Bauernhof wurde ein großes Fest gefeiert. Alle tanzten und sangen, aßen und tranken.

Der ältere Bruder aber kam gerade von seiner Arbeit auf dem Feld zurück. «Was ist denn los?» fragte er, als er die Festmusik hörte. «Dein Bruder ist zurückgekommen», antwortete ihm ein Knecht. «Dein Vater ist überglücklich. Er hat das gemästete Kalb geschlachtet.» «Sprich nicht weiter!» unterbrach ihn der ältere Sohn. Er war wütend. Er war eifersüchtig. Er wollte nicht dabeisein bei diesem Fest.

Dann kam der Vater heraus. Er legte den Arm um die Schultern seines älteren Sohnes und wollte ihn hereinholen. Der Sohn stieß den Vater von sich. Er drückte die Hände auf

seine Ohren, damit er die Festmusik nicht hören mußte. Und er sagte: «So viele Jahre bin ich immer bei dir geblieben. Ich habe für dich gearbeitet. Aber für mich und meine Freunde gab es nie ein Fest! Nicht einmal einen Ziegenbock hast du für mich schlachten lassen.» Noch einmal legte der Vater den Arm um die Schultern seines älteren Sohnes: «Mein Kind, du warst immer bei mir. Du hast es gut gehabt. Alles was mir gehört, gehört auch dir. Komm, freu dich mit uns. Wir dachten, dein Bruder sei tot. Nun lebt er wieder. Er war verloren, jetzt ist er wiedergefunden.»

Alle haben gelauscht. Hört die Geschichte hier auf? Ist der ältere Sohn doch noch zum Fest gegangen? Jesus erzählt es nicht.

Er zieht mit seinen Jüngern weiter.

Die Männer und Frauen, die zugehört haben, bleiben stehen. Leise reden sie miteinander. «Jesus hat von Gott erzählt», sagt eine Frau. «Jesus ist wie der gute Hirt, wie dieser Vater, der seine Arme öffnet.» Eine andere Frau fügt hinzu: «Ja, Gott sucht die Verlorenen.» «Und auch Jesus geht zu den Verlorenen», sagt Zachäus. Nachdenklich geht er zurück zu seinem Haus.

Lukas 15, 1-7; 11-32

Jesus und die Kinder

Mirjam spielt im Hof. Sie spielt allein mit ihren Glaskugeln. Es ist ihr langweilig. Die Mutter steht am Herd oder ist mit dem kleinen Schwesterchen beschäftigt. Und der Vater ist weggegangen. «Jesus ist wieder da. Dieser Prediger. Ich will ihn sehen. Ich will ihm zuhören», hat er gesagt.

Nie nimmt er mich mit, denkt Mirjam. Sie hat jedesmal gut zugehört, wenn der Vater von Jesus erzählt hat. Sie weiß, daß Jesus das Kind des Jaïrus gesund gemacht hat. Alle haben davon geredet. «Ich möchte ihn auch einmal sehen, diesen Jesus», hat sie vorhin gebettelt. Sie hat sich am Ärmel des Vaters festgehalten. Aber der Vater hat sie abgeschüttelt und streng gesagt: «Du bist zu klein, viel zu klein. Du verstehst nicht, was er sagt.» Dann hat er das Hoftor geschlossen. Seine kräftigen Schritte sind auf der Straße leiser und leiser geworden.

Gleichzeitig wiegt die Mutter im kühlen Haus das kleine Schwesterchen, damit es endlich einschläft. Es ist ein zartes Kindlein. Die Mutter macht sich Sorgen. Auch um Mirjam macht sie sich Sorgen. Was soll aus meinen Kindern einmal werden? denkt sie. Jeden Tag hat sie Angst, daß das Essen nicht reicht. Sie hat Angst vor einer Hungersnot. Sie hat auch Angst vor den Römern. Wenn wir wenigstens nicht so hohe Steuern und Zölle bezahlen müßten!

Auch die Mutter denkt an Jesus, von dem sie immer wieder gehört hat. Auch sie möchte ihn sehen. Sie weiß: Er hat wunderbare Kräfte. Er kommt von Gott, er bringt Hilfe von Gott - das erzählen sie immer wieder.

Plötzlich ist Mirjams Mutter entschlossen: Auch sie will zu Jesus gehen. Sie will ihm zuhören. Sie will ihm ihre Kinder bringen, daß er sie segnet. Ist Jesus denn nur ein Helfer für die Männer? Das kann doch nicht sein! Die Kinder brauchen ihn am nötigsten!

«Komm Mirjam, wir gehen dem Vater nach. Auch wir wollen Jesus zuhören. Zieh deine Sandalen an.» Mirjam hüpft vor Freude auf und ab. Sie sammelt die Glaskugeln ein, während ihre Mutter das Schwesterchen in ein Tuch hüllt. Bald stehen sie auf der Landstraße, die ins Städtchen führt.

Da! Am Rande der Stadt steht eine ganze Gruppe von Männern. Andere sind auf eine Mauer geklettert, um besser zu sehen. Hier muß Jesus sein. Mirjams Mutter will sich nicht nach vorn drängen. Das Kindlein auf ihrem Arm könnte von der Menge erdrückt werden. Aber sie sieht andere Frauen, die zu Jesus kommen möchten. Auch sie haben ihre Kinder bei sich. Die Mutter stellt sich zu ihnen. Sie versuchen zu verstehen, was Jesus sagt. Einige Frauen halten ihre Kinder in die Höhe. «Siehst du ihn?» fragen sie. «Wo ist er?» «Wir sehen nichts», sagen die Kinder.

Da treten zwei junge Männer auf die Frauen und Kinder zu. «Was wollt ihr eigentlich hier? Könnt ihr nicht dafür sorgen, daß eure Kinder still sind?» schimpft der eine. «Jesus redet jetzt mit den Männern. Er will nicht gestört werden», fügt der andere hinzu. Schon wollen einige Frauen wieder nach Hause gehen. Sie fürchten sich. Mirjam schaut zu ihrer Mutter auf; sie schaut sie ganz fest an und flüstert: «Dableiben Mutter, dableiben.» Eine Frau wehrt sich und ruft: «Er ist nicht nur für die Männer da. Ich weiß es. Er hat auch bei Maria und Marta gegessen.»

Und plötzlich treten die Männer zur Seite. Die Kinder und Frauen sehen Jesus. Sofort wissen sie: Das ist er! Er sitzt unter einem Feigenbaum auf einer kleinen Mauer am Straßenrand. «Macht den Frauen Platz, kommt Kinder, kommt. Laßt die Kinder zu mir kommen», sagt er immer wieder, bis vor ihm ein freier Platz ist. Zuerst bleiben die Frauen stehen.

Die kleinen Kinder gehen auf Jesus zu. Die größeren schauen ihn neugierig an, dann folgen sie den jüngeren. Jesus nimmt die

kleinen Kinder auf den Schoß; er umarmt sie und streichelt sie. Er legt ihnen die Hand auf den Kopf. «Er segnet die Kinder. Er gibt ihnen seine Kraft», sagt eine Frau zur anderen. Auch die Mütter werden jetzt mutig. Sie bringen ihre Allerkleinsten zu Jesus, daß er sie berührt. Er nimmt die Kinder sogar auf den Arm. «Wie eine gute Mutter ist er», sagen die Jünger erstaunt. «Jesus, wir wußten gar nicht, daß du ein Kinderfreund bist.» Sie schämen sich, weil sie die Frauen vorhin wegschicken wollten.

Jesus aber sagt zu allen, die vor ihm stehen, zu Kindern, Frauen und Männern: «Wer ins Gottesreich kommen will, muß werden wie diese Kinder.»

Erst später fragen sich die Jünger: «Werden wie die Kinder - wie sollen wir das verstehen? Ist es so einfach, den Weg ins Gottesreich zu finden? Die Kinder können ja die heiligen Schriften noch gar nicht verstehen. Sie können nicht einmal Gut und Böse richtig unterscheiden.» Jesus hat ihnen zugehört. «Und dennoch sollt ihr werden wie die Kinder: Auf Gott zugehen, ihm vertrauen, das ist die Hauptsache.»

Die Kinder und Frauen sind wieder zu Hause. Mirjams Schwesterchen ist schon eingeschlafen. Mirjam weiß jetzt: Ich gehöre zu Jesus und auch mein kleines Schwesterchen. Wir sind nicht zu klein für ihn.

Markus 10, 13-16

Die Frau mit dem krummen Rücken

Ganz hinten in der Synagoge sitzt die Frau mit dem krummen Rücken. Vor achtzehn Jahren hatte sie eine schwere Krankheit. Seit achtzehn Jahren kann sie sich nicht mehr aufrichten. Langsam und gebeugt geht sie jeden Tag durch die Hauptstraße der Stadt. Ob sie lacht oder weint, weiß eigentlich niemand, denn ihr Kopf ist immer nach vorn geneigt. Man nennt sie nur 'die Frau mit dem krummen Rücken'; die meisten Leute haben ihren Namen vergessen. «Sie hat einen bösen Geist in sich», sagen die einen. «Ein Teufelchen sitzt in deinem Rücken», rufen ihr manche Kinder nach.

An diesem Sabbat predigt Jesus in der Synagoge. Er steht vorn. Er erklärt die alten Schriften. Er erzählt vom Gottesreich. Der Raum ist voll. Plötzlich unterbricht Jesus seine Rede. Er zeigt nach hinten. Er winkt jemanden nach vorn. Wer ist gemeint? Alle drehen sich um. Da sehen sie, daß die Frau mit dem gekrümmten Rücken ihren Kopf ein klein wenig hebt und schief nach vorne blickt. Alle sehen jetzt ihr Gesicht. Die Frau aber steht auf. Sie hat verstanden, daß Jesus sie gerufen hat. Sie stützt sich auf ihren Stock und kommt langsam nach vorn. Die Menschen machen ihr Platz. Es ist still im Raum. Nur das Schlurfen der Schritte ist zu hören, bis die Frau vor Jesus steht.

Jetzt sagt Jesus so laut, daß alle es hören: «Frau, du sollst gesund sein.» Er legt seine Hände auf ihre Schultern. Da richtet sie sich auf; ganz schnell hebt sie ihren Kopf, streckt den Rücken. Ein Murmeln geht durch die Reihen. «Das Teufelchen ist fort», flüstern sie. Die Frau aber schaut erstaunt um sich. Sie blickt auf Jesus und ruft laut: «Gott, du Höchster, ich danke dir für deine Hilfe. Du bist herrlich und gütig, Gott, du großer Helfer!»

«Ruhe, hört zu, ihr Leute.» Vorn steht jetzt der Vorsteher der Synagoge. «Ruhe», sagt er nochmals. Alle schweigen. Die geheilte

Frau verstummt. Auch Jesus hört zu. Denn der Vorsteher der Synagoge hat für Ordnung in den Gottesdiensten zu sorgen. «Hört zu! Ihr kennt alle unsere alten Sabbatgebote. Während sechs Tagen sollt ihr arbeiten. Der Sabbattag aber ist der Tag des Herrn. Der Tag zum Feiern und Ausruhen. Da soll niemand arbeiten. Sechs Tage der Woche könnt ihr Kranke heilen. Auch das ist eine Arbeit. Aber nicht am Sabbattag. Auch du, Jesus, sollst dich an unsere Gebote halten. Du hast am Sabbat gearbeitet. Das ist nicht erlaubt.» Eine tiefe Zornesfalte ist auf der Stirn des Synagogenvorstehers zu sehen. Sein strenger Blick richtet sich vor allem auf Jesus. Aber auch andere ältere Männer treten nach vorn. «Ja, dieser Jesus hält sich nicht an unsere Gebote. – Jesus hat unser Gesetz gebrochen. – Jesus ist kein frommer Jude», sagen sie. Doch Jesus kommt auf sie zu und antwortet: «Hört auf mit diesem Gerede, ihr Heuchler! Ihr tut, als ob auch ihr am Sabbat niemandem helfen würdet. Auch ihr gebt euren Ochsen und Eseln zu trinken; ihr bindet sie los und führt sie zum Brunnen, damit sie Wasser trinken können. Ist diese Frau nicht mehr wert als eure Tiere? Wurde sie nicht achtzehn Jahre lang geplagt?»

Einige, die Jesus vorhin beschimpft haben, schämen sich. Viele, die zugeschaut und zugehört haben, freuen sich. «Jesus ist der Retter. Jesus tut wunderbare Dinge», sagen sie, während sie die Synagoge verlassen und draußen die geheilte Frau umringen.

Die Ältesten der Gemeinde aber, auch die Schriftgelehrten und der Vorsteher der Synagoge sind nicht zufrieden. «Jesus hält sich nicht an die Gesetze. Er ist unmöglich», sagen sie immer wieder. «Wir haben es gehört: Auch an anderen Orten hat er am Sabbat Kranke geheilt. Auch einen Mann, der eine verkrüppelte Hand hatte, hat er am Sabbat gesund gemacht. Warum eigentlich? Dieser Mann, aber auch die Frau mit dem krummen Rücken hätten auch warten können!» «Ja, es war kein dringender Fall. Auch heute nicht. Jesus will uns ärgern. Er will uns zeigen, daß ihm die alten Gebote nicht wichtig sind.»

Jesus hat ruhig zugehört. Er läßt sich beschimpfen. Und er zieht mit seinen Jüngern weiter.

Zwei Männer, die zurückgeblieben sind, reden noch lange auf dem Vorplatz der Synagoge miteinander. «Wir denken am Sabbat an die Befreiung unseres Volkes aus der ägyptischen Gefangenschaft. Befreiung! Verstehst du? Auch Jesus hat diese Frau befreit. Paßt das nicht gut zum Sabbat?» «Einerseits hast du recht», der andere Mann zögert. «Jesus sind die Menschen wichtiger als die Gebote. Das finde ich gut. Aber den Pharisäern und Schriftgelehrten paßt das nicht. Jesus paßt den frommen Juden überhaupt nicht. Er ist ihnen im Weg. Ich habe Angst um ihn. Jetzt zieht er mit seinen Jüngern zum Passafest nach Jerusalem. Ich habe Angst um Jesus!»

Lukas 13, 10-17

Ein Blinder am Straßenrand

Bartimäus zieht das zerfetzte graue Tuch über seinen Kopf, um sich vor der Sonne zu schützen. Schon drei Stunden sitzt er am Rand der staubigen Straße. Wie jeden Tag hat ihn die Mutter hierhergeführt und ist schnell wieder nach Hause gegangen. Die Mutter schämt sich. «Vielleicht hast du etwas Schlechtes getan, daß Gott dir einen blinden Sohn gegeben hat», sagen ihre Nachbarn.

Auch Bartimäus schämt sich, weil er betteln muß. Der Blindenstab liegt neben ihm auf dem Boden. Die Bettelschale steht vor ihm. Immer wieder tastet er nach der Schale. Ja, sie ist noch da! Aber nur sehr selten klingelt es; und dann sind es sehr kleine Münzen, die in die Schale geworfen werden. Manchmal gibt ihm auch jemand eine Frucht. Aber meistens hat er großen Durst. Oft ist er den ganzen Tag allein. Er hat Zeit zum Nachdenken. Er hat zu viel Zeit zum Nachdenken; er hat auch Zeit zum Traurigsein.

Bartimäus kann nichts sehen. Aber seine Ohren sind gesund, ja, er hört besonders gut. Wenn die Menschen aus der Stadt Jericho kommen, erzählen sie sich, was sie auf dem Markt verkauft haben. Sie erzählen sich, wie viel Zoll sie bezahlen mußten. Sie erzählen, was sie in Jericho gehört haben. So weiß Bartimäus viel, auch wenn er immer an derselben Stelle in der Nähe des Stadttors sitzt.

Auch von Jesus hat Bartimäus gehört. Der war doch beim Zöllner Zachäus hier in Jericho zu Gast! Ja, bei einem Zöllner - das ist schwer zu verstehen. Bartimäus hat auch gehört, daß Jesus Kranke heilt, Menschen, die viele Jahre krank waren wie er. Er hätte gern mehr über Jesus gewußt, er hätte gerne gefragt. Aber die Menschen, die er erzählen hört, bleiben nicht stehen - sie gehen einfach weiter. «Dieser Jesus stammt von König David ab» und «er ist Gottes Sohn» - das sind rätselhafte Sätze, die er gerade heute über Jesus gehört hat. Er denkt: Warum kommt Jesus mit seinen Jüngern nie hier vorbei? Auch heute hat Bartimäus viel Zeit zum Traurigsein, viel Zeit zum Nachdenken.

Der blinde Bettler ist eingenickt. Ein Stimmengewirr weckt ihn. Was ist los? Schnell packt Bartimäus seine Bettelschale und betastet den Inhalt. Die Schale ist immer noch fast leer. «Bist du da? Was siehst du?» fragt Bartimäus und tastet mit dem Blindenstock nach links. Dort bettelt gegen Abend immer ein kleines Mädchen, das keine Eltern mehr hat. «Ja, ich bin da, Bartimäus. Eine ganze Gruppe von Männern kommt auf uns zu. Ein Lehrer, ein Rabbi ist unter ihnen. Sie nennen ihn Jesus.» Jesus? Jetzt springt Bartimäus auf. Ohne Blindenstock springt er auf und wirft seine Bettelschale um. Es ist ihm gleich, daß die kleinen Münzen auf die Straße rollen. Bartimäus läuft auf die Stimmen zu, die er hört, und ruft, so laut er kann: «Sohn Davids, Jesus, du kannst helfen, erbarme dich!»

Da halten ihn starke Männerhände rechts und links. Jemand will ihm die Hand auf den Mund legen. Doch er befreit sich und ruft noch viel lauter: «Jesus, Sohn Davids, du kannst helfen! Erbarme dich!» Bartimäus wirft sich mitten auf der Straße auf die Knie. Plötzlich ist es rund um ihn still.

Eine Hand berührt seine Schulter, und eine Stimme sagt: «Steh auf, blinder Mann, freu dich! Jesus hat dich zu sich gerufen.» Bartimäus steht sofort auf. Er packt sein graues zerfetztes Tuch, fährt damit über sein verschwitztes und staubiges Gesicht und wirft es an den Straßenrand. Dann streckt er seine Hände aus. «Bist du da, Jesus?» «Ja, hier bin ich», antwortet Jesus. «Was kann ich für dich tun?» «Guter Herr», sagt der Blinde, «mach, daß ich wieder sehen kann!» Da sagt Jesus: «Mach deine Augen weit auf! Schau um dich! Dein Glaube hat dich gerettet.»

Bartimäus öffnet seine Augen. Er sieht Jesus. Er sieht viele Menschen. Er sieht rund um sich: Häuser, Bäume, Gärten. Und wieder sieht er Jesus an. «Du bist der Retter. Jesus, Sohn Davids! Du bist mein König.»

Und Bartimäus bleibt bei Jesus und seinen Jüngern. Er folgt ihnen auf der Straße nach Jerusalem. Zusammen wandern sie hinauf in die große Stadt, um dort das Passafest zu feiern.

Markus 10, 46-52

Jesus kommt nach Jerusalem

Nach einer Wegbiegung bleiben die Jünger, die vorausgegangen sind, stehen. Dann halten auch die anderen, die mit Jesus folgen, an. «Jerusalem! Jerusalem!» ruft Taddäus. Er sieht die Stadt, die in der Ferne vor ihm liegt, zum ersten Mal. Er hält die Hand wie ein kleines Dach über die Augen und schaut hinüber: Dort, auf der anderen Seite des Kidrontals, ragen Türme in die Höhe, leuchten Kuppeln. «Der Tempel, der Tempel», jubelt er. Er zeigt auf die hohen weißen Wände, auf die gewaltigen Stützmauern am Rande des Stadthügels. Goldverzierungen glitzern. «Schon fünfzig Jahre lang wird am Tempel gebaut», sagt einer der anderen Jünger. «König Herodes, der große König Herodes hat mit dem Tempel angefangen», fügt er hinzu, während sie sich an den Straßenrand setzen. «Dieser Herodes, dieser Herodes!» Petrus stampft auf den Boden, «ein grausamer Herrscher war er! König der Juden wollte er sein, doch die Römer waren seine Freunde, diese Römer mit ihrer Macht, mit ihren Götzen! Seht die Türme der Burg Antonia neben dem Tempel. Die Burg macht mir Angst!»

Während sich Jesus und seine Jünger hier auf dem Ölberg ausruhen, ziehen auf der Straße viele Menschen an ihnen vorbei. Manche kommen von weit her, ihre Kleider sind staubig. Sie sind erschöpft. Aber alle jubeln, wenn sie hinüberschauen, wenn plötzlich der strahlende Tempel vor ihnen liegt. Alle kommen zum Passafest, das sie in Jerusalem feiern wollen.

Da winkt Jesus Taddäus und Jakobus zu sich: «Geht in das kleine Dorf, das dort am Straßenrand liegt. Ihr werdet beim ersten Haus einen jungen Esel finden, der mit einem Strick an der Hauswand festgebunden ist. Bindet den Esel los und bringt ihn zu mir. Und wenn der Bauer, der dort wohnt, sagt: Der Esel gehört doch mir, so sollt ihr nur antworten: Jesus, unser Meister, braucht das Tier! Er wird euch den Esel geben.» Kennt der Bauer dich denn? möchte Taddäus fragen. Und eigentlich möchte er hier, wo man so wunderbar nach Jerusalem blicken kann, sitzen bleiben. Doch er gehorcht Jesus. Zusammen mit Jakobus macht er sich auf den Weg.

Wozu braucht Jesus den Esel? fragt er sich. «Wozu braucht Jesus den Esel?» fragt er später Jakobus, nachdem sie den Esel bereits gefunden haben und schon wieder auf dem Rückweg zu Jesus sind. Jakobus, der die alten Bücher gut kennt, bleibt stehen, legt seinen Arm um das Eselchen und sagt: «Beim Propheten Sacharja steht es geschrieben: Freue dich, du Stadt Jerusalem. Dein König kommt zu dir. Ein gerechter König ist er. Er ist arm und doch mächtig. Auf einem jungen Esel wird er in die Stadt reiten.» Jetzt hat Taddäus verstanden, warum Jesus dieses Tier braucht.

Er bringt den Esel zu seinem Meister und er wirft seinen eigenen Reisemantel über den Rücken des Tiers. Er hilft Jesus beim Aufsteigen. Als gerechter König also soll Jesus nach Jerusalem reiten! Arm und doch mächtig! Sie werden sagen: Endlich kommt der König, den der Prophet vor Jahrhunderten verheißen hat!

Viele der Pilger erkennen Jesus wirklich. Sie drängen sich zu ihm. «Er soll auf einem Teppich nach Jerusalem reiten! Er ist doch König», rufen sie. Manche schlüpfen schnell aus ihren Mänteln und breiten die Kleider auf der Straße aus. Andere brechen Zweige von den Bäumen ab und streuen sie auf den Weg. Vor Jesus und hinter Jesus jubeln Männer, Frauen und Kinder. Sie singen und rufen laut:

Hosanna, du unser König,
du Sohn Davids.
Gelobt seist du,
du kommst von Gott
zu uns armen Menschen.
Hosanna, hilf uns!

«Hosanna, Hosanna - hilf doch!» - immer weiter rufen sie, bis Jesus auf seinem Esel in die Stadt Jerusalem einzieht.

In Jerusalem hört man das Rufen und Singen schon lange. Viele Menschen verlassen ihre Häuser. Sie kommen dem Zug mit Jesus entgegen und fragen: «Was ist los? Wer ist der Mann, der auf dem Esel reitet?» Die Menschen, die hinter Jesus durchs Stadttor drängen, antworten: «Es ist Jesus, der Prophet Jesus aus Nazaret in Galiläa. Macht uns Platz!»

Die Leute aus Jerusalem schütteln den Kopf. Viele haben noch nie von Jesus gehört. Doch die Kinder gehen neben dem Zug her. «Hosanna», rufen auch sie. «Hosanna, du unser König, du Sohn Davids!» Das Loblied gefällt ihnen. Sie singen noch weiter, als Jesus auf seinem Esel schon im Vorhof des Tempels angelangt ist.

Doch plötzlich drücken sich alle, die Jesus begleitet haben, an den Rand des Vorhofs. Den Kindern wird Angst. Sie verstecken sich hinter den Säulen. Jesus ist vom Esel gestiegen. Sein Gesicht ist zornig geworden. Seine Stimme ist laut und streng. So haben sie ihn noch nie gesehen. Die Jünger sind erschrocken.

Im Vorhof des Tempels haben Händler, Taubenverkäufer und Geldwechsler ihre Tische aufgebaut. Jesus steht mitten unter ihnen. «Hinaus mit euch!» schreit er. «Nichts habt ihr hier zu suchen! Der Tempel ist mein Haus. Er soll ein Bethaus sein, nicht ein Haus zum Geschäftemachen. Hinaus mit euch, ihr Räuber! Ja, Räuber seid ihr; denn ihr verlangt zu viel Geld von allen, die zum Fest kommen!» Und jetzt stößt Jesus die Verkaufstische um, daß es poltert. Käfige mit Vögeln, aber auch Münzen rollen über die Pflastersteine. Die Händler, die vorher laut geschrien haben, verstummen. Manche fliehen mit ihrer Kasse unter dem Arm; alle starren Jesus an.

Im Tor, das zum Innern des Tempels führt, erscheinen zwei Priester; sie schütteln den Kopf. Dann kommen Tempeldiener; sie wollen im Vorhof für Ordnung sorgen. Während einige Geldwechsler ihre Münzen zusammensuchen, flüstern die Pilger: «Woher sollen wir denn das richtige Opfergeld für den Tempel bekommen, wenn wir nicht mehr wechseln können?» Andere sagen leise: «Er hat recht, dieser Jesus: Beten sollen wir im Tempel, nicht Geld bezahlen! Die Wechsler sind Räuber! Jesus hat wirklich recht.»

Einige Verkäufer und Geldwechsler sind dageblieben. Sie ballen die Faust und stellen ihre Verkaufstische wieder auf. Bauern, die nur ein Schäfchen oder ein paar Tauben als Opfertiere verkaufen wollten, suchen ihr Tier in der Menge, drücken es an sich und sagen zueinander: «Hat er vielleicht recht, dieser merkwürdige König mit seinem Esel?» Sie möchten mehr über ihn erfahren.

Inzwischen verläßt Jesus mit seinen Jüngern den Vorhof. Er verläßt Jerusalem. Zu Fuß gehen sie hinaus ins Dorf Betanien, um dort zu übernachten.

Als Jesus schon außerhalb der Stadt ist, versammeln sich die Priester im Palast von Kajafas, dem Hohenpriester. Sie haben alles erfahren, was geschehen ist. «Was meint dieser Jesus eigentlich?» «Was bildet er sich ein? Die Menschen nennen ihn König. Sie jubeln ihm zu. Und er führt sich auf, als ob er im Tempel zu befehlen hätte. Er ist gefährlich, sehr gefährlich. Er nimmt unsere Gesetze nicht ernst. Er hat das Sabbatgebot nicht gehalten. Das haben wir längst gehört! Er ist wirklich gefährlich.»
Und die Priester beschließen: «Wir müssen ihn festnehmen und töten. Aber heimlich - sonst machen wir uns unbeliebt beim Volk. Denn sie haben Jesus gern.»
Judas aber, einer von Jesu Jüngern, ist den Priestern zum Palast des Kajafas nachgeschlichen. Er hat an der Tür gehorcht. Leise tritt er jetzt ein ins Haus des Hohenpriesters und sagt schnell: «Ich will euch helfen, daß ihr Jesus heimlich festnehmen könnt. Ich kann euch jederzeit verraten, wo Jesus ist. Denn ich gehöre zu seinen Begleitern. Was gebt ihr mir dafür?» Die Priester erschrecken zuerst, weil Judas so plötzlich gekommen ist. Doch jetzt freuen sie sich. Sie versprechen Judas dreißig Silberstücke.

Auch Judas verläßt jetzt die Stadt. Er geht hinaus nach Betanien. Er bleibt bei Jesus und den anderen Jüngern.

Matthäus 21, 1-17; 26, 3-5. 14-16

Betanien

Simon hat sein Haus in Betanien festlich aufgeräumt und geschmückt. Seine Frau und die Kinder haben gebacken und gekocht. «Jesus kommt, Jesus, der Kranke gesund macht», sagt Simon immer wieder. Er ist stolz, daß Jesus und seine Jünger heute bei ihm zu Gast sein werden. Seit Jesus ihn von seiner schweren Krankheit, dem Aussatz, geheilt hat, wartet Simon auf diesen Tag.

Auf der Straße vor dem Haus ist es laut. Nur noch zwei Tage bis zum Passafest! Immer wieder klopfen Menschen an, die in Jerusalem feiern möchten. «Hast du Platz für uns, daß wir bei dir wohnen könnten - wir bezahlen gut!» rufen sie dann. Jedesmal aber antwortet Simon mit strahlenden Augen: «Mein Haus ist heute abend voll, ganz voll. Geht weiter.»

Und dann stehen sie im Eingang: Jesus und seine zwölf Freunde. Sie kommen aus Jerusalem. Sie sehen erschöpft aus, auch hungrig und durstig. Simon empfängt sie mit offenen Armen; er wäscht ihre staubigen Füße. Für alle hat er auf dem Boden ein Kissen bereitgelegt. Bald sitzen sie im Kreis und essen. «Nehmt doch, nehmt» sagt Simon, während er den Korb mit den Honigfladen, die Schüsseln mit gebratenem Fleisch und Gemüse vom einen zum anderen trägt.

Simon stutzt. Was will die Frau, die plötzlich ins Haus tritt? Hat sie überhaupt geklopft? Eine Bauernfrau von Betanien ist das nicht! Aufrecht steht sie inmitten der Männer. Aufmerksam schaut sie von einem Gesicht zum anderen. Dann geht sie auf Jesus zu. Simon möchte sie zurückhalten. «Laß ihn doch, er ist müde, laß ihn ausruhen.» Doch schon ist die fremde Frau bei Jesus. Sie zieht eine kostbar verzierte Glasflasche aus den Falten ihres Kleides. Alle verstummen, alle schauen ihr zu und sehen, wie sie Öl aus der Flasche über Jesu Kopf gießt. «Narde, vornehme Nardensalbe, ich rieche es», hört Simon eine Frau hinter sich sagen. Narde, denkt Simon, ist das nicht das teure Öl, mit dem die Reichen nach dem Tod eingerieben werden?

Alle blicken auf Jesus und die Frau. Keiner ißt weiter. Der herrliche Duft der Salbe verbreitet sich im ganzen Haus. Die Jünger Jesu aber sehen den Hausherrn fragend an. Doch Simon schlägt die Augen nieder. Er kann nichts dafür, daß diese fremde Frau einfach eingedrungen ist.

Dann beginnen die Jünger die Frau zu beschimpfen: «Frau, bist du verrückt? Du hättest die Salbe verkaufen können. Mindestens hundert Denare hättest du dafür bekommen. Nein dreihundert, vielleicht vierhundert!» Alle reden jetzt durcheinander. Sie sind empört. Einige stehen auf. «Vielen Armen hätten wir helfen können mit diesem Geld. Warum bist du so unvernünftig? Was soll solche Verschwendung?»

Da steht Jesus auf. Alle sehen seine Haare, die vom Öl glänzen. «Laßt die Frau in Ruhe. Macht sie nicht traurig. Sie hat etwas Gutes an mir getan. Arme Menschen habt ihr immer um euch und könnt ihnen helfen. Ich aber bin nicht mehr lange bei euch. Frau, du hast es gut gemacht. Mit dem Öl hast du mich auf meinen Tod vorbereitet. Ich danke dir.»

«Ja, wie einen Toten hat sie ihn geölt», flüstert Simon. «Sie hat ihn gesalbt, wie man früher die Könige salbte», sagt einer der Jünger etwas lauter. Doch schnell wird es wieder still. Die Frau verläßt das Haus. Sie verschwindet in der Nacht. Die Öllämpchen im Raum flackern.

Später sagt Jesus: «Man wird auf der ganzen Welt von dieser Frau erzählen, immer dann, wenn man von mir erzählt. Denn sie hat gewußt, daß ich bald sterben werde.»

Nicht alle Jünger verstehen, was Jesus sagt. Sie wollen es nicht glauben. «Er ist zu jung. Er wird nicht sterben», sagt einer. «Er wird König werden, ein richtiger König mit einer Krone – darum hat ihn die Frau gesalbt», sagt ein anderer. Doch die meisten von ihnen haben Angst um ihren Meister. Sie haben die bösen Blicke der Priester im Tempel gesehen. Sie wissen: Auch die Schriftgelehrten möchten Jesus bestrafen; er hat am Sabbat Kranke geheilt. Er hält die Gebote nicht. Und einen König, ja einen König, der von Gott kommt, das wollen sie nicht!

Matthäus 26, 6-13

Jesu Abschiedsmahl

«Wo sollen wir das Passamahl vorbereiten, für dich und für uns?» fragen die Jünger Jesus. Sie fragen ängstlich. Sie wissen: In Jerusalem ist es gefährlich für Jesus. Die Jünger haben die Blicke der Priester nicht vergessen; es ist erst wenige Tage her, daß Jesus die Tische der Händler im Vorhof des Tempels umgestoßen hat.

Doch Jesus scheint ruhig. Er schickt zwei Jünger in die Stadt und sagt: «Ihr werdet einen Diener sehen, der einen Wasserkrug auf der Schulter trägt. Geht dem Mann nach, folgt ihm. Ihr kommt in ein großes Haus. Dort sollt ihr zum Herrn dieses Hauses sagen: Unser Meister schickt uns und läßt dir sagen: Bei dir will ich heute mit meinen Jüngern das Mahl feiern, denn meine Zeit ist nahe. Und der Hausherr wird euch einen großen Raum oben im Haus zeigen. Dort sollt ihr unser Mahl vorbereiten.»

Die Jünger finden den Mann mit dem Krug. Sie finden den Hausherrn. Alles ist so, wie Jesus es gesagt hat. Immer ist es so bei Jesus. Sie wundern sich nicht mehr. Auch die Ruhekissen für Jesus und alle seine Jünger liegen schon bereit. Aber sie denken darüber nach, daß Jesus gesagt hat: «Meine Zeit ist nahe.» Hat er wieder von seinem Tod gesprochen? Will er darum schon heute das Passamahl mit uns feiern? Warum diese Eile? «Die meisten Pilger feiern ihr Passamahl erst morgen», sagt einer der beiden Jünger. Der andere bleibt stumm. Er füllt die kleinen Lampen mit Öl. Zusammen machen sie das Essen bereit: die ungesäuerten Brote, die bitteren Kräuter, aber auch das gebratene Lamm und den Wein.

Kaum ist es dunkel geworden, steht Jesus mit den anderen Jüngern da. Leise ist er durch die Straßen der Stadt hierher gekommen. Alle legen sich auf die Ruhekissen rund um den festlich gedeckten Tisch. Die

Jünger sehen auf Jesus. Jetzt wird er die Geschichte erzählen, die jedes Jahr am Passafest erzählt wird. Jedes Jahr neu erinnert diese Geschichte an das allererste Passafest: Die Juden feierten es damals in Ägypten, als sie endlich befreit worden waren und aufbrechen konnten in ihre Heimat. Die Jünger kennen die Geschichte. Dennoch hören sie ihrem Meister gespannt zu.

Jesu Stimme klingt traurig. Und während sie schon essen, alle aus derselben Schüssel, die in der Mitte steht, sagt er in die Stille hinein: «Einer von euch wird meinen Feinden sagen, wo sie mich finden. Ja, einer von meinen Jüngern wird mich verraten.»

Die Jünger sind entsetzt. Wir sind doch seine Freunde, denken sie. Es ist unmöglich, daß wir ihn an seine Feinde ausliefern. Sie sehen Jesus betrübt an; sie sehen auch einander an. Und jeder einzelne fragt: «Jesus, ich bin's doch nicht?» Bei jeder Frage schüttelt Jesus den Kopf. Doch plötzlich sagt er: «Es ist der, der zusammen mit mir seine Hand nach der Schüssel ausstreckt. Der wird mich verraten.» Alle starren auf den Arm Jesu - und auf den Arm des Judas. Die beiden Hände berühren sich beinahe, und Judas fragt wie die anderen: «Jesus, ich bin's doch nicht?» «Doch», entgegnet Jesus, «du bist es.»

Erst jetzt nimmt Jesus das Brot. «Gott, ich danke dir für das Brot», betet er, «Gott, es ist dein Brot.» Dann bricht Jesus das Brot in Stücke. Er gibt jedem Jünger ein Stück und sagt: «Nehmt und eßt! Das ist mein Leib.»

Dann nimmt er den großen Becher. «Gott, ich danke dir für diesen Wein», betet er, «Gott, es ist dein Wein.» Jesus gibt den Becher allen Jüngern und sagt: «Trinkt alle daraus. Das ist mein Blut. Ich werde sterben. Aber Gott bleibt bei euch und schließt einen neuen Bund mit euch. Er vergibt euch alle Sünden.»

Langsam essen die Jünger das Brot. Sie trinken den Wein. Sie sind traurig und froh zugleich. Sie sind traurig, denn sie wissen, daß Jesus nicht mehr lange bei ihnen ist. Sie sind froh, denn sie spüren, daß Jesus ihnen ganz nahe ist und sie lieb hat.

Wie sie dann aufstehen, wissen sie: Das war kein Passamahl, wie sie es jedes Jahr seit ihrer Geburt gefeiert haben. Es war Jesu Abschiedsmahl.

Zusammen verlassen sie das Haus, in dem sie gegessen haben. Den dunkeln Mauern entlang erreichen sie das Stadttor. Wieder steigen sie hinunter ins Kidrontal und auf der anderen Seite hinauf zum Ölberg. Aber nur elf Jünger folgen Jesus. Judas hat sie verlassen.

Matthäus 26, 12-30

Getsemani

«Wir wollen dich beschützen. Immer wollen wir bei dir bleiben», sagen die Jünger, die sich nahe an Jesus halten und mit ihm zum Ölberg hinauf, dann in den Garten Getsemani gehen. «Immer werde ich dir treu bleiben», sagt Petrus, der Jesus am nächsten ist. Er sieht in der Dunkelheit nicht, daß Jesus den Kopf schüttelt. Aber er hört ihn sagen: «Ihr alle werdet mich in dieser Nacht verlassen. Und du, Petrus - dreimal wirst du sagen: Den kenne ich doch nicht, diesen Jesus. Ja, bevor der Hahn frühmorgens kräht, wirst du mich dreimal verleugnen.» «Nein, nein, ich bleibe dir treu», sagt Petrus entsetzt. «Nein», sagen auch die anderen Jünger, «wir wollen dich wirklich beschützen.»

Jesus bleibt stehen. «Setzt euch», sagt er zu seinen Jüngern. «Wartet auf mich, bis ich gebetet habe.» Nur mit Petrus, Jakobus und Johannes geht er ein Stück weiter. «Ich bin traurig», sagt er. Seine Stimme zittert. «Mir ist Angst. Ich brauche euch, Freunde. Bleibt bei mir. Bleibt bitte wach, während ich bete.»

Jesus geht allein noch ein Stück weiter. Er wirft sich auf den Boden, um zu beten. «Abba, Vater!» hören ihn die drei Jünger rufen. Dann schlafen sie ein. Sie können nicht anders. Doch Jesus kommt zurück. Er rüttelt sie wach. «Könnt ihr nicht eine einzige Stunde mit mir wach bleiben? Bitte, laßt mich nicht allein. Bleibt mit mir wach und betet.»

Ein zweites Mal geht Jesus ein Stückchen fort. «Dein Wille geschehe», hören ihn die Jünger sagen. Sie kennen den Satz aus dem Gebet, das Jesus mit ihnen gebetet hat. Was bedeutet dieser Satz jetzt? Was ist Gottes Wille? Die Jünger möchten wach bleiben. Sie möchten Jesus helfen. Aber wieder schlafen sie ein.

Sie wachen nicht auf, als Jesus zum zweiten Mal zu ihnen zurückkommt. Er weckt sie nicht nochmals, aber er geht wieder einige Schritte weg und wirft sich auf den Boden. «Gott, guter Vater, wenn du es willst, bin ich bereit zu sterben. Dein Wille geschehe», betet er nochmals. Keiner der Jünger hört ihn.

Doch dann tritt Jesus nahe zu den Freunden heran und sagt mit fester Stimme: «Steht auf. Jetzt ist meine Stunde gekommen. Jetzt nehmen sie mich gefangen. Seht! Der Verräter ist da!»

Stimmen sind zu hören, auch das Klirren von Waffen. Sofort sind alle Jünger aufgesprungen. Schwerter und Stöcke leuchten im Schein von Fackeln auf. Wer sind die Menschen, die auf Jesus zukommen? Sind es römische Soldaten? Sind es Diener des Hohenpriesters?

Einer von ihnen tritt auf Jesus zu. Er trägt kein Schwert. Er sagt: «Ich grüße dich, Meister.» Er gibt Jesus einen Kuß, wie es die Jünger immer taten, wenn sie zurückkamen. Die Jünger haben die Stimme erkannt: Das ist Judas. Judas! Er umarmt Jesus. Jetzt hat er Jesus verraten! Jetzt wissen die bewaffneten Männer, welcher von ihnen Jesus ist. Sie packen Jesus. Sie binden seine Hände auf dem Rücken zusammen. Jesus ist gefangen.

Jesus sagt ruhig: «Wie gegen einen Räuber zieht ihr aus - mit Schwertern und Stöcken! Warum habt ihr mich nicht schon früher gefangen? Ich war ja jeden Tag im Tempel. Da hättet ihr mich einfach festnehmen und wegführen können!»

Zuerst bleiben die Jünger nahe bei Jesus stehen; sie hören zu. Doch immer deutlicher sehen sie die Waffen. Sie sehen die grimmigen Gesichter der Soldaten, die hinter Judas stehen. Sie haben Angst. Keiner der Jünger wagt es, bei Jesus zu bleiben. Sie verlassen ihn, wie er es vorausgesagt hat. Nach allen Seiten fliehen sie, hinaus in die dunkle Nacht.

Jesus aber wird weggeführt. Sie bringen ihn in den Palast des Hohenpriesters Kajafas. Dort sind die Priester und Schriftgelehrten versammelt.

Matthäus 26, 30-57

Im Palast des Hohenpriesters

Nur Petrus ist von ferne den Männern gefolgt, die Jesus zum Palast des Kajafas gebracht haben. Im Hof des Palasts brennt ein Feuer. Die Knechte des Hohenpriesters haben ihre Schwerter und Stöcke abgelegt. Sie wärmen sich. Leise reden sie mit den Dienerinnen und Dienern. Petrus horcht. Er versteckt sich hinter einer Säule. Er will wissen, was mit Jesus geschieht.

Immer wieder gehen Priester, Schriftgelehrte und andere ehrwürdige Männer durch den Vorhof ins Innere des Palasts. Petrus hört eine Magd sagen: «Bald ist der ganze Hohe Rat versammelt. Ich habe die Männer gezählt. Bald sind alle einundsiebzig Mitglieder da. Eine Versammlung mitten in der Nacht!» fährt sie fort, «das habe ich noch nie erlebt. Es muß um eine wichtige Sache gehen.»

Die Knechte, die Jesus hierher geführt haben, lachen und sagen: «Wir wissen, worum es geht. Jesus, den sie vorhin hineingeführt haben, soll verurteilt werden. Ja, sie wollen ihn töten. Sie haben Angst vor ihm!» «Angst?» fragt die Magd. «Ist er denn mächtig?» Wieder lachen die Knechte. «Ja, mächtig ist er, aber anders als du denkst. Sie erzählen, er mache Kranke gesund. Sie erzählen, daß das Volk ihn verehrt und ihm gerne zuhört. Vielleicht sind die Priester eifersüchtig?» «Ja», fährt ein Diener fort, «er bringt das ganze Volk durcheinander. Wart ihr nicht dabei, als er im Vorhof des Tempels die Tische umgeworfen hat? Ich hab's gesehen - und ich habe die bösen Blicke der Priester nicht vergessen!» «Vielleicht ist er wirklich gefährlich?» fragt eine andere Magd.

Still sitzen sie im Kreis. Still wartet Petrus hinter der Säule. Aus dem Ratsaal hören sie nur von ferne Stimmen. Sie verstehen nicht, was drinnen gesprochen wird. Viele dichte Vorhänge trennen sie vom Hohen Rat.

Doch plötzlich steht einer der Priester vor ihnen. Eilig ist er aus dem Saal gekommen. «Kommt, ihr Diener, kommt! Holt ein anderes goldbesticktes Kleid für Kajafas! Aus Wut hat er sein Kleid zerrissen. Hört zu, was dieser Jesus gesagt hat: Er sei Gottes Sohn! Ja, Gottes Sohn. Er werde wiederkommen auf den Wolken des Himmels. Unerhört. Gottes Sohn!» Schnell verschwindet der Priester wieder. Die Knechte und Mägde schauen sich erschrocken an. Sie hören laute Stimmen, die aus dem Ratsaal in den Hof hinausdringen: «Sterben muß er. Sterben muß er!»

Während ein Diener aufsteht, um ein neues Goldkleid für den Hohenpriester zu holen, setzt sich Petrus ans Feuer, um sich zu wärmen. Eine Magd schaut ihn von der Seite an und fragt: «Gehörst du nicht zu diesem Jesus?» Petrus steht auf, schüttelt den Kopf und murmelt: «Ich weiß nicht, wovon du redest.» Er setzt sich wieder hinter seine Säule.

Eine andere Magd, die ihn dort entdeckt, sagt zu ihren Freundinnen: «Schaut, sitzt da nicht ein Freund dieses Jesus aus Nazaret?» «Hör auf», sagt Petrus jetzt, «ich kenne diesen Menschen nicht. Ich schwör's euch.»

Doch schon haben ihn noch andere Knechte und Mägde gehört. Sie umringen ihn und sagen: «Natürlich gehörst du zu ihm. Wir sind sicher. Auch du kommst aus Galiläa. Du hast die gleiche Aussprache wie er!» Petrus springt auf. Er schaut wütend um sich und flucht: «Ihr Kerle, hört auf mit diesem Geschwätz! Ihr gemeinen Hunde! Ich kenne diesen Menschen nicht.»

Während er noch spricht, kräht der erste Hahn laut und deutlich. Und plötzlich denkt Petrus an die Worte Jesu: «Bevor der Hahn kräht, wirst du mich dreimal verleugnen.» Petrus fährt zusammen. Er drängt sich zwischen den Knechten und Mägden hindurch zum Hoftor. Er läuft hinaus auf die Straße. Er läuft und läuft. Erst außerhalb der Stadt wirft er sich unter einen Baum. Er versteckt sein Gesicht, das von Tränen naß ist, in den Falten des schmutzigen Mantels. Petrus weint, weil er Jesus verleugnet hat.

Im Hof des Kajafas beginnt der Morgen zu dämmern. Hinter den geheimnisvollen Vorhängen ist plötzlich Stimmengewirr zu hören. Schnell stehen die Knechte und Mägde, die am Feuer eingeschlafen sind, auf. Und jetzt sehen sie Jesus. Er wird in den Hof gestoßen, gezerrt. Die Mitglieder des Hohen Rats verspotten ihn; sie sagen: «Sohn Gottes, haha, Sohn Gottes, du Schwindler - kannst du uns beweisen, daß du etwas Besonderes bist?» Sie spucken in das Gesicht Jesu. Sie schlagen ihn. Dann rufen sie den Knechten zu: «Fesselt seine Arme. Bindet ein Seil um seinen Bauch und führt ihn sofort zur Burg Antonia. Die Römer sind unsere Herren. Nur sie dürfen einen Verbrecher töten. Er kommt vor ein römisches Gericht!» Die Knechte zögern. Vor ein römisches Gericht? Ist Kajafas sonst nicht ein Feind der Römer?

Die Knechte holen die Fesseln. «Vorwärts», der Hohepriester drängt, «vorwärts! Pilatus ist heute in Jerusalem. Er hat Gerichtstag. Es eilt!»

Und die Knechte zerren Jesus an einem Seil auf die Straße.

Matthäus 26, 57-75

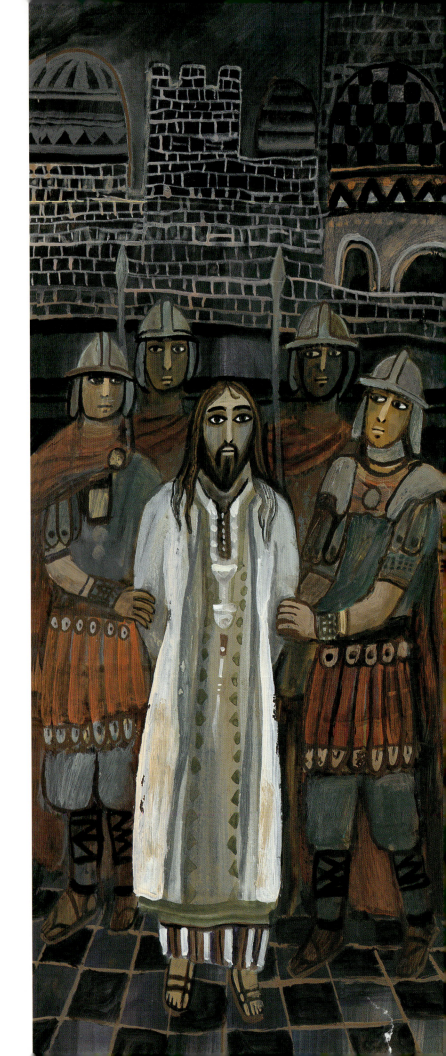

Pontius Pilatus

Pontius Pilatus, der römische Statthalter, geht in der Burg Antonia auf und ab. Von Zeit zu Zeit späht er zwischen den Säulen seiner Balkone hinab. Er sieht hinein in die vollen Gassen der Stadt. Hier herrscht an diesem Morgen großer Betrieb. Die Menschen des ganzen Landes scheinen fürs Passafest nach Jerusalem gekommen zu sein. Der Lärm der Händler ist bis hierher zu hören. Den ganzen Platz vor der Burg kann der Statthalter überlicken. Der Platz ist noch leer.

Die Diener hinter Pontius Pilatus stellen die Götterbilder auf. Auch das Standbild des römischen Kaisers Tiberius wird enthüllt. Pontius Pilatus setzt sich auf seinen Richterstuhl, steht aber bald wieder auf. Die vielen Menschen in der Stadt beunruhigen ihn. Er ist verantwortlich für Ruhe und Ordnung in Jerusalem. Darum ist er heute hier. Seine Soldaten verneigen sich vor dem Kaiserbild. Aber sind sie ihm wirklich treu? Die meisten von ihnen sind keine richtigen Römer.

Plötzlich wird es auf dem Platz vor der Burg lebendig. Eine Gruppe von Menschen nähert sich dem Eingangstor. Die Soldaten stehen neben den Türen, hinter den Säulen und Fenstern. «Großer Herr», meldet ein Soldat und verbeugt sich vor Pilatus, der jetzt wieder auf seinem Richterstuhl sitzt. «Großer Herr, die Knechte des Hohenpriesters bringen einen Gefangenen.» «Paß auf, großer Herr», sagt ein junger Soldat leise, «ich kenne diesen Gefangenen. Es ist Jesus aus Nazaret; das Volk liebt ihn.»

Schon sieht Pilatus die Knechte des Kajafas, die mit schnellen Schritten den Saal betreten. Den Gefangenen, dessen Gesicht zerschlagen ist und dessen Hände auf dem Rücken zusammengebunden sind, zerren sie in den Saal. Sie halten ihn fest an Armen und Beinen, wie wenn er sich losreißen wollte. Die Priester aber, die dem Gefesselten folgen, stellen sich in einer Reihe vor Pilatus auf. «Er ist schuldig», sagt der erste. «Er hält unsere Gebote nicht», sagt der zweite. «Er bringt Unruhe ins Volk», ruft der dritte. «Und er sagt, er sei unser König, ja, das sagt er!» schreit der vierte und alle verbeugen sich.

Pilatus läßt den Gefangenen vor den Richterstuhl treten. Er läßt die Fesseln lösen. Er fragt: «Bist du der König der Juden?» Und Jesus antwortet: «Du sagst es!» Dann ist es still.

Einen König der Juden - nein, das darf es eigentlich nicht geben, denkt Pilatus. Wir Römer sind hier die obersten Herren! Dann hört er, wie die Priester und Schriftgelehrten Jesus weiter anklagen: «Er ist gefährlich! Sehr gefährlich. Laß ihn töten!»

Pilatus betrachtet den Angeklagten, der vor ihm steht. Er fragt ihn: «Was hast du gegen die Klagen des Hohen Rats zu sagen? Rede doch!» Immer wieder fragt Pilatus. Doch Jesus sagt kein Wort. Warum sagt dieser Mann nichts? Sieht er wie ein Verbrecher aus? Pilatus wird unsicher. Hat nicht einer seiner Soldaten gesagt, daß das Volk diesen Jesus liebt? Was soll er tun?

Pilatus hört, daß sich auf dem Platz vor der Burg immer mehr Leute versammeln. Laut rufen die Menschen. Pilatus wird immer unruhiger. Ein Soldat meldet ihm: «Großer Herr, Statthalter Pontius Pilatus. Das Volk, das draußen steht, hört nicht auf zu schreien. Sie verlangen, daß du einen Gefangenen freiläßt, wie an jedem Feiertag.» Wieder schaut Pilatus auf Jesus. Er sieht in die strengen Gesichter der Priester und Schriftgelehrten. Das Rufen auf dem Platz vor der Burg wird immer lauter.

Und plötzlich wendet sich Pilatus von den gestrengen Männern, die vor ihm stehen, ab. Er tritt auf einen der kleinen Balkone der römischen Burg. Er schiebt Jesus, den Gefangenen, vor sich her. Zwei Soldaten blasen in ihre Hörner. Augenblicklich ist es still. Alle sehen zu Pilatus hinauf. Alle hören ihm zu: «Soll ich den König der Juden, diesen Jesus,

für euch freilassen - als Geschenk zum Passafest?» fragt er. Sie werden zufrieden sein, denkt er. Denn sie lieben diesen Jesus.

Da ruft ein einzelner aus der Menge, dann noch einer und noch einer: «Nein, laß Barabbas frei! Laß Barabbas frei.» Es sind Priester und Schriftgelehrte, die gerufen haben. Dann aber schreit die ganze Menge: «Barabbas, Barabbas, laß ihn frei!» Sie hören nicht auf zu schreien, bis Pilatus seine Soldaten nochmals in ihre Hörner blasen läßt. Als es wieder still ist, fragt er laut: «Und was soll mit diesem Mann geschehen, den ihr den König der Juden nennt?» Er zeigt auf Jesus, der neben ihm steht. Und da rufen sie: «Kreuzige ihn, kreuzige ihn!» Pilatus erschrickt. Wie er dann weiterfragt: «Was hat er denn Böses getan?» antworten sie nicht. Sie hören gar nicht zu. Immer lauter schreien sie: «Kreuzigen, kreuzigen!»

Pilatus hat Angst vor der Volksmenge. Er zieht sich ins Innere der Burg Antonia zurück. König der Juden? denkt er. Sicher ist er gefährlich, auch für uns Römer! Und Pilatus tritt wieder auf den Balkon der Burg. Er sagt: «Ich gebe Barabbas frei.» So wird Barabbas, der Mörder, freigelassen. Das Volk jubelt. Jesus aber wird von den Soldaten gepackt. «Kreuzigt ihn!» sagt Pilatus.

Alles ist sehr schnell gegangen.

Die Priester und Schriftgelehrten, die Jesus angeklagt haben, sind verschwunden. Die Soldaten werfen einen purpurroten Mantel um Jesu Schultern. Sie flechten einen Kranz aus stachligen Zweigen und drücken ihn auf seinen Kopf: eine Dornenkrone. So legen sie Jesus Königskleider an. Sie tanzen um ihn herum, sie verbeugen sich und sagen: «Gegrüßt seist du, König der Juden!» Dann lachen sie, spucken ihm ins Gesicht, schlagen ihn mit einer Peitsche, bis der Purpurmantel zerfetzt ist.

«Jetzt gilt es ernst. Er soll gekreuzigt werden», sagen die Soldaten und führen Jesus aus der Burg, durch die engen Gassen. Auf dem Platz Golgota, außerhalb der Stadt, sollen sie ihn ans Kreuz schlagen.

Pontius Pilatus bleibt allein in der Burg zurück. Vor der Burg ist es wieder ruhig. Warum hat Jesus nicht geantwortet, denkt Pilatus. Warum hat er sich nicht verteidigt? Was hat er eigentlich Böses getan? Natürlich könnte ein König der Juden für den Kaiser von Rom gefährlich werden. Aber ein solcher König? Pilatus schüttelt den Kopf. Er ist froh, daß er Jerusalem heute abend wieder verlassen kann, um in seine Burg in Cäsarea zurückzukehren.

Markus 15, 1-20

Golgota

Im Gewühl der Gassen versucht eine Frau voranzukommen. Lastesel, beladene Menschen kommen ihr entgegen. Alle haben es eilig. «Geht es hier zum Platz Golgota?» fragt die Frau immer wieder. «Haben sie Jesus schon hinausgeführt?» Immer wieder fragt sie vergeblich. Doch endlich antwortet ein alter Mann, der am Straßenrand vor seinem Laden steht: «Schau da vorn, dort ist das Gedränge besonders groß! Siehst du den Balken, der aus der Menschenmenge herausragt? Es ist der Kreuzesbalken Jesu. Er muß ihn selbst nach Golgota tragen.»

Die Frau zuckt zusammen. Aber sofort drängt sie weiter. Sie weiß jetzt, daß sie richtig verstanden hat, was die Menschenmenge vor der Burg Antonia schrie. «Kreuzigen, kreuzigen», haben sie gerufen. Auf dem Balkon der Burg hat die Frau Jesus neben dem römischen Statthalter Pontius Pilatus gesehen.

Sie drängt weiter. Manchmal kann sie sich beinahe zu Jesus durchschlängeln. Dann wird sie wieder auf die Seite gedrückt.

Einmal schreit sie verzweifelt auf. Denn Jesus ist zusammengebrochen. Sie sieht sein blutverschmiertes Gesicht und die roten Streifen von den Peitschenschlägen. Doch die Soldaten des Pontius Pilatus stellen ihn wieder auf die Beine. Einen Bauern, der gerade vom Feld kommt, packen sie am Ärmel. «He du, bleib stehen! Trag du das Kreuz für diesen Jesus! Wir sind römische Soldaten; unsere Aufgabe ist das nicht.»

Die Frau verliert Jesus und die Soldaten wieder aus den Augen. Erst später, außerhalb der Stadtmauer kommt sie schneller voran.

Und plötzlich steht sie vor dem Hügel Golgota. Starr bleibt sie stehen. Hier ragen drei Kreuze in die Luft. Am mittleren Kreuz erkennt die Frau Jesus. Sie sieht sein schmerzverzerrtes Gesicht. Beim Nähertreten entdeckt sie die Tafel, die über seinem Kopf festgenagelt ist. Darauf liest sie: «Der König der Juden.»

Die Priester und Schriftgelehrten neben ihr reden laut. «Ja, da steht's, warum er gekreuzigt wurde. König der Juden hat er sich genannt! Ein schöner König ist das! Macht große Worte. Heilt Kranke. Sich selbst aber kann er nicht retten!» Auch andere, die vorbeigehen, spotten. «Zwischen zwei Räubern hängt er», sagen sie und zeigen nach links und nach rechts. Wirklich, neben Jesus hängen zwei bekannte Räuber.

Die Frau hält es nicht mehr aus. Sie will die Spötter und die Soldaten nicht mehr hören. Sie kniet hinter einem kleinen Felsen nieder, einen Steinwurf entfernt. Hier wartet sie. Sie hält nach Jesu Jüngern Ausschau. Wo sind sie? Sonst waren sie doch immer bei ihm! Immer wieder schaut sie hinüber zum mittleren Kreuz.

Während die Frau wartet, wird es plötzlich dunkel. Mitten am Tag verliert die Sonne ihre Kraft. Eine unheimliche Finsternis hüllt die Menschen, die auf dem Hügel Golgota warten, ein. Niemand spricht. Die Frau tastet sich etwas näher an die Kreuze heran. Sie möchte Jesus sehen.

Und dann hört sie seine Stimme. Laut ruft er in die Dunkelheit hinaus: «Mein Gott, mein Gott, warum hast du mich verlassen?» Und er stößt einen heftigen Schrei aus. Sein Kopf fällt zur Seite. Jesus ist tot.

Die Frau schlägt ihre Hände vors Gesicht. Sie weint. Und sie hört den römischen Hauptmann, der neben ihr steht, mit klarer Stimme sagen: «Dieser Mensch war wirklich Gottes Sohn.» Erstaunt öffnet da die Frau ihre Augen. Sie sieht ins Gesicht des Hauptmanns. Sie hat jetzt keine Angst mehr vor ihm und sagt: «Ja, du hast recht. Jesus ist der Sohn Gottes. Ich weiß es. Ich kenne ihn schon lange. Ich komme wie er aus Galiläa. Ich bin Maria aus Magdala.»

Maria bleibt stehen. Auch der römische Hauptmann wartet.

Später, als es wieder hell geworden ist, nehmen zwei Männer den Körper Jesu vom Kreuz. Sie umwickeln ihn mit Leinentüchern. Maria Magdalena kennt die Männer nicht. Sie gehören nicht zu den Freunden, die mit Jesus durch Galiläa gezogen sind. Sie wagt es nicht, die beiden Männer anzureden. Aber sie schaut genau zu.

Dann entdeckt Maria andere Frauen, die auch in der Nähe des Kreuzes gewartet haben. «Wir wollen wissen, wo sie unseren Freund Jesus hinlegen», sagen sie. Gemeinsam folgen die Frauen den beiden Männern, der Stadtmauer entlang, durch einen Garten. Und sie sehen von weitem, daß Jesus in ein offenes Felsengrab gelegt wird. Die Männer schieben einen Stein vor die Grabhöhle.

Traurig kehren die Frauen in die Stadt zurück. Maria aus Magdala merkt sich genau, wo sie Jesus begraben haben.

Markus 15, 20-47

Jesus lebt

Am ersten Tag nach dem Passafest kehrt Maria aus Magdala frühmorgens in den Garten mit dem Felsengrab zurück. Es ist noch dunkel. Sie möchte Jesus nahe sein. Sie weint. Sie sucht die Grabhöhle, die von den Männern mit dem schweren Stein verschlossen wurde.

Doch wie sie näher kommt, kann sie in der Morgendämmerung den Stein nicht mehr finden. Die Felsenhöhle ist da. Aber der Stein fehlt. Hat jemand den toten Jesus gestohlen? Sie beugt sich vor. Sie will wissen, wo ihr Freund ist. Sie schaut in die Grabhöhle. Dort liegen die Leinentücher, mit denen die Männer Jesus eingewickelt haben. Plötzlich aber sieht Maria zwei Gestalten in strahlenden Gewändern; sie sitzen dort, wo eigentlich der Tote liegen müßte. Sind es Engel? Maria staunt. «Frau, warum weinst du?» fragen sie. Und sie antwortet: «Sie haben den Körper Jesu weggenommen. Ich weiß nicht, wo sie ihn hingelegt haben.»

Dann dreht sie sich um. Hinter ihr steht ein Mann. Er sagt: «Frau, warum weinst du? Wen suchst du?» Die Frau kennt den Mann nicht. Sie glaubt, er sei Gärtner hier und sagt: «Hast du den Körper, der in diesem Grab lag, weggetragen? Sag mir, wo du ihn hingelegt hast. Ich will ihn holen.» Da sagt der Mann zu ihr nur ihren Namen: «Maria!» Und jetzt erkennt sie ihn. Seine Stimme ist wie früher. Es ist Jesus. «Mein Herr», sagt sie beglückt. Sie will auf Jesus zugehen. Sie ist glücklich, daß er wieder da ist. Am liebsten möchte sie ihn in ihre Arme schließen. Er aber sagt: «Berühre mich nicht, Maria!» Da schrickt sie zurück. Warum weist Jesus sie von sich? Aber schon spricht er weiter und sagt: «Maria, geh zu meinen Freunden und sag ihnen, daß ich zu meinem Vater im Himmel gehe. Er ist auch euer Vater. Zu meinem Gott. Er ist auch euer Gott.»

Da wird Marias Schreck in Freude verwandelt. Jetzt weiß sie: Jesus ist nicht mehr tot. Sie weiß: Ich habe ihn als erste gesehen. Ich darf es den anderen erzählen. Ich habe einen wichtigen Auftrag.

Maria aus Magdala fühlt sich leicht und stark. Sie macht sich auf den Weg in die Stadt. Sie sucht die Freunde Jesu; alle, die Jesus kannten, fragt sie nach seinen Jüngern.

In einer Hintergasse von Jerusalem, im Obergemach eines alten Hauses, halten sie sich versteckt. Alles ist verriegelt. Maria klopft. Sie klopft immer wieder. Schließlich dringt ihre freudige klare Stimme durch die Türen und Mauern hindurch. Ein Riegel öffnet sich. Verängstigte Gesichter blicken Maria entgegen. Sie wird eingelassen. Und schnell wird die Tür von innen wieder verschlossen. Von außen ist nichts zu hören, als ob das Haus ganz unbewohnt wäre.

Später tritt Maria aus Magdala wieder auf die Gasse. Wie sie Jerusalem verläßt und nach Norden wandert, steht die Sonne schon hoch am Himmel. Hinter ihr leuchten die Dächer der Stadt. Zwischen den Felsen sind kleine gelbe Blumen aufgegangen. Der Frühling ist da.

Maria aus Magdala summt ein Lied. Ja, Jesus lebt. Er ist nicht tot, sagt sie immer wieder zu sich selbst.

Die Jünger aber warten weiter in ihrem Versteck. Erst später kommt der auferstandene Jesus auch zu ihnen. Er spricht mit seinen Freunden. «Friede sei mit euch», sagt er. Sie sehen die Wunden seiner Hände, die ans Kreuz geschlagen waren. Jetzt glauben sie, daß Jesus lebt. Auch sie werden von Freude erfüllt.

Johannes 20, 11-23

Emmaus

Auf der staubigen Straße, die von Jerusalem kommt, wandern zwei Männer. Sie machen große Schritte. Sie möchten vor dem Abend in Emmaus sein. Von dort stammt Kleopas, einer der beiden. Aber von Zeit zu Zeit bleiben sie stehen, wischen sich den Schweiß von der Stirn und reden über alles, was sie in den letzten Tagen erlebt haben. «Ich dachte, er würde uns von den Römern befreien. Ich hoffte, er werde ein mächtiger Herrscher sein wie König David, wie König Salomo.» Kleopas seufzt. «Gekreuzigt haben sie ihn – wie einen Mörder. Und so schnell ging das alles.» Kleopas' Freund hat Tränen in den Augen und fügt hinzu: «Und jetzt sitzt er wieder in seinem protzigen Palast am Meer unten, dieser Pontius Pilatus. Dort ist er sicher!» Beim Weitergehen dann sagt Kleopas, eher zu sich selbst als zu seinem Freund: «Haben wir uns getäuscht? War er doch nicht Gottes Sohn, dieser Jesus?»

Während sie auf einem Felsblock am Wegrand sitzen und weiter über Jesu Tod, aber auch über seinen Einzug in Jerusalem und über das Schreien der Menschen vor der Burg Antonia reden, holt sie auf der Straße ein anderer Wanderer ein. «Darf ich mit euch gehen?» fragt der Fremde. «Ich sehe es euch an», sagt er, «ihr seid traurig. Worüber habt ihr miteinander geredet?» Kleopas sieht den fremden Wanderer erstaunt an. «Du kommst doch auch aus Jerusalem, und du weißt nicht, was dort in den letzten Tagen geschehen ist? Was sie mit Jesus aus Nazaret gemacht haben? Er war unser Freund. Und er war ein großer Prophet.» Kleopas Stimme wird lauter. «Mächtig war er und mutig», fährt sein Freund fort. «Auch ein Prediger und ein Wunderheiler, aber seine Kraft kam von Gott – das spürte man. Wir hofften, er sei der Messias, der König. Wir hofften: Er wird das Volk Israel erlösen.»

Die drei Männer gehen auf dem staubigen Weg weiter. Still gehen sie nebeneinander her, bis Kleopas mit gedrückter Stimme sagt: «Hast du wirklich nicht gehört, daß der Hohe Rat Jesus von Nazaret an Pilatus ausgeliefert hat - und daß Pilatus ihn töten ließ, grausam töten am Kreuz? Drei Tage ist das jetzt her...» Plötzlich unterbricht der Fremde die beiden Freunde: «Was jammert ihr? Habt ihr die alten Schriften nicht gelesen, die Bücher von Moses und die Bücher der alten Propheten? Steht dort nicht geschrieben, daß der Christus, der kommt, um euch alle zu retten, leiden und sterben muß? Steht nicht geschrieben, daß er nach seinem Leiden wieder zurückkehren wird in Gottes Herrlichkeit?»

Die drei Männer gehen weiter. Kleopas und sein Freund staunen über den Fremden. Wie ein Lehrer redet er; sie verstehen ihn gut.

Bald kommen sie in Emmaus an. Die Sonne ist untergegangen. Der Fremde aber will auf dem Weg weiterziehen. «Bleib doch bei uns, komm mit in mein Haus, sei mein Gast», sagt Kleopas, «denn bald wird es kühl und dunkel.» Da läßt sich der Mann ins Haus bitten. Alle drei Männer sind hungrig. Sie setzen sich an den Tisch. Schnell hat die Frau Brot und Oliven, Wein und Obst bereitgestellt.

Jetzt nimmt der Fremde das große Fladenbrot in seine Hände. Er spricht ein Dankgebet, wie wenn er hier der Hausvater wäre. Kleopas staunt. Dann bricht der Fremde das Brot entzwei und gibt es ihnen. Alle schauen ihn an. Und plötzlich ist es, als ob sie neue Augen hätten. Sie sehen: Der Fremde ist Jesus. Jesus selbst. Er ist lebendig. Er ist bei ihnen, ganz nah. Doch kaum haben sie Jesus erkannt, ist er verschwunden. Der Platz, an dem er eben noch saß, wie wenn er der Gastgeber wäre, ist leer.

Zuerst schauen sich alle, die um den Tisch sitzen, verwirrt um. «Warum haben wir ihn nicht schon auf dem Weg erkannt?» fragt Kleopas seinen Freund. «Ich hätte es merken müssen, als er unterwegs mit uns sprach. Mein Herz wurde ruhig. Ich vergaß sogar Pontius Pilatus. Nie habe ich unsere Lehrer in der Synagoge so gut verstanden wie Jesus, als er uns vorher die alten Schriften erklärte.» Der Freund des Kleopas nickt. Ja, so ist es auch ihm gegangen.

Schnell stehen die beiden Männer dann vom Tisch auf. Sie werfen die Reisemäntel über ihre Schultern. Sie machen sich auf den Weg, mitten in der Nacht. Es ist gefährlich in der Dunkelheit, will die Frau sagen. Doch sie merkt: Nichts kann die Männer zurückhalten. Mit einer kleinen Laterne in der Hand gehen sie den langen Weg zurück nach Jerusalem.

Sie wissen, wo sich die Jünger Jesu versteckt halten. Sie klopfen. Sie erzählen alles, was sie erlebt haben.

Auch die Jünger haben den auferstandenen Jesus inzwischen gesehen. Sie alle wissen nun: Jesus lebt. Er ist auferweckt worden. Unser Leben mit Jesus geht weiter.

Immer wieder aber, wenn die Jünger und ihre Freunde später zusammensitzen, um miteinander ein Mahl zu feiern, erzählen sie von Jesus, der in Emmaus plötzlich dabei war. «Sie erkannten ihn nicht, damals. Und dann war er verschwunden. Aber er war trotzdem bei ihnen», sagen sie. «Doch auch bei uns ist er, wenn wir das Brot teilen. Wenn wir von ihm erzählen. Ja, Jesus ist bei uns, er lebt.» Und dieses Geheimnis geben sie weiter an alle, denen sie von Jesus erzählen, an alle, mit denen sie bei einem feierlichen Mahl zusammensitzen.

Lukas 24, 13-35

Eine merkwürdige Zeit

Vier Männer haben die Geschichten von Jesus aufgeschrieben: Matthäus, Markus, Lukas und Johannes. Wir nennen sie Evangelisten. Das Evangelium, die frohe Botschaft von Jesus, war ihnen die Hauptsache.

Am Ende ihrer Berichte erzählen die Evangelisten, wie der auferstandene Jesus immer wieder zu den Jüngern kommt. Sie erzählen, wie die Jünger erschrecken - und wie die Jünger sich freuen. Sie erzählen, wie sich Jesus plötzlich mit seinen Freunden an den Tisch setzt und Brot und Fisch mit ihnen ißt. Sie erzählen, wie Jesus den Jüngern seine Wunden zeigt, die Wunden vom Kreuz. Plötzlich ist Jesus bei ihnen. Plötzlich ist er wieder verschwunden.

Es ist eine merkwürdige Zeit. Wie sollen die Jünger weiterleben? «Geht hin in alle Welt», hat Jesus zu ihnen gesagt. «Erzählt allen Völkern von mir und vom Gottesreich! Macht sie zu meinen Jüngern und tauft sie!»
Doch die Jünger fühlen sich schwach. Sie bleiben zusammen. Sie warten in Jerusalem.

Wie Jesu Jünger und Jüngerinnen später wieder froh werden, von Jesus erzählen und von Jerusalem aus in viele Länder ziehen, hat Lukas aufgeschrieben. Weil Menschen, die die frohe Botschaft von Jesus weitertragen, Apostel genannt werden, wird sein Buch Apostelgeschichte genannt. In der Apostelgeschichte stehen die Erzählungen, die im letzten Teil dieses Buches folgen.

Himmelfahrt und Pfingsten

Die Jünger gehen zusammen durch die engen Gassen von Jerusalem. Immer wieder reden sie von Jesus, von seinem Leben, seinem Tod, seiner Auferstehung. «Vierzig Tage sind vergangen», sagt Johannes. Jakobus nickt: «Ja, genau vierzig Tage sind es heute.» Die Jünger haben die Tage gezählt. «Vor vierzig Tagen ist Jesus wieder lebendig geworden», sagt ein anderer.

Und plötzlich ist Jesus selbst bei ihnen. «Kommt mit», sagt er zu den Männern. «Kommt hinaus auf den Ölberg.»

Wie früher folgen sie ihm. Sie verlassen die Stadt.

In einem Haus in Jerusalem aber warten andere Frauen und Männer, die zu Jesus gehören. Auch Maria, Jesu Mutter, ist dabei. Sie denken nur an Jesus. «Er ist lebendig geworden - aber er ist ganz anders jetzt», sagt eine der Frauen. «Vielleicht steht er plötzlich wieder unter uns?» Sie warten weiter. Sie warten auf die Jünger.

Endlich! Sie kennen sie an den Stimmen. Das sind doch Johannes, Jakobus, Petrus, Matthäus, Philippus und die anderen! Schon stehen die Jünger mitten unter ihnen. «Wir sind hinausgezogen zum Ölberg. Jesus war plötzlich wieder da. Er kam mit uns. Doch jetzt ist er im Himmel! Ja, vor unseren Augen wurde er emporgehoben. Dann verdeckte ihn eine Wolke. Jetzt wissen wir es: Jesus ist bei Gott im Himmel.» Die Frauen verstehen die Jünger nicht. «Und ihr seid trotzdem fröhlich? Warum weint ihr nicht?»

Die Jünger reden weiter: «Ihr sollt meine Boten sein. Ihr sollt in Jerusalem von mir erzählen - und dann hinausziehen in die ganze Welt. So hat Jesus mit uns geredet. Jetzt wissen wir, was wir tun müssen.» Ein anderer Jünger fährt fort: «Und Jesus erhob seine Hände. Er segnete uns und sagte: Ich schicke euch meine Kraft. Mein heiliger Geist wird zu euch kommen - so werdet ihr starke Boten sein.» «Und als wir Jesus nicht mehr sahen und immer noch hinaufschauten zu den Wolken, waren zwei Männer in weißen Kleidern da», erzählt Philippus. «Engel waren das, ja Engel. Sie sagten: Was bleibt ihr hier und starrt hinauf? Geht zurück zu euren Freunden und freut euch. Gottes Geist wird euch helfen. Später aber wird Jesus wiederkommen. Ganz plötzlich wird er kommen. Kein Mensch, auch kein Engel weiß, an welchem Tag oder zu welcher Stunde.»

Jetzt setzen sich die Jünger zu den Frauen. Zusammen beten sie. Sie danken Gott und bitten: «Schick uns deinen Geist, Gott, schick ihn bald. Denn wir sind schwach. Wir brauchen deine Kraft.»

Fünfzig Tage nach dem Passafest wird in Jerusalem das Fest der Weizenernte, das Pfingstfest, gefeiert. Wie alle anderen Juden haben sich Jesu Freunde auf das Fest vorbereitet; sie sind beieinander, um zu essen, zu trinken, zu beten. Sie haben das Haus, in dem sie sich treffen, geschmückt. Auch sie haben frische Weizenbrote in den Tempel gebracht. «Zehn Tage ist es her. Ja, vor zehn Tagen haben wir Jesus zum letzten Mal gesehen. Jetzt ist er bei seinem Vater im Himmel», sagen sie zueinander. Immer wieder reden sie von Jesus.

Doch plötzlich wird das Haus von einem Rauschen und Brausen erfüllt. Es ist, als ob ein Sturmwind vom Himmel fallen würde, wie bei einem gewaltigen Gewitter. Hell beginnt es zu leuchten. Das helle Licht verteilt sich. Auf jede Frau, auf jeden Mann setzt sich eine Flamme. Doch sie haben keine Angst. «Die Flammen verbrennen uns nicht», sagen sie. «Durch die Flammen dringt eine neue Kraft in uns - eine Kraft, die niemand von uns gekannt hat.» Und sie spüren: Das ist der heilige Geist, den Jesus uns versprochen hat.

Die Straßen sind an diesem Festtag voller Menschen. Aus dem ganzen Land, aber auch aus fremden Ländern sind die Juden nach Jerusalem gekommen; denn hier, in der heiligen Stadt, möchten sie das Pfingstfest feiern.

Vor dem Haus von Jesu Freunden bleiben immer mehr Menschen stehen und staunen. «Habt ihr das Brausen gehört?» fragen sie. «Was soll eigentlich dieser Lärm?» Neugierig schauen sie durchs Hoftor und sagen: «Das sind doch die Freunde dieses Jesus, die hier zusammenkommen und beten. Wir möchten wissen, was sie reden.»

Eine Frau, die ganz vorne steht, fragt: «Merkwürdig, diese Jesus-Leute kommen doch aus Galiläa - warum reden sie in fremden Sprachen?» Ein ägyptischer Jude, der die weite Reise nach Jerusalem auf sich genommen hat, wundert sich: «Ich höre meine eigene Sprache - wo haben sie das gelernt?» Und ein Römer ruft erstaunt: «Woher können sie plötzlich Latein? Ja, in meiner Sprache loben sie Gott. Aber ich weiß: Die haben nie Latein gelernt.» «Es ist ein Wunder, ja ein Wunder», rufen die Menschen, im Hoftor. Andere haben nur ein Sprachengewirr gehört und kein Wort verstanden. Darum spotten sie: «Die Leute da drin reden wild durcheinander. Die sind wohl vom Festwein betrunken!»

Aus dem Innern des Hofs erklingt plötzlich eine kräftige Stimme. «Das ist Petrus», sagt eine Frau, die ganz vorn steht. Und draußen hören sie Petrus sagen: «Versteht ihr mich, all ihr Juden, drinnen und draußen auf der Straße? Ich will euch erklären, was geschehen ist. Wir haben zwar in fremden Sprachen geredet. Aber niemand von uns ist betrunken. Es ist ja erst neun Uhr morgens. Nein, Gottes heiliger Geist ist zu uns gekommen.»

Der heilige Geist? Es wird still. Alle hören zu, und Petrus fährt fort: «Wir alle sind Freunde des Jesus aus Nazaret. Haben ihn nicht viele von euch gekannt? Habt ihr nicht von ihm gehört? Er machte Kranke gesund. Er hat den Armen geholfen. Jesus von Nazaret - er war der Messias, auf den wir alle gewartet haben, unser Helfer und König. Vor dem Passafest wurde er ans Kreuz geschlagen. Doch er ist auferstanden. Wir haben ihn gesehen. Und jetzt ist er bei Gott im Himmel. Er, dieser Jesus, hat uns den heiligen Geist geschickt.»

Einige Zuhörer sind erschrocken. Sie erinnern sich an den Gekreuzigten. Hätten sie seinen Tod verhindern können? War er wirklich der König der Juden?

Viele fragen Petrus und die anderen Jünger: «Was sollen wir tun?» «Auch ihr könnt zu Jesus gehören. Ihr könnt ein neues Leben beginnen. Bittet Gott, daß er euch alles Schlechte, das ihr getan habt, vergibt. Laßt euch taufen. Mit der Taufe wird auch euch der heilige Geist geschenkt. Mit dem Wasser der Taufe wird alles Böse von euch abgewaschen.»

Taufen? Einige schütteln den Kopf. Was soll das? Andere erzählen von Johannes dem Täufer, der im Jordan getauft hat. Das ist schon lange her. Viele wollen sich taufen lassen. «Mit der Taufe bekommen wir den heiligen Geist. Mit der Taufe gehören auch wir zu den Jesus-Leuten», sagen sie.

Dreitausend Menschen lassen sich an diesem Tag taufen. Sie wollen zu den Jüngern Jesu gehören.

Alle, die getauft sind, treffen sich abwechselnd in ihren Häusern. Sie erzählen von Jesus. Immer wieder sagen sie: «Jesus ist auferstanden, er lebt, er ist bei uns - das ist die Hauptsache.» Sie beten, sie essen miteinander. Auch im Tempel treffen sie sich jeden Tag. Sie leben wie Brüder und Schwestern und sorgen auch für die Armen und die Witwen. Sie teilen ihr Geld und ihr Essen.

Apostelgeschichte 1 u. 2

Petrus

Ein Bettler sitzt neben dem Säulentor, das vom Vorhof in den Tempel führt. Der Mann hat seine lahmen Beine und Füße unter dem Mantel versteckt. Aber alle, die vorbeikommen, um im Tempel zu beten, kennen ihn. Jeden Tag sitzt der Mann hier; jeden Tag wird er von seinen Verwandten hierher getragen, damit er betteln kann.

Heute kommt auch Petrus mit Johannes zum Nachmittagsgebet in den Tempel. Der lahme Mann streckt die Hand aus. «Gebt mir Geld, ich bin lahm! Gebt mir Geld, ich brauche Hilfe!» Er sagt immer wieder dasselbe. Er schaut nur auf die Hände der vielen Menschen, die hier ein- und ausgehen. Ganz selten öffnet sich eine Hand und wirft ihm eine Münze zu.

Petrus bleibt stehen. «Sieh mich an, sieh mir ins Gesicht! Meine Hände sind leer - ich habe keine Silbertaler, keine Goldstücke. Aber ich gebe dir, was ich habe! Ich sage dir im Namen von Jesus Christus, der aus Nazaret stammt: Steh auf, geh umher!»

Petrus streckt seine rechte Hand aus. Er zieht den lahmen Mann auf. Und der Lahme spürt plötzlich Kraft in seinen dünnen Beinen, in seinen verkrümmten Füßen. Er steht fest auf dem Boden. Er staunt. Er bewegt das eine Bein, dann das andere. Vorsichtig macht er Schritte. Ja, es geht!

Und jetzt macht der Mann Sprünge. Er hüpft durch den ganzen Vorhof des Tempels. Er singt ein Lied für Gott. Er singt, mitten in der Menschenmenge und merkt nicht, daß sie ihn anstarren, daß sich manche ärgern. Und alle kennen ihn natürlich und sagen zueinander: «Dieser Mann hat ja immer beim Säulentor gebettelt. Was ist geschehen?»

Der Mann aber wird ruhiger. Er sucht im Tempel nach Petrus und Johannes. Er möchte bei ihnen bleiben.

Ist das nicht die Stimme des Petrus? Ja, da steht er. Alle schauen auf ihn. Er hält eine Rede. Und jetzt zeigt er auf den Mann, der vorher lahm war, und sagt: «Schaut ihn nur an. Er war lahm. Aber nicht ich habe ihn gesund gemacht. Im Namen von Jesus Christus wurde er geheilt. Ja, von Jesus Christus, der am Kreuz gestorben ist. Aber ich sage euch: Dieser Jesus ist auferstanden. Er ist nicht tot. Er ist es, der mir die Kraft zum Heilen gibt. Er hat uns den heiligen Geist geschickt.»

Viele Menschen hören zu. Manche erinnern sich an Jesus. «Ja, auch Jesus hat Kranke gesund gemacht», sagen sie. «Jesus ist tot», sagen andere leise. Doch der Hauptmann des Tempels und die Priester ärgern sich. Sie haben Angst. «Geht das jetzt weiter mit dieser Jesusgeschichte? Wir hatten endlich Ruhe vor ihm - und jetzt reden diese Männer von seiner Auferstehung. Nein, das geht wirklich nicht!» Sie packen Petrus und Johannes und führen sie ins Gefängnis.

Am nächsten Morgen werden beide vor die Hohenpriester geführt. Bald werden sie wieder frei gelassen. Sie haben kein Verbrechen begangen! Doch der oberste Priester befiehlt ihnen: «Schweigt von diesem Jesus und tut nichts mehr in seinem Namen! Das Volk soll ihn vergessen! Redet nicht mehr von ihm.»

Petrus und Johannes aber haben keine Angst vor den Priestern, vor ihren Drohungen und ihren Strafen. Sie gehen in die Stadt, sie ziehen in die Dörfer hinaus, und sie sagen: «Jesus Christus - er ist die Hauptsache für uns. Wie könnten wir da schweigen? Von ihm wollen wir erzählen, wo wir auch sind.»

Viele hören ihnen zu.

Ein zweites Mal werden Petrus und seine Freunde ins Gefängnis geworfen. Die Priester ärgern sich über die Wundertaten, die die Jesus-Leute vollbringen: «Warum hören sie nicht auf, von Jesus zu reden? Warum haben sie die Macht, Kranke zu heilen?» Die Priester sind eifersüchtig.

Doch diesmal führt ein Engel die Apostel in der Nacht aus dem Gefängnis. Die Türen gehen auf, die Wächter schlafen. Und die Priester verstehen nichts mehr, als sie die Apostel schon am frühen Morgen wieder im Tempelhof predigen hören.

Nochmals befehlen sie den Männern: «Redet nicht mehr von diesem Jesus.» Diesmal werden Petrus und die anderen Apostel mit Stöcken geschlagen. Dennoch hören sie nicht auf, von Jesus zu erzählen: «Er ist der Retter, der Messias, auf den ihr gewartet habt.» Sie sind sogar stolz auf die Schläge, die sie bekommen. «Für Jesus werden wir gerne geschlagen, von ihm wollen wir erzählen, für ihn wollen wir auch leiden.» Zu den obersten Priestern aber sagen sie: «Wir müssen Gott mehr gehorchen als den Menschen.»

Und nochmals wird Petrus gefangengenommen. Jetzt herrscht wieder ein König in Israel. Er heißt Herodes - wie sein Großvater, der König war, als Jesus geboren wurde. Herodes Agrippa ist sein Name. Herodes Agrippa läßt Petrus ins Gefängnis werfen.

Der König hat gesehen, daß immer mehr Menschen in Jerusalem zur Gemeinde dieser Jesus-Leute gehören und sich Christen nennen. «Sie werden gefährlich, sie passen mir nicht», sagt Herodes. Er ist ein Freund der Priester im Tempel.

«Diesmal soll er nicht so leicht wieder herauskommen», sagen seine Soldaten. Sechzehn Wächter müssen Petrus bewachen. Sie haben nichts anderes zu tun. Im dunkelsten und sichersten Gefängnis wird Petrus eingeschlossen. Er ist gefesselt. Mit Ketten wird er nachts an zwei Soldaten gebunden, die rechts und links von ihm schlafen. Vor der Tür seiner Zelle stehen Tag und Nacht die Wächter.

Die Christen in Jerusalem aber wissen, daß Petrus gefangen ist. Es ist die Zeit des Passafestes. In wenigen Tagen soll Petrus vor das Gericht geführt werden. Die Freunde haben Angst um ihn. Hoffentlich wird er nicht umgebracht von Herodes! Schon Jakobus, der Bruder des Johannes, ist vom König getötet worden!

Die ganze Gemeinde der Christen versammelt sich. Sie beten für Petrus. Sie bleiben die ganze Nacht wach. Immer wieder murmeln sie ihre Gebete. Die Türen ihres Hauses sind fest verschlossen. Niemand soll sie hier sehen oder hören.

Während sie beim Schein weniger Öllampen beten, hören sie, daß ans Hoftor geklopft wird. Zuerst leise. Immer wieder. Dann lauter. Sie erschrecken. «Geh und frag, wer draußen ist, Rhode!» Sie schicken ein junges Mädchen hinunter. Alle sind jetzt stumm. Sie warten, bis das Mädchen wieder da ist. «Petrus steht vor dem Tor», sagt Rhode, «ja, ich habe seine Stimme erkannt.» Sehr schnell ist Rhode zu den anderen zurückgerannt. Vor Freude und Aufregung hat sie vergessen, das Tor zu öffnen.

Niemand glaubt ihr. «Du bist verrückt», sagen sie. «Das ist doch gar nicht möglich. Wir wissen, wie gut der König seine Gefangenen bewacht.» «Vielleicht ist es gar nicht Petrus, sondern ein Engel?» fragen andere.

Wieder klopft es. Immer stärker, bis einer der Männer öffnen geht. Wirklich: Da steht Petrus.

Jetzt reden alle durcheinander. Sie sind aufgeregt. Sie freuen sich. «Seid leise, sonst entdeckt man uns», sagt Petrus deutlich und erhebt seine Hand.

Und dann erzählt er. Sie verstehen ihn genau, obwohl er mit gedämpfter Stimme spricht: «Als ich schlief, fest schlief zwischen zwei Wachsoldaten, gefesselt von Ketten, wachte ich plötzlich auf. Ganz hell wurde es im Gefängnis, und ich fühlte, daß mich jemand an die Seite gestoßen und geweckt hatte. Ja, da stand ein Mann. Steh schnell auf, sagte er. Komm mit mir. Da fielen meine Ketten ab. Ich stand auf und ging einfach hindurch durch die erste Tür, durch die zweite Tür, durch das eiserne Gefängnistor. Die fest verschlossenen Türen gingen wie von selbst auf. Und der Mann führte mich hinaus, durch die Stadt. Es war wie im Traum. Doch plötzlich war ich allein; plötzlich stand ich hier draußen auf der Straße. Und jetzt wußte ich: Dieser Mann, der geleuchtet und die Türen geöffnet hatte, das war ein Engel! Ja, ein Engel Gottes hat mich befreit.»

Alle haben gespannt zugehört. Sie sind froh. Sie danken Gott, während Petrus das Haus durch die Hintertür verläßt. Durch kleine Gassen schleicht er in einen anderen Stadtteil und versteckt sich. Am nächsten Tag verläßt er die Stadt und reist nach Cäsarea, einer großen Stadt am Meer. König Herodes läßt ihn suchen, aber keiner der Soldaten findet ihn.

Im Geheimen predigt Petrus weiter von Jesus. Viele hören ihm zu. Sie wollen wissen, was er mit Jesus erlebt hat. Auch von Pfingsten und von seiner Befreiung aus dem Gefängnis muß er immer wieder erzählen.

Dreimal ist Petrus aus dem Gefängnis befreit worden. «Gott beschützt mich. Jesus ist noch jetzt bei mir», sagt Petrus zu sich selbst. «Dreimal hat er mich aus großer Gefahr befreit - doch dreimal habe ich ihn vor seinem Tod verleugnet.» Darüber ist Petrus immer noch traurig. Auch diese Geschichte erzählt er in den Gemeinden.

Apostelgeschichte 3, 4, 5, 12

Philippus

Samaria ist eine moderne römische Stadt im Bergland von Palästina. Für Kaiser Augustus ist sie gebaut worden. In der Mitte der Stadt liegt ein großer Platz.

Auf dem Marktplatz der Stadt Samaria bilden viele Menschen einen Kreis: Männer, Frauen, Kinder bestaunen einen Mann. «Bin ich nicht der Größte, der Beste?» fragt er laut. Er streckt seine Arme in die Höhe und bewegt sie, wie wenn er fliegen würde. Die Zuschauer klatschen. «Bravo», rufen sie. «Fast wie ein Gott bist du, Simon!» Andere schütteln den Kopf. «Das sind dumme Zauberkünste, die er lange geübt hat. Er will sich damit wichtig machen.» «Bravo, bravo», rufen einige Kinder. Sie freuen sich über den Zauberer Simon.

Doch plötzlich bahnen sich zwei Männer einen Weg durch die Menschenmenge. Zusammen tragen sie einen Jungen, der sich hin und her wirft und laute Schreie ausstößt. «Er ist verrückt! Er ist krank! Wo ist der Prediger, der Kranke gesund macht? Zeigt uns niemand den Weg?» Die beiden Männer bleiben erschöpft stehen. Jetzt schaut niemand mehr auf den Zauberer. Nein, der Zauberer Simon macht keine Kranken gesund! Das wissen sie.

Eine Frau ist neben den kranken Jungen getreten. «Sucht ihr den Philippus? Ja, er hat Kranke gesund gemacht. Kommt, ich zeige euch den Weg!» Die Frau führt die Männer, die den Kranken tragen, in eine Seitengasse. «Philippus predigt vom Messias. Er gehört zu diesen Jesus-Leuten. Sie nennen sich Christen.» «Kann er denn helfen? Kann er den Jungen gesund machen?» fragen die beiden Männer ängstlich. Die Frau nickt. «Ja, er hat schon viele Kranke geheilt - wie dieser Jesus aus Nazaret, der gekreuzigt wurde. Man sagt, Philippus sei ein Freund und Begleiter Jesu gewesen.»

Schließlich kommen sie mit dem Kranken in den Hof eines Hauses. Männer und Frauen

drängen sich um einen Mann. Er predigt vom Reich Gottes. Er erzählt von Jesus. Das muß Philippus sein! Viele Menschen folgen den Männern, die den kranken Jungen tragen. Alle drängen sich in den Hof. Und sie sehen, wie Philippus den Jungen gesund macht.

Die beiden Männer, die den Kranken gebracht haben, aber auch andere Frauen und Männer lassen sich von Philippus taufen. Auch sie wollen zu Jesus gehören. Sie wollen Christen werden.

Plötzlich drückt sich Simon, der Zauberer, durch die Menge, die sich um Philippus versammelt hat. Laut sagt er: «Ich glaube, daß dieser Jesus mächtig ist. Auch ich will mich taufen lassen.» Und Philippus tauft ihn.

Später kommen auch Petrus und Johannes von Jerusalem in die Stadt Samaria. Die Christen dort haben von ihnen gehört. Sie freuen sich. Sie fallen vor den beiden berühmten Aposteln auf die Knie. Petrus und Johannes legen ihre Hände auf den Kopf der Menschen, die vor ihnen knien. «Gottes Geist komme auf euch und mache euch stark», sagen sie. Und die Menschen stehen fröhlich wieder auf. Sie fühlen sich stark.

Simon, der Zauberer, hat genau zugeschaut. Er verbeugt sich vor Petrus und Johannes. Er drängt sich nahe an die Apostel und flüstert: «Ihr Apostel, ihr habt Macht. Ihr gebt den Menschen den heiligen Geist. Sagt doch: Was muß ich euch bezahlen, daß auch ich solche Macht bekomme? Auch ich möchte den Menschen die Hand auf den Kopf legen. Auch ich möchte den Geist weitergeben können. Sagt mir doch: Was kostet das? Ich bezahle es euch.» Simon läßt Silbermünzen in seiner Hand klingeln. Da stößt Petrus den Zauberer von sich. «Glaubst du, man könne ein Geschenk Gottes kaufen? Du Bösewicht! Du willst ein gutes Geschäft machen mit dem Geist wie mit deiner Zauberei.» Laut hat Petrus geredet. Alle haben es gehört.

Simon ist erschrocken. Er hat Angst. Er denkt nach und sagt: «Ihr Apostel, ich habe unrecht getan. Es tut mir leid. Betet für mich zum Herrn, daß ich nicht bestraft werde.»

Dann verschwindet Simon in der Menschenmenge. Niemand schaut ihm nach.

Petrus, Johannes und Philippus aber verlassen die Stadt Samaria. Die Christen begleiten sie ein Stück weit auf der Straße nach Jerusalem und winken ihnen nach.

Einige Zeit danach redet in Jerusalem ein Engel Gottes mit Philippus. «Geh hinaus aus der Stadt - geh auf die Landstraße, die von Jerusalem nach Gaza führt. Dort braucht dich Gott.» Philippus staunt. Bevor er fragen kann, ist der Engel wieder verschwunden.

Aber er macht sich auf den Weg. Er findet die Straße. Sie führt mitten durch die gebirgige Wüste. Hier ist es einsam und heiß.

Bald hört Philippus das Rollen von Rädern. Das Geräusch kommt näher. Ein bunter Wagen mit zwei geschmückten Pferden taucht auf. Der Kutscher hat eine dunkle Haut; auf seinem Kopf sitzt ein Turban.

Gespannt blickt Philippus ins Innere des Wagens. Er weiß sofort: Zu diesem vornehmen Herrn, der da im Wagen sitzt, hat mich der Engel geschickt. Philippus geht neben dem Wagen her. Der vornehme Herr sieht ihn nicht. Er liest laut aus einer Schriftrolle. Er liest immer wieder dasselbe. Es sind die Worte des Propheten Jesaja. Philippus kennt sie.

«Verstehst du denn, was du liest?» fragt er. Der vornehme Herr zuckt zusammen; er schaut Philippus ängstlich an. Dann lächelt er und fragt: «Kannst du mir helfen?» Philippus lächelt zurück und nickt. «Dann steig ein, setz dich zu mir», sagt der vornehme schwarze Herr. «Ich bin der Schatzmeister der äthiopischen Königin. Ich bin von weit her nach Jerusalem gereist, um den Gott der Juden anzubeten, und ich habe diese Schriftrolle gekauft. Erklär mir doch, was der Prophet schreibt.»

Zusammen lesen sie jetzt nochmals die Worte des Propheten. Sie heißen: «Wie ein Schaf wurde er geschlachtet. Wie ein Lamm, das geschoren wird, tut er seinen Mund nicht auf.» «Von wem redet hier der Prophet?» fragt der Schatzmeister, «von sich selbst oder von einem anderen Menschen?»

Da beginnt Philippus zu erzählen. Er erzählt von Jesus, der getötet wurde wie ein Lamm, das geschlachtet wird. Er erzählt weiter von Jesus, immer weiter. Von den Geschichten, die Jesus erzählte, von den Kranken, die Jesus gesund machte. Und er erzählt, daß Jesus wieder lebendig geworden ist. Der Schatzmeister hört sehr genau zu. Philippus redet auch vom heiligen Geist, der die Jesusfreunde erfüllt hat, und er erzählt von der Taufe der Menschen, die an Jesus glauben.

Der Schatzmeister schaut Philippus an. «Jetzt verstehe ich, was in dieser Schriftrolle steht. Ich danke dir. Es ist wunderbar, was du über diesen Jesus sagst.» Er seufzt. «Ich möchte auch zu den Christen gehören», sagt er leise, während der Wagen weiterrollt.

Plötzlich läßt der Schatzmeister die Kutsche halten. Aufgeregt zeigt er hinaus, schaut dann ins Gesicht des Philippus und sagt: «Da ist Wasser, Wasser! Ein Bach mit Wasser! Kannst du mich nicht taufen? Gleich jetzt? Dann gehöre auch ich zu Jesus.»

Beide Männer verlassen den Wagen. Sie steigen ins Wasser. Philippus tauft den fremden schwarzen Mann. Er tauft ihn auf den Namen Jesu.

Der Schatzmeister will sich bedanken. Da ist Philippus plötzlich verschwunden. Der vornehme Herr stutzt. Er steigt wieder in seinen Wagen. «Alles ist heute wunderbar.» Er lächelt. Er freut sich. Er hält die Schriftrolle, die er gekauft hat, fest in der Hand.

Und er fährt zurück, viele Tage braucht er, bis er wieder im fernen Land Äthiopien ankommt.

Apostelgeschichte 8

Saulus und das helle Licht

Durch die Tore von Damaskus fahren Händler mit ihren Wagen. In Damaskus wird gekauft und verkauft. Prächtige Geschäftshäuser stehen an der Hauptstraße, die 'Gerade Straße' genannt wird. Hier wohnen reiche Leute, Juden und Heiden. Damaskus ist eine große Handelsstadt in Syrien, fünf Tagereisen von Jerusalem entfernt.

In einer kleinen Gasse von Damaskus wohnt Hananias. Er gehört zu den Jesus-Leuten; er ist Christ. Hananias betet. Er kniet allein auf dem Dach seines Hauses. Da hört er eine Stimme. «Jesus, bist du es?» fragt er und horcht. «Ja, Hananias», sagt die Stimme, «ich brauche dich. Geh in die Gerade Straße. Dort wirst du im Haus des Judas einen Gast finden. Es ist Saulus aus Tarsus. Er kann nicht mehr sehen. Er ist blind. Geh hin, Hananias, leg deine Hände auf das Gesicht des Saulus, tu das, ich schicke dich. Dann wird Saulus wieder sehen.» Hananias hat gut zugehört. Er ist erschrocken. «Du verlangst Unmögliches von mir, mein Herr!» sagt er. «Ich habe nur Schreckliches über diesen Saulus gehört. In Jerusalem hat er viele Frauen und Männer, die an dich glauben, verhaften lassen. Dieser Saulus: Ich weiß es, er ist ein Feind aller Christen. Ich weiß es: Er will auch hier die Christen bekämpfen. Vom obersten Priester in Jerusalem hat er die Erlaubnis erhalten, auch hier in der Synagoge alle festzunehmen, die zu dir gehören wollen. Jesus, nein, mein Herr, zu diesem Saulus gehe ich nicht. So viel Schreckliches habe ich über ihn gehört.» «Geh ohne Angst zu Saulus, Hananias», sagt da Jesu Stimme, «ich habe Saulus ausgewählt. Er wird Juden, Heiden, auch Königen von mir erzählen. Er hat sich geändert. Sein ganzes Leben lang wird er mir dienen.»

Hananias seufzt. Doch er macht sich auf den Weg. Er will Jesus, seinem Herrn, gehorchen! Er betritt das Haus des Judas in der Geraden Straße. Und schon entdeckt er den Fremden, der dort sitzt und mit leeren Augen in den Raum starrt. Gleichzeitig tritt der Besitzer des Hauses, der reiche Judas, auf Hananias zu und flüstert: «Seit drei Tagen ist er blind. Er ißt nichts. Er trinkt nichts. Zwei Männer, die mit ihm von Jerusalem gekommen sind, haben ihn zu mir gebracht. Ich kann ihm nicht helfen.» Hananias geht auf den blinden starren Saulus zu. Er staunt. Der Mann trägt einen vornehmen Reisemantel. Hananias streckt seine Hände aus. Er berührt das Gesicht des Blinden und sagt: «Bruder Saul! Jesus hat mich zu dir gesandt, du sollst wieder sehen können, und der heilige Geist soll dich erfüllen!»

Da verändert sich das starre Gesicht des Saulus. Er blickt um sich. Ja, er kann wieder sehen! «Es ist, als ob Schuppen von meinen Augen gefallen wären», sagt er erstaunt und blickt ins Gesicht des Hananias. «Jesus hat dich gesandt. Ich weiß es.»

Die Männer und Frauen, die im Haus des Judas arbeiten und wohnen, haben hinter den Säulen und aus den Nebenräumen zugehört. Seit der ernste blinde Gast da ist, haben sie ihn beobachtet. Er hat mit niemandem geredet. Er hat sich fast nicht bewegt. Doch jetzt ist alles anders. Der Fremde schaut sich um. Er erzählt. Er ißt und trinkt. Die Diener und Dienerinnen des Judas kommen näher. Sie stehen im Kreis um Saulus und Hananias. Sie wollen besser verstehen, was der fremde Mann erzählt.

Jetzt hören sie eine merkwürdige Geschichte: «Auch ich bin Jude», sagt Saulus. «Ich stamme von König Saul ab. Darum haben mich meine jüdischen Eltern Saulus genannt. Aber seit meiner Geburt habe ich auch einen römischen Namen: Paulus. Wir sind auch Bürger des großen römischen Reiches.» Die Zuhörer sind stumm. Auch Damaskus gehört zum römischen Reich. Aber alle haben Angst vor den mächtigen Römern.

Saulus erzählt weiter: «Meine Eltern haben mich nach Jerusalem geschickt, zum großen Lehrer Gamaliël. Bei ihm lernte ich alles über die heiligen Schriften und über die Gesetze der Juden. Ich wurde Pharisäer. Und ich hörte von den Christen, von diesen Jesus-Leuten. Und ich sah: Für sie ist Jesus die Hauptsache, wichtiger als alle Gesetze. Das ärgerte mich. Sie sind gefährlich, sie sind schlecht, diese Christen, dachte ich. Ich verfolgte Frauen und Männer, die an Jesus glaubten. Ich ließ sie peitschen. Ich ließ sie fesseln und ins Gefängnis werfen. Fragt nur den Hohenpriester und den Hohen Rat! Und dann machte ich diese Reise nach Damaskus. Hierher zu euch. Auch hier wollte ich die Christen suchen. Ich wollte sie fesseln lassen. Ich wollte sie gefesselt nach Jerusalem führen. Hier habe ich Briefe des Hohenpriesters. Briefe an die Juden von Damaskus. Sie sollten mir helfen, die Christen zu finden und zu fesseln.»

Saulus atmet schwer. Es ist still im Raum. Die Menschen sehen sich entsetzt an. Manche haben schon von Jesus, der gekreuzigt wurde und auferstanden ist, gehört. Einige von ihnen sind Christen geworden.

Paulus aber zieht jetzt die Briefe des Hohenpriesters aus seinem Mantel. Er zeigt sie rundum. Er zerreißt sie in Fetzen. Einige Juden schreien entsetzt auf. Saulus aber erzählt weiter: «Als ich schon in die Nähe von Damaskus kam, war es, als ob ein helles Licht, fast wie ein Blitz vom Himmel auf mich niederfiele. Ich stürzte zu Boden und hörte eine Stimme, die zu mir sprach: Saul, Saul, warum verfolgst du mich? Und ich fragte: Wer bist denn du, wer spricht mit mir? Und die Stimme antwortete: Ich bin Jesus von Nazaret, Jesus, den du verfolgst. Die Männer, die bei mir waren, sahen das Licht auch, sie hörten aber die Stimme nicht. Und ich fragte: Was soll ich tun, Herr? Jesus antwortete: Geh in die Stadt Damaskus. Dort wirst du erfahren, was du tun sollst. Dann stand ich auf. Ich wollte auf der Straße weitergehen. Aber ich konnte nichts mehr sehen; der Glanz des großen Lichts hatte mich blind gemacht. Meine Begleiter führten mich hierher, ins Haus des Judas.»

Saulus senkt den Kopf. «Was soll ich tun?» fragt er leise. Alle schauen auf die Brieffetzen am Boden. Hananias aber tritt noch näher zu ihm; er legt seinen Arm um die Schultern des Saulus und sagt: «Gott hat dich dazu bestimmt, von Jesus zu erzählen. Gott will, daß du alles weitersagst, was du gesehen und gehört hast. Komm mit mir, Saulus, laß dich taufen. Mit der Taufe wird alles Schlechte von dir abgewaschen. Komm mit mir, Saulus. Ich will dich taufen. Auch du wirst ein Apostel Jesu sein.»

Saulus läßt sich taufen. Er wohnt jetzt bei den Christen in Damaskus und predigt in den Synagogen. Er predigt von Jesus. «Jesus ist Gottes Sohn», sagt er. «Jesus hat mich mit Kraft erfüllt», sagt er immer wieder. Und Saulus betet zu Jesus.

Viele Juden, die in den Synagogen zuhören, sind verwirrt. Manche fragen: «Was ist da eigentlich los? Ist das nicht derselbe Saulus, der in Jerusalem die Christen hat auspeitschen und fesseln lassen?» Einige sind mißtrauisch. Andere glauben ihm. Sie wollen mehr hören von Jesus.

Fromme Juden aber sagen: «Jetzt ist er selbst Christ geworden, dieser Saulus. Er ist kein richtiger Jude mehr. Die neue Lehre, die er verbreitet, ist gefährlich.» In der Synagoge versammeln sie sich. Sie stecken die Köpfe zusammen und beschließen: «Wir wollen ihn töten. Er soll sterben.»

Durch seine Freunde aber erfährt Saulus, was die Juden vorhaben. Er weiß, daß er Damaskus möglichst bald verlassen muß. Er weiß auch, daß die Juden alle Stadttore bewachen. Die Jünger Jesu aber helfen ihm. Mitten in der Nacht setzen sie ihn in einen großen Korb. An festen Seilen lassen sie den Korb an der Stadtmauer hinunter. Saulus kann fliehen. Auf einsamen Wegen wandert er nach Jerusalem.

Bald aber muß er auch aus Jerusalem fliehen. Auch hier werden die Christen verfolgt.

Saulus reist in seine Heimatstadt Tarsus zurück. Von jetzt an braucht er seinen römischen Namen. Er nennt sich Paulus, nicht mehr Saul oder Saulus.

Apostelgeschichte 8, 9, 22

Paulus ist unterwegs

Die erste Reise

Später wird Paulus von der Christengemeinde in Antiochia ausgeschickt. Zusammen mit Barnabas macht er eine große Reise. In vielen Städten predigt er. Immer wieder spricht er von Jesus. Von Jesus, der getötet wurde. Von Jesus, der auferstanden ist. Von Jesus, der Gottes Sohn ist. Von Jesus, der die Menschen froh macht.

Wo sie hinkommen, besuchen Paulus und Barnabas am Sabbat die Synagoge. Sie nehmen am Gottesdienst teil. Immer nach der Lesung aus den alten Schriften dürfen sie als Gäste in der Synagoge reden. So hören ihnen viele Menschen in vielen Städten zu. Und die Zuhörer merken: Paulus predigt etwas Neues. Er predigt vom Messias, auf den wir lange gewartet haben. «Dieser Messias wird unser ganzes Leben verändern», sagen sie. «Wir möchten Paulus am nächsten Sabbat wieder hören», bitten manche Leute die Vorsteher der jüdischen Gemeinden.

Überall, wo Paulus gepredigt hat, schließen sich die Menschen, die an Jesus glauben, wie eine große Familie zusammen. Viele lassen sich auf den Namen Jesu taufen. Sie bilden Gemeinden. Sie treffen sich zu Gottesdiensten. Sie predigen von Christus und nennen sich Christen.

Immer wieder wird es auch gefährlich für Paulus. Die jüdischen Lehrer werden eifersüchtig. «Unsere Gemeindeglieder laufen uns weg. Sie wollen zu dieser modernen Gruppe der Christen gehören», jammern sie. Einmal wollen sie Paulus mit Steinen töten. Paulus denkt an Stephanus. Er erinnert sich, wie Stephanus gesteinigt wurde und gestorben ist - weil er von Jesus predigte. Damals hat Paulus zugeschaut. Stephanus tat ihm nicht leid. Und jetzt wird auch Paulus von Steinen getroffen. Er fällt auf den Boden. Alle glauben, er sei tot. Doch dann steht er wieder auf. Er zieht mit Barnabas weiter.

In Philippi

Paulus macht eine zweite Reise, eine dritte Reise. Immer ziehen Freunde mit ihm: Silas, auch Lukas und Timotheus. Paulus zieht von Stadt zu Stadt, von Land zu Land. Er fährt mit großen Handelsschiffen in ferne Städte; er reist aber auch viele Wochen über Land, bis ans Ende von Asien.

Eines Nachts sieht er im Traum einen Mann aus Griechenland, der sagt: «Paulus, komm übers Meer zu uns herüber!» Paulus weiß jetzt: Gott braucht mich auch in Europa. Und Paulus segelt mit seinen Freunden nach Griechenland. Er kommt in die Stadt Philippi.

In Philippi sucht Paulus vergeblich nach einer Synagoge. Doch am Rand der Stadt findet er den jüdischen Gebetsplatz: Hier, neben dem Fluß, predigt Paulus von Jesus.

Dann setzt er sich mit seinen Freunden zu den jüdischen Frauen, die am Fluß zusammengekommen sind. Sie wollen noch mehr hören von Jesus. Lydia rückt nahe zu Paulus. Sie möchte jedes Wort, das er sagt, verstehen. Lydia vergißt, daß sie längst zu Hause sein sollte, um die wertvollen Purpurstoffe, mit denen sie handelt, zu verkaufen. Sie wird ganz erfüllt von den wunderbaren Dingen, die Paulus erzählt. Ihr Herz wird groß. Plötzlich weiß sie: Jesus ist mein Herr und mein Helfer. Sie läßt sich von Paulus taufen. Aber auch ihre Freundinnen und die Dienerinnen, die in ihrem Laden helfen, werden getauft. «Kommt zu mir! Eßt bei mir! Wohnt bei mir», sagt Lydia zu Paulus und seinen Freunden. «Wir glauben an den gleichen Herrn. Wir gehören zusammen.» Und Paulus wohnt als Gast bei Lydia.

In Philippi hat Paulus auch Feinde. Zusammen mit Silas wird er gefangengenommen, ausgepeitscht und ins Gefängnis geworfen. Durch ein Erdbeben aber, das das Gefängnis erzittern läßt, gehen mitten in der Nacht alle Türen auf. Die Fesseln der Gefangenen fallen ab. Der Aufseher des Gefängnisses erwacht. Er erschrickt. Er glaubt, seine

Gefangenen seien nicht mehr da. Er will sich in sein eigenes Schwert stürzen. Doch im Schein einer Laterne entdeckt er Paulus und Silas. Merkwürdige Männer, denkt er. Haben sie nicht gerade vorhin gesungen, bevor ich eingeschlafen bin? Im Gefängnis gesungen, mitten in der Nacht? «Was hat euch so froh gemacht?» fragt er. Da erzählen Paulus und Silas mitten in der Nacht von Jesus. Und mitten in der Nacht lädt der Gefängnisaufseher die Gefangenen zu sich ein. Er pflegt die Wunden, die sie von den Peitschenhieben haben. Er macht ein Festessen für sie bereit. Und er läßt sich taufen mit seiner ganzen Familie, mitten in der Nacht.

Von Philippi aber ziehen Paulus und seine Freunde weiter. Später möchte Paulus die Stadt Philippi wieder besuchen.

Paulus schreibt auch einen Brief an die Philipper. Er schreibt: «Ich sende Timotheus zu euch, meinen besten Freund. Er soll euch helfen. Und bald werde ich selbst wieder kommen!» Die Christen in Philippi lesen sich den Brief vor, den sie von Paulus erhalten haben. «Der Brief ist wie eine Predigt», sagen die einen. «Er ist wie ein Gedicht», sagen andere. Eine Stelle singen sie in ihren Gottesdiensten, als ob es ein Lied wäre:

> Jesus Christus - er war Gott.
> Aber er wurde arm wie ein Sklave.
> Er wurde ein Mensch
> und starb am Kreuz.
> Doch Gott hat ihn groß gemacht,
> Gott hat ihn erhöht.
> Er ist unser Herr.

Auch die Kinder hören zu. Dann singen sie mit. Sie fragen immer wieder. Sie verstehen nicht alles, was von Jesus gepredigt und gesungen wird. Sie wollen auch dazugehören und singen: «Christus ist unser Herr» - das verstehen sie.

Apostelgeschichte 13, 16; Philipperbrief 2, 5-11

In Athen und in Korinth

Paulus kommt auch nach Athen, in die große griechische Hauptstadt. Er staunt über die prächtigen Tempel, über die Altäre, über die glitzernden Götterbilder, die an jeder Straßenecke stehen. «Vielleicht kann dieser Paulus von einem neuen Gott erzählen, den wir noch nicht kennen?» fragen griechische Lehrer. Sie wollen Neuigkeiten hören. «Komm mit, du kannst eine Rede halten», sagen sie und führen Paulus auf den Marktplatz, wo ihm viele Menschen zuhören.

Doch Paulus kann nicht auf ein goldenes Götterbild zeigen wie die anderen Redner. Er kann keine spannende Geschichte von Göttern erzählen. Über seine Predigt von Jesus, der auferstanden ist, lachen die Athener nur. «Was soll das eigentlich?» fragen sie. Nur wenige werden Christen.

Paulus bleibt nicht lange in Athen, sondern wandert mit seinen Begleitern weiter.

Dann kommt er in die große Hafenstadt Korinth. Er sucht auch hier die jüdische Gemeinde. Und er trifft Aquila und seine Frau Priszilla. Bei ihnen wohnt er. Er kann ihnen helfen, denn sie sind Zeltmacher wie er. Zusammen nähen sie Zelttücher und weben Reisedecken aus Ziegenhaar. Anderthalb Jahre bleibt Paulus hier. Wenn er vor der Werkstatt sitzt und arbeitet, bleiben immer wieder Menschen stehen: Vornehme Handelsleute, auch Hafenarbeiter oder Marktfrauen. Sie wissen: Dieser Paulus erzählt von Jesus. Von Jesus, der stärker ist als der Tod. Immer wieder kommen sie zu Paulus zurück. Viele von ihnen werden Christen.

Jeden Sabbat besucht Paulus mit Aquila und Priszilla die Synagoge. Jeden Sabbat predigt Paulus dort. Doch die Juden streiten sich. Manche beschimpfen ihn. Viele von ihnen wollen nichts mit diesem Christus zu tun haben. Darum treffen sich die Christen bald im großen Haus des Titius Justus, der neben der Synagoge wohnt.

Es gibt Juden, die Paulus beim Statthalter anklagen. Doch Paulus hört nicht auf, von Jesus zu predigen.

Einmal hört er im Traum Jesu Stimme deutlich: «Fürchte dich nicht, sondern rede und schweige nicht.» Das macht ihn stark. Ich muß nicht nur den Juden predigen, sagt er zu sich. Und er sagt laut: «Von jetzt an werde ich auch zu den Heiden gehen. Warum soll ich nicht auch Menschen, die bis jetzt die Göttin Aphrodite im großen Tempel angebetet haben, von Jesus erzählen?» Da schütteln manche Juden den Kopf. Andere geben ihm recht und hören ihm immer wieder zu.

Als Paulus Korinth verläßt, begleiten ihn Aquila und Priszilla.

Auch an die Christen in Korinth schreibt Paulus Briefe. Er will ihnen Mut machen. Er möchte, daß sie in Frieden miteinander leben; reiche jüdische Händler, arme Hafenarbeiter, auch Dienerinnen vornehmer Bürger.

Er schreibt an die Korinther: «Ihr gehört zusammen wie die Glieder eines Körpers. Ihr alle seid ganz verschieden untereinander, klein oder groß, arm oder reich, Juden oder Griechen, Sklaven oder Freie. Durch die Taufe aber, durch Jesus seid ihr verbunden wie ein einziger Körper. Ihr seid der Christuskörper und gehört zusammen.»

Die Christen in Korinth lesen sich diese Sätze des Paulus vor. Sie denken darüber nach. Und immer wieder neu lesen sie das Lied über die Liebe, das Paulus ihnen schickt und das Christen bis heute immer wieder singen und weitergeben: «Die Liebe unter euch ist die Hauptsache - sie ist größer als alles andere», schreibt Paulus. Und sein Lied der Liebe endet so: «Was nie vergeht, das sind Glaube, Hoffnung und Liebe. Die Liebe aber ist das Allergrößte.»

Apostelgeschichte 17 u.18; 1. Korintherbrief 12 u.13

In Ephesus

Drei Jahre lang lebt Paulus später in der reichen Stadt Ephesus. Von weitem kommen Pilger hierher. Sie beten zur Göttin Artemis. «Die Göttin ist wie eine große Mutter», sagen sie. «Artemis beschützt alles Leben, sie läßt die Quellen sprudeln, die Bäume wachsen, sie schenkt uns Kinder.» Die Pilger fallen vor dem großen Standbild der Artemis auf die Knie und beten das Bild an. Merkwürdig ist dieses Bild der Göttin. Sie hat viele Brüste. Das ist das Zeichen für ihre Fruchtbarkeit. Der Tempel der Artemis aber steht nahe beim Hafen. Der Tempel ist riesengroß; er hat 127 Säulen und wird von Reisenden aus der ganzen Welt bestaunt. Er gehört zu den sieben Weltwundern.

Auch in dieser prächtigen Stadt predigt Paulus von Jesus. In einem Lehrsaal sammelt er seine Zuhörer um sich. Immer mehr Menschen aber wollen wissen, was dieser Paulus zu sagen hat. «Er hat Kranke gesund gemacht. Er hat böse Geister vertrieben», hören manche schon im Hafen, wenn sie in Ephesus ankommen. Viele drängen sich darum in seinen Lehrsaal - und gehen nicht in den prächtigen Tempel der Göttin Artemis.

Der Silberschmied Demetrius aber sorgt plötzlich für Aufregung. Demetrius ist ein reicher Mann; gleichzeitig verschafft er vielen Handwerkern Arbeit: Er verkauft kleine silberne Tempelchen. Die Reisenden nehmen sie als Andenken an die Göttin Artemis und an ihr prächtiges Haus mit. Jetzt ruft Demetrius seine Mitarbeiter und viele andere Menschen zusammen: «Habt ihr ihn gehört, diesen Paulus?» schreit er. «Unmöglich, was er sagt! Er will unsere Artemis nicht anbeten! Er behauptet, Götterbilder, die von Menschenhand gemacht seien, seien keine richtigen Götter. Wenn das so weitergeht, wird niemand mehr die Artemis verehren - und plötzlich wird kein Mensch mehr unsere Silbertempelchen kaufen!» Als die Handwerker dies hören, werden sie aufgeregt und schreien laut: «Gut geredet, Demetrius, groß ist die Artemis der Epheser!»

Und jetzt packen sie Gaius und Aristarchus, zwei Freunde des Paulus, und schleppen sie ins Theater der Stadt. Dort sammeln sich immer mehr Menschen. «Was ist eigentlich los?» rufen die einen. «Wo ist denn dieser Paulus?» fragen andere. Und plötzlich schreien und rufen alle gleichzeitig: «Groß ist die Artemis der Epheser! Groß ist die Artemis der Epheser!» Sie schreien so laut, daß es durch die ganze Stadt dröhnt. Zwei ganze Stunden lang schreien sie dasselbe: «Groß ist die Artemis der Epheser!»

Endlich erscheint der Stadtschreiber von Ephesus auf der Bühne. Er erhebt seine Arme. Es wird still. Der Stadtschreiber ruft laut: «Unsere Stadt ist die Stadt der großen Artemis. Alle wissen es: Unser Artemis-Standbild ist nicht von Menschenhand gemacht - es ist in seiner ganzen Pracht vom Himmel gefallen. Die Männer, die ihr ins Theater geschleppt habt, sind aber keine Tempelräuber - und sie haben unsere Göttin nicht beleidigt. Seid also still und geht nach Hause. Unsere Herren, die Römer, könnten uns für solche unerlaubten lauten Volksversammlungen noch bestrafen!» Da gehen die Menschen von Ephesus auseinander. Es wird plötzlich wieder ruhig in der Stadt.

Paulus aber verläßt Ephesus bald darauf. Viele Menschen haben sich taufen lassen. Viele haben seine Predigten über Christus gehört.

Später schreibt Paulus auch an die Christen von Ephesus. Er schreibt: «Ihr gehört zu Jesus, auch wenn ihr vorher keine Juden gewesen seid. Ihr seid für Jesus keine Fremden, sondern ihr gehört mit zu Gottes heiligem Tempel. Christus ist der Eckstein; er ist die Hauptsache. Aber auch ihr seid Steine, die gebraucht werden für Gottes Haus - für den Tempel, in dem Gottes Geist wohnt.»

Auch die Christen in Ephesus lesen sich vor, was Paulus geschrieben hat. Sie denken lange nach. Für viele ist es wie ein Rätsel, was Paulus schreibt. Aber sie wissen: Der Tempel, von dem Paulus schreibt, ist kein Weltwunder. Er hat keine Säulen und kein Artemis-Standbild. Dieser Tempel für Gott ist unsichtbar - und doch sehr groß. Wir alle sind ein Teil dieses Tempels.

Apostelgeschichte 19; Epheserbrief 2, 11-21

Die Reise nach Rom

Von der Hafenstadt Cäsarea fährt ein großes Segelschiff Richtung Rom. Paulus sitzt auf dem Deck des Schiffes. Die Fesseln liegen neben ihm. Paulus ist ein Gefangener - doch der römische Hauptmann Julius meint es gut mit ihm. Er hat die Fesseln gelöst.

«Warum bist du gefangen? Warum wollen sie dich zum Kaiser nach Rom bringen? Was hast du getan?» Immer wieder fragen ihn die Schiffsleute. Dieser Mann sieht nicht wie ein Verbrecher aus - und sie hören ihm gerne zu.

Mit der Zeit wissen alle auf dem Schiff: Paulus hat wirklich nichts Böses getan. Er ist Jude. Und er hat unter den Juden immer wieder neu von diesem Jesus erzählt, von einem Mann, der gekreuzigt wurde, aber vom Tod auferstanden ist. Und die Schiffsleute erfahren: Die Juden in Jerusalem haben auch Paulus beinahe getötet. Zwei Jahre saß er dann im Gefängnis der römischen Burg in Cäsarea und wurde von den Römern bewacht. Jetzt wird er zum Kaiser gebracht. So hat er es selbst gewünscht: «Ich bin römischer Bürger - nur der Kaiser darf über mich richten!»

Immer wieder aber sagen die Leute auf dem Schiff: «Wir verstehen nicht, was deine Schuld ist, Paulus!» Und immer wieder erzählt Paulus von Christus, von der Gemeinde der Christen. Er erzählt auch, wie er selbst die Christen einst verfolgt hat und wie Jesus ihm in einem großen Licht erschienen ist. «Und die Hohenpriester in Jerusalem wollen nicht glauben, daß Gott Tote auferweckt. Sie halten alle, die an Jesus glauben, für gefährlich. Darum verfolgen sie mich. Sie verfolgen alle Christen!»

Die Reise dauert lange. In vielen Hafenstädten hält das Schiff. Säcke werden ausgeladen. Säcke werden eingeladen. Mit anderen Gefangenen wird Paulus dann in der Stadt Myra auf ein anderes Schiff gebracht.

Jetzt werden die Tage kürzer. Der Herbst ist da. Und Paulus sagt zu den Schiffsleuten: «Bald kommen die großen Winterstürme. Fahrt jetzt nicht mehr aufs Meer hinaus; es wird gefährlich.» Doch sie hören nicht auf ihn. Sie fahren weiter. Sie fahren immer weiter Richtung Rom. Ein sanfter Südwind treibt sie voran.

Doch plötzlich bricht der gefürchtete Wirbelsturm los. Das Schiff wird von haushohen Wellen emporgehoben. Es wird vom Wind gepeitscht. Es wird hin und her geschleudert. Die Steuerleute können es nicht mehr lenken. Der Sturm reißt einzelne Bretter vom Schiffsbauch weg. Das Wasser dringt ins Innere. Darum werfen die Schiffsleute Säcke und Kisten, fast alles, was sie im Bauch des Schiffes mitführen, ins Meer. So liegt das Schiff weniger tief im Wasser. Doch der Sturm geht weiter, immer weiter. Der Himmel ist schwarz oder grau - weder Sonne noch Sterne sind zu sehen. «Wir sind verloren. Wir haben keine Hoffnung mehr.» Die Männer sitzen hinten im Schiff. Sie drücken sich aneinander. Sie halten sich am Schiffsrand fest. Sie sind wie gelähmt.

Da tritt Paulus zu ihnen und ruft so laut, daß sie es trotz des heulenden Sturms hören: «He, ihr Männer, seid mutig - ich weiß es: Keiner von euch wird untergehen. In dieser Nacht hat Gott mir einen Engel geschickt. Fürchte dich nicht, Paulus, hat er gesagt. Aber Gott will nicht nur mich retten; keiner von euch wird sein Leben verlieren. Darum eßt von den Vorräten, die wir noch haben. Zwei Wochen lang habt ihr nichts mehr zu euch genommen. Jetzt braucht ihr alle Kraft, um euch zu retten.» Und Paulus selbst nimmt Brot; er bricht es entzwei, er dankt Gott dafür und ißt. Da werden auch die anderen Männer mutiger. Sie holen das Essen aus dem Schiffsbauch. Sie teilen. Sie essen auf dem schwankenden Deck. Alle, die auf dem Schiff sind, essen: zweihundertsechsundsiebzig Menschen.

Vierzehn Tage und Nächte dauert der Sturm bereits.

Am nächsten Morgen fährt das Schiff auf einem Felsvorsprung auf. Vor ihnen liegt eine Küste. Der hintere Teil des Schiffes bricht auseinander. Doch von hier können sich alle retten. Manche können schwimmen. Sie schwimmen ans Land. Andere halten sich an Schiffsbrettern fest und werden ans Ufer geschwemmt. Eigentlich sollte der römische Hauptmann die Gefangenen jetzt töten, daß sie nicht entfliehen können. Doch er will Paulus retten. Darum läßt er alle Gefangenen am Leben. Auch sie kommen heil ans Ufer.

Sie sind auf der Insel Malta. Die Menschen hier sprechen eine Sprache, die niemand von ihnen kennt. Doch sie machen Feuer für die Schiffbrüchigen. Sie bringen Kleider und Essen. Der römische Hauptmann mit seinen Soldaten, aber auch die Schiffsleute und die Gefangenen müssen drei Monate auf der Insel bleiben, denn die Winterstürme sind noch nicht vorbei. Und alle wundern sich immer wieder über Paulus: Er macht Menschen gesund; er betet und legt den Kranken seine Hände auf.

Erst im Frühling geht die Fahrt auf einem anderen Schiff, das während des Winters im sicheren Hafen von Malta lag, weiter.

Und endlich kommen sie nach Rom. In die riesengroße Stadt, die auf sieben Hügel gebaut ist. Die Stadt, von der sie alle schon gehört haben, die Stadt mit den großen Straßen und Marktplätzen, den Säulenhallen und Theatern, den Palästen und Tempeln. Auch hier gibt es Christen. Sie haben von der Ankunft des Paulus gehört. Sie kommen ihnen entgegen.

Paulus ist ein Gefangener der Römer - und doch lebt er fast frei. Ein einzelner Soldat bewacht ihn. Paulus hat eine eigene Wohnung. Und Paulus lädt auch in Rom die Juden zu sich ein. Er predigt vom Gottesreich, er spricht von Jesus. Und auch hier verstehen ihn viele Juden nicht.

Doch andere Menschen versammeln sich in seiner Wohnung. Seine Predigt von Jesus geht weiter. Immer mehr Menschen werden Christen.

Paulus wartet darauf, daß er vor den Kaiser geführt wird. «Ich bin römischer Bürger, der Kaiser soll mich richten», sagt er immer wieder. Zwei Jahre wartet Paulus. Zwei Jahre predigt er.

Apostelgeschichte 27 u. 28

Wie es weitergeht

Die Geschichte, die Lukas von Paulus aufgeschrieben hat, ist ohne Ende. Wir wissen, daß Paulus nach Rom gebracht wurde. Wir wissen, daß in Rom später immer mehr Christen lebten. Rom wurde zum Mittelpunkt der Christen.

Damals regierte in Rom der grausame Kaiser Nero. Er tötete alle Menschen, die ihm nicht paßten. Er tötete sogar seinen Bruder, seine Mutter, seine Frau. Später ließ er alle Christen, die er finden konnte, töten. Er behauptete: Sie sind es, die die Stadt Rom angezündet haben.

Wahrscheinlich wurde Paulus, aber auch der Apostel Petrus in Rom wie die anderen Christen in ein Gefängnis gesperrt. Den Kaiser sollten sie anbeten - wie einen Gott. Aber das taten sie nicht. «Jesus ist unser Herr. Nur zu ihm wollen wir beten - und zum unsichtbaren Gott», sagten sie. Sie wurden gefoltert. Und sie wurden umgebracht.

Die Menschen, die für ihren Glauben gestorben sind und wegen ihres Glaubens gequält wurden, nannte man Märtyrer. So wurde Paulus zum Märtyrer. Auch Petrus.

Über ihren Tod steht nichts in der Bibel. Von ihrem Leben aber wurde weitererzählt unter den Christen, die ganz im Verborgenen lebten und sich in der großen Stadt Rom versteckt hielten. Erst dreihundert Jahre später waren ihre Gottesdienste erlaubt. Sie bauten viele große und kleine Kirchen in der ganzen großen Stadt Rom.

Altes Testament

DIE GESCHICHTEN VOM ANFANG
Das Paradies _____ 10
Die Geschichte von den sieben ersten Tagen _____ 11
Der Paradiesgarten - eine andere
Geschichte vom Anfang der Welt _____ 14
Kain, wo ist dein Bruder? _____ 16
Der Regenbogen _____ 19
Die große Stadt und der große Turm _____ 23

**ABRAHAM,
SEINE ENKEL UND URENKEL**
Abraham und Sara
Lange unterwegs _____ 26
Der Sohn der Dienerin _____ 28
Abraham und Sara lachen _____ 28
Isaak und Ismael _____ 30

Jakob und Esau
Die beiden Brüder _____ 31
Isaaks Segen _____ 32
Der Traum _____ 34
Lea und Rahel _____ 35
Jakobs Kampf _____ 38

Josef und Benjamin
Das feine Hemd _____ 40
Josef in Ägypten _____ 42
Die Träume des Pharao _____ 44
Die Hungersnot _____ 47
Die zweite Reise _____ 48

**DIE LANGE REISE VON MOSE
UND MIRJAM**
Mirjams kleiner Bruder _____ 51
Warum gerade ich? _____ 56
Das harte Herz des Pharao _____ 57
Mirjams Lied _____ 60
Durch die Wüste _____ 64

Das Fest am Sinai _____ 68
Ein goldenes Stierkalb _____ 70
Ein Zelt für Gott _____ 74
Das Land, in dem Milch und Honig fließt _____ 77

**ZWEI FREUNDINNEN:
NOOMI UND RUT** _____ 83

KÖNIGE IN ISRAEL
Hanna wünscht sich ein Kind _____ 88
Samuel _____ 90
Wir wollen einen König _____ 92
David _____ 96
Batseba _____ 101
König Salomo - reich und weise _____ 108

ELIJA, DER PROPHET
Bei der Witwe von Sarepta _____ 114
Auf dem Berg Karmel _____ 116
In der Wüste _____ 118
Vor dem ungerechten König _____ 120

**DANIEL,
ERZÄHL UNS VON BABYLON**
Jerusalem wird erobert _____ 122
Im fremden Land _____ 124
Nebukadnezzars Traum _____ 128
Belschazzar _____ 131
Die Löwengrube _____ 133

DIE MUTIGE KÖNIGIN ESTER _____ 135

IJOB IN SEINER NOT _____ 140

**JONA UND DIE GROSSE
STADT NINIVE** _____ 144

Neues Testament

Warten auf eine neue Zeit	150
Zacharias und Elisabet	152
Der Engel besucht Maria	155
In Betlehem	158
Zwei alte Menschen freuen sich	164
Sternforscher suchen das Kind	167
Ein Junge wird gesucht	172
Johannes der Täufer	174
Die Jünger Jesu	176
Woher hat der solche Macht?	179
Ein Herr gegen die Angst	183
Unser Vater im Himmel	187
Eine Frau in Samaria	190
Zwei Schwestern	192
Jesus erzählt vom Gottesreich	194
Der barmherzige Samariter	196
Fünf Brote und zwei Fische	199
Eingeladen zum Festessen	202
Verloren und wiedergefunden	205
Jesus und die Kinder	210
Die Frau mit dem krummen Rücken	212
Ein Blinder am Straßenrand	215
Jesus kommt nach Jerusalem	217
Betanien	222
Jesu Abschiedsmahl	224
Getsemani	226
Im Palast des Hohenpriesters	230
Pontius Pilatus	233
Golgota	236
Jesus lebt	242
Emmaus	243
Eine merkwürdige Zeit	246
Himmelfahrt und Pfingsten	248
Petrus	252
Philippus	257
Saulus und das helle Licht	262
Paulus ist unterwegs	266
Die Reise nach Rom	272
Wie es weitergeht	277